CÓMO OBTENER LA UNIFICACIÓN PERFECTA CON DIOS

-Enseñanza Espiritual para lograr La Perfección del Alma-
Y Reglas de conducta para los Espiritualistas Trinitarios Marianos
-Y para todo aquel que esté en busca de la verdadera espiritualidad-

ARMIDA GONZALEZ

Copyright © 2019 by Armida Gonzalez.

ISBN Softcover   978-1-951469-05-4

All rights reserved. No part of this book may be reproduced or transmitted in any form or by any means, electronic or mechanical, including photocopying, recording, or by any information storage and retrieval system without express written permission from the author, except in the case of brief quotations embodied in critical reviews and certain other non-commercial uses permitted by copyright law.

Printed in the United States of America.

To order additional copies of this book, contact:
Bookwhip
1-855-339-3589
https://www.bookwhip.com

CONTENIDO

LA GENTE SABE MUY POCO 1
NOTA 4
MENSAJE DE ELÍAS 5
¿CÓMO UNO ENTIENDE LA VERDAD? 6
ANTE TODO, SÉ VERDAD 6
LA EVOLUCIÓN DEL ESPÍRITU 7
LA EVOLUCIÓN ESPIRITUAL 7
LAS CUATRO MANERAS DE ELEVAR UNA PLEGARIA AL SEÑOR ... 8
MITO 9
¿QUÉ ES UN ESPIRITUALISTA TRINITARIO MARIANO? 10
LA DIFERENCIA ENTRE UN - ESPIRITISTA Y UN
   ESPIRITUALISTA. - LAS DOS PALABRAS 11
LAS PREGUNTAS QUE NOS FORMULAMOS: 14
TE REVELARÉ 19
LOS ILUMINADOS O PRIVILEGIADOS 20
MAESTROS ESPIRITUALES 21
PARTE DE MI HISTORIA… -COMO EMPECÉ- 22
LA BÚSQUEDA 24
LA EXCUSA 25
RUTA A LA PERFECCIÓN 27
ALCANZASTE LA UNIFICACIÓN PERFECTA CON DIOS…
   Y AHORA QUÉ 30
DIOS ES EL INFINITO Y NOSOTROS EL LÍMITE 33
EL LIBRE ALBEDRÍO 35
COMO ENTREGARSE EN UN TODO AL ESTUDIO DE LA
   ESPIRITUALIDAD 37
LA ESPIRITUALIDAD 39
LA ENSEÑANZA ESPIRITUAL 42
FE, AMOR, CONSTANCIA, PACIENCIA, Y DISCIPLINA ... 44
FE, AMOR, CONSTANCIA, PACIENCIA, Y DISCIPLINA. ... 45
"EL MILAGRO LO REALIZA LA FE. -SIN FE, NO HAY MILAGRO" 47
PACIENCIA 50
YA HAS APRENDIDO… 51
EL ODIO Y EL RENCOR 51
EL PERDÓN 52
LA CARIDAD 53
LEYES DE NUESTRO PADRE 54
MENTIR 54

LA MENTIRA	55
¿CÓMO ENTIENDE UNO LA VERDAD? –	56
ANTE TODO, SÉ VERDAD	56
ROBAR	57
MATAR	58
TRAICIONAR	59
CUALIDADES DE DIOS	59
SUPONER, DAR POR HECHO, O ASUMIR	59
AUTO EXAMEN A LA LUZ A LA VERDAD	60
DECIDISTE SEGUIRME	61
DÉJAME GUIARTE	62
LAS BAJAS PASIONES	63
LA IRA	63
LA VANIDAD	64
LA AVARICIA	65
LOS APEGOS, O ATADURAS MATERIALES	66
LA LUJURIA	67
LA ENVIDIA	68
MÁS SOBRE LA ENVIDIA	68
PERFECCIÓN	70
LOS PASOS A SEGUIR	72
EL ALMA PERFECTA	73
LA MESA	77
COMER POR COMER	79
CUIDADO Y NO LOS TIRES	80
ENAMORATE DE DIOS Y TODO LO DEMÁS TE VENDRÁ POR AÑADIDURA	80
DEJAR EL TODO POR EL TODO	81
DEJA QUE YO TE ENSEÑE	82
LA FUENTE DE LA VIDA Y DE LA GRACIA	84
PREPARATE A BIEN VIVIR	84
NEGAR ES IGNORANCIA	86
NEGAR LO QUE SE IGNORA ES EGO	86
DIME... ¿QUE BUSCAS?	88
EL AMOR VERDADERO	90
LA FE	91
LAS GRANDES HAZAÑAS DE LA FE	92
EL AYUNO	93
EL AYUNO RELAJA TU MENTE -	93
EL AYUNO DEL SILENCIO (UNO)	100

LA RAZÓN DEL AYUNO DEL SILENCIO (UNO)	100
SIGNIFICADO DEL AYUNO DEL SILENCIO UNO	100
GUÍAS	102
GUÍA	106
SUMISIÓN Y OBEDIENCIA	107
LA PAZ	109
RESPONSABILIDAD	110
EL TRIUNFO	110
TENACIDAD	111
LA MALDAD	113
PREPARACIÓN PARA LOS SITIALES	115
ENSEÑANZA SOBRE LA DISCIPLINA	115
DISCIPLINA EN LOS PEDESTALES Y RUISEÑORES	116
PORQUE SE DEBEN CUBRIR LOS SITIALES CON EL VELO	117
LA IMPORTANCIA DE LA BUENA PREPARACIÓN	117
PREPARACIÓN PARA UN BUEN DESARROLLO Y UNA BUENA ELEVACIÓN	118
LA PREPARACIÓN DEL VIDENTE	121
LA REENCARNACIÓN Y EL KARMA	123
¿CÓMO SE OBTIENE BUEN KARMA?	125
LA LEALTAD	127
LA AMISTAD	128
ENSEÑANZAS DEL MAESTRO JESÚS— HOY VENGO COMO JUEZ	129
ENSEÑANZAS DEL MAESTRO JESÚS ÁMAME, COMO YO TE AMO A TI, RESPÉTAME, COMO YO TE RESPETO A TI	135
ENSEÑANZAS DEL MAESTRO JESÚS CELEBRAN MI NACIMIENTO	138
ENSEÑANZAS DEL MAESTRO JESÚS EL GRAN MOMENTO	141
ENSEÑANZAS DEL MAESTRO JESÚS TOMA TU CRUZ Y SÍGUEME	144
ENSEÑANZAS DEL MAESTRO JESÚS PREPÁRATE, PORQUE EL PUEBLO TÉ ESPERA	148
NO ENCONTRARÁS LA PUERTA ABIERTA	152
ENSEÑANZAS DEL MAESTRO JESÚS MI DESPERTAR - MI RESURRECCIÓN	153
YO TOMÉ LA CRUZ DE TODOS	153
ME LEVANTÉ DE LA TUMBA Y VI EL NUEVO AMANECER	154

EL GALLO SABÍA QUE ERA UN DÍA MUY ESPECIAL 154
TÚ ERES MI SIERVA, MI ANTENA, MI TRASMISOR,
    MI PROFETA MENSAJERO 155
YO TE HABÍA FORMADO 155
ESTÁS CUMPLIENDO TU MISIÓN 156
TODOS SALIERON GANANDO 156
TODOS TIENEN DERECHO A ESA VIDA Y A ESA GRACIA 156
AMARSE LOS UNOS A LOS OTROS COMO YO LOS AMÉ 157
NADA PODRÁ DETENERLOS EN SU ASCENSO HACIA MI PADRE .. 157
¡LA MUERTE NO HABÍA PODIDO ACABAR CONMIGO! 157
ELLOS CONOCERÁN LA VERDAD 158
YO SOY EL DIOS DE LA VERDAD ABSOLUTA 158
PUDE VER EL FUTURO 159
TENDRÁN QUE CAMINAR A MI IMAGEN Y SEMEJANZA 159
MENSAJE DEL PADRE JEHOVÁ Y JESÚS DE NAZARET
    ¿POR QUÉ JEHOVÁ CONTEMPLA TAN POCA COSECHA? 160
ENSEÑANZAS DEL MAESTRO YAUBL SACABI LA ALIANZA 164
ENSEÑANZAS DEL MAESTRO YAUBL SACABI
    NO PONGÁIS EL LÍMITE 168
ENSEÑANZAS DE ELÍAS 174
EL SIGNIFICADO DEL SALUDO DE ELÍAS 174
ENSEÑANZAS DE ELÍAS LOS SUFRIMIENTOS 181
MENSAJE DEL ESPÍRITU SANTO 190
ENSEÑANZAS DEL MAESTRO REBAZAR TARZ 196
ENSEÑANZAS DEL MAESTRO REBAZAR TARZ DEVOCIÓN 199
ÁRBOL CAÍDO 202
ARMONÍA 204
NO PEROS, NO EXCUSAS 204
PREPARACIÓN PARA EL DÍA DE LA COMPETENCIA 205
ENSEÑANZAS DEL MAESTRO FUBBI QUANTZ
    LAS SAGRADAS ESCRITURAS 208
ENSEÑANZAS DEL MAESTRO FUBBI QUANTZ
    LA DISCIPLINA 221
ENSEÑANZAS DEL MAESTRO FUBBI QUANTZ
    LA PUREZA 222
ENSEÑANZAS DEL MAESTRO FUBBI QUANTZ
    EL RESPETO 224
ENSEÑANZAS DEL MAESTRO FUBBI QUANTZ
    LA INTUICIÓN 230
ENSEÑANZAS DEL MAESTRO
    SHALIN LA HONESTIDAD 235

ENSEÑANZAS DEL MAESTRO
  SHALIN DEVOCIÓN 242
ENSEÑANZAS DEL MAESTRO SHALIN
  ¿CUÁNTAS REENCARNACIONES MÁS? 247
MENSAJE DE LA VIRGEN MARÍA
  POR INSTANTES SE OLVIDAN DE MARÍA 250
LA VIRGEN MARÍA SOY TU MADRE Y NO TE HE OLVIDADO ... 253
JOSÉ, UN VARÓN ESCOGIDO POR MI PADRE VARÓN DE
  PADRES MUY HUMILDES 258
ENSEÑANZAS DE LA LA DIVINA TRINIDAD TRES E UNO,
  UNO EN TRES 262
LA DIVINA TRINIDAD IGUALDADES-DERECHOS 268
ENSEÑANZAS DE TODOS LOS MAESTROS EN
  UNIFICACIÓN EL TEMPLO LA PROMESA 270
ENSEÑANZAS DEL MAESTRO GOPAL DAS PEREZA
  ESPIRITUAL 281
MENSAJE DEL ARCÁNGEL GABRIEL EL ALERTA 283
EL ARCO IRIS DEL AMOR 294
LA TORMENTA PERFECTA 295
LA BÍGAMA MÁS GRANDE 295
EL BANQUETE 297
EL ARTE DE SABER ESCUCHAR 299
EL ARTE DE SABER LEER 300
LA ESENCIA 301
LA ESENCIA 302
MÁS SOBRE LA ESENCIA 302
¡DICES QUE CREES EN MÍ, DEMUÉSTRAMELO! 303
MENSAJE PARA LOS "CRISTIANOS" DIABÉTICOS 304
LA IMPORTANCIA DEL HOY 305
EL DIOS DE AYER, EL DIOS DE HOY, EL DIOS DE MAÑANA
  DIOS ES EL MISMO, AYER, HOY Y MAÑANA 305
¿QUÉ PROBLEMA HAY CON EL DIOS DE HOY? 306
NOTA PERSONAL LA INTERPRETACIÓN DE UN SUEÑO 307
QUE SIGNIFICAN LOS CONEJOS Y LOS CABALLOS 308
DESPEDIDA 310
PREGUNTAS Y RESPUESTAS 312
CITAS DE LOS MAESTROS 316
CLAVES O PEQUEÑAS ORACIONES 321
UNA VEZ YA ENCONTRADA ESA UNIFICACIÓN
  PERFECTA CON DIOS… 323

LA GENTE SABE MUY POCO
Miércoles 7 de mayo de 1997, 4:45 p. m.

La gente no sabe nada, y dice que sabe -
La gente no sabe escuchar, y dice que escucha -
La gente no sabe oír, y dice que oye -
La gente no sabe amar, y dice que ama -
Que poco sabe la gente, que poco, que poco -

La gente no sabe nada
La gente sabe muy poco
Muy poco sabe la gente
Que poco sabe la gente,
Que poco, que poco.

Dedicado con todo mi respeto a todas las Manifestaciones de Dios - Con el agradecimiento a mi Maestro Jesús, y a Sus Maestros, al Espíritu Santo y al amor de Nuestra Madre Santísima María de Israel.

NOTA

Hago hincapié en que yo no soy escritora ni nada por el estilo. -Yo sólo soy un profeta del Señor que escribe lo que Él me dice. -Mi educación es muy básica, sólo cursé hasta el primer año de secundaria, y en este país americano, sólo tengo, lo que llaman un GED -O sea, lo equivalente a un diploma de High School -- Lo menciono porque sé, que estos libros no están escritos con el mejor vocabulario, pero sí con la mejor intención: la de llevar a todos ustedes lo que el Padre Dios y Señor me dijo, y que tenía que entregarles. –

MENSAJE DE ELÍAS
Sábado 3 de diciembre de 1994

*"Mucho se te ha hablado de la evolución espiritual, ovejal bendito, mas no te han dicho **có**mo alcanzar esa espiritualidad, esa evolución. – Mas aquí, paso a paso encontrarás **có**mo seguir las enseñanzas, y cómo preparar tu espíritu, tu entendimiento, tu envoltura, o cuerpo para – encontrar – esa Unificación Perfecta con Dios, que nuestro Maestro Jesús quiere: Unificación Perfecta con Dios, que eso, es lo que quiere el Padre para tenerte ante Su presencia. Mas si no tenéis la preparación adecuada, no podréis encontrar esa perfección, y no podrás encontrarte ante el Padre en una Perfecta Unificación a la hora de ir a rendir cuentas.".–*

Elías

¿CÓMO UNO ENTIENDE LA VERDAD?

– ¿La Verdad Absoluta o La Verdad Relativa? –

"Porque recuerda que hay dos clases de verdades: La que has aprendido antes de Conocerme, y la verdad, que al Conocerme, aprendiste. –Al conocer a tu Dios y Señor de la Verdad Absoluta y Amor Verdadero, conoces la Verdad Absoluta, y esa, es la verdad que te llevará ante – Mí presencia. –

Ahora, si lo que quieres saber es como entiendes la verdad dentro de ti mismo, es diferente, porque en ti está cómo la entiendas, cómo la representes, y cómo la entregues. – Pero recuerda: "La verdad siempre será la verdad, y la mentira, siempre será la mentira. – Sé verdad, para que seas Yo: Yo soy la verdad". –

ANTE TODO, SÉ VERDAD
Martes 29 de julio de 1997.–

"Diles, explícales, háblales, pero siempre, siempre, siempre la verdad; la <u>verdad</u> sobre todo, y contra todo, y nada más que la verdad. – No asumas, no pienses, no creas; simplemente sé… verdad. –

La verdad no se asume, no se dice; se es, y se demuestra con hechos. – ¿Qué más hechos quieres sino los hechos de la verdad? – La verdad estará, se antepondrá, y saldrá al frente de todo. Ya no digas: "Yo pienso, yo creo que es, que soy". –Simplemente di: "Lo es, lo soy". Tú ya no crees, no piensas, no asumes lo que crees que no es porque tú piensas que lo es; tú simplemente te conviertes, y eres el ejemplo de lo que es. Sé tú el ejemplo, sé tú los hechos, sé tú las realidades, y podrás enseñar; podrás mostrar… la Verdad.

LA EVOLUCIÓN DEL ESPÍRITU
Martes 25 de septiembre de 1990

Todo espíritu viene con diferente grado de evolución. Eso se debe a las reencarnaciones de cada espíritu. Los guiadores de *Las Casas de Oración* deben estar preparados para recibir, o percibir el grado de adelanto, y de preparación de cada espíritu. Para eso, cada guiador debe entregarse de lleno a la voluntad de Dios nuestro Señor Padre, Hijo y Espíritu Santo, para que así mismo, se haga siempre la voluntad de las Divinidades, y de nadie más.

El guiador debe de estar en una plena entrega, y no permitir que *fuerzas ajenas* a la voluntad del Padre se le acerquen. En todo instante y momento debe hacer presente a nuestro Señor a todo su pueblo, y pedir la unificación de espíritu y materia, de todos y cada uno de Sus hijos, componentes y pueblo, para que todo se haga conforme la voluntad del Padre. Amén.

LA EVOLUCIÓN ESPIRITUAL
Marte 05 de julio de 1994

¿Qué es la evolución?

"Es un paso hacia el "Infinito." Es por lo cual te pido, que evoluciones, que no te quedes estancado – Que el agua estancada hiede y cría sarro y lama; en otras palabras, te destruye, y se destruye a sí misma. –Conviértete en el agua clara, que fluye, que se riega, que se expande y moja la tierra, tonificándola, para que dé fruto que se reproduzca y de vida.

"No te quiero el estancado, sino el evolucionado. Y de lo que Yo te entrego, parte y comparte con tus hermanos y semejantes." Amén.

LAS CUATRO MANERAS DE ELEVAR UNA PLEGARIA AL SEÑOR
Febrero de 1993

1) Petición. —Es aquel que pide única y exclusivamente para sí mismo. – "Esa plegaria, no llega a Dios."

2) Devoción. —Pide por los demás, nunca para sí mismo. Esa plegaria llega y recibe la respuesta a través del Espíritu Santo.

3) Meditación. – Es pasiva y sirve más a la materia, o cuerpo <u>que</u>, al espíritu, ya que logra que la materia, o cuerpo, se relaje.

4) Contemplación o desarrollo. —Es activo y sirve a los dos: materia y espíritu, pero más al espíritu.

Estúdialas, analízalas y reconoce en ti aquella con la que le estás elevando la plegaria a ese Dios de Amor y Misericordia. —Ya que como puedes darte cuenta, no todas son lo mismo, por lo tanto, si quieres elevarte a Dios, escoge aquella que le llevará tu plegaria y te acercará a Él. Amén.

MITO

Las iglesias y religiones nos enseñan, que todos somos pecadores -necesitados del perdón. Algunos, pasamos toda -la vida <u>admitiéndolo</u> y buscando ese perdón; sintiéndonos inferiores e incapaces de crecer espiritualmente. Pero Jesús, después de perdonar al pecador sus pecados, le dijo: *"Ve y no peques más."* ¿Por qué Jesús lo dijo, si no es posible dejar de pecar? – También dijo: *"Ya no pequen, o les sucederá algo peor"*. – Si- éste es el consejo de Jesús para proteger a este pequeño del juicio y el sufrimiento, entonces, es posible dejar de pecar. -Las Escrituras también dicen: *"Por lo tanto, -sean "Perfectos" así como su Padre en las Alturas es Perfecto"*. –Otra escritura dice: *"Si quieres- ser perfecto, ve y vende tus pertenencias, reparte el dinero entre los pobres, y ven y Sígueme.»* Todo esto nos está diciendo, que es posible ser perfectos– También, sabemos que Él, es el *Señor de Señores, y Rey de Reyes, y los que- con Él, están, son llamados, elegidos y fieles*. –Por lo tanto, en este libro aprenderás, qué sí se puede-– alcanzar un nivel de perfección, y de adelanto espiritual.

Nuestro Señor Jesucristo dijo: *"Mi Reino, no es parte de este mundo"*. Así que, para llegar a conocerlo a Él, y a Su Reino, debemos servirlo en -*espíritu y en verdad*. -En este libro, vas a aprender cómo se puede servir y adorar a Dios en luz y en verdad.-

Yo estoy aquí, para contarte con toda mi mente, cuerpo, alma, y corazón, parte de lo que he llegado a conocer a través de -Dios, el Espíritu Santo, y el mundo espiritual de luz divina; y que es absolutamente verdadero. -Con el permiso de nuestro Padre Eterno, el Señor de Señores, y el Rey de Reyes, te lo presento en este libro con el deseo, de que sea la herramienta que te impulse en tu evolución espiritual. También te diré, que cuando el Espíritu Santo viene a entregar Su mensaje, Él nunca menciona libros o capítulos; sabemos que está escrito, porque Él lo dice. –

Querido hermano: Ahora pasaré a entregarte algunas de las enseñanzas.– recibidas a través de mi entendimiento; -y que, con mucho gusto y satisfacción, te las entrego para tu ayuda y avance espiritual. –Sólo espero, que estén sencillamente explicadas, para que no tengas confusión alguna, y las asimiles de tal forma, que las mismas te lleven a esa evolución, y a ese adelanto espiritual que necesitas para llegar al Reino de ese Padre Celestial. –

¿QUÉ ES UN ESPIRITUALISTA TRINITARIO MARIANO?

<u>Espiritualista</u>, porque cree en la manifestación del Espíritu Santo a través de un cerebro preparado o Vaso Escogido.–

<u>Trinitario</u>, porque cree en la Divina Trinidad.–

<u>Mariano</u>, porque cree en la Virgen María, Madre de Cristo Jesús de Nazaret.

Siempre que alguien me pregunta qué religión o creencia llevo, yo les contesto, que soy Espiritualista, y noto que algunos se santiguan, y otros dicen: Ave María Purísima. Entiendo, que es porque la palabra espiritualista se asemeja mucho a la palabra espiritista, y el espiritismo, ha venido a dañar en algo el espiritualismo. No tanto porque el espiritismo sea malo, sino, el rumbo que algunos espiritistas le han dado. Pues al dedicarse a actividades fuera de la voluntad de Dios, han hecho que todo lo que sea espiritual, sea malo. –

Hay quienes me preguntan: ¿Qué clase de religión es esta? -A lo que yo les respondo, que no es una religión, sino una doctrina.-

¿Por qué es una doctrina?

Bueno, es una doctrina, porque te enseña a amar a Dios en verdad; te enseña a conocer por qué estás aquí, y cuál es tu misión en este haz terrenal.-

Noviembre 1993.

También te explicaré, que *DOC-TRINA* -se divide en dos: *DOC y TRINA*, *q*ue significa: *DOCTORES EN TRINIDAD.-*

Todo espiritualista aprende, a ayudarse a sí mismo, -a los suyos y a los que no son suyos: la humanidad. -A través de esta preparación se puede ayudar hasta cinco generaciones hacia el frente, y cinco generaciones hacia atrás:

Podrá ayudar hasta su tátara abuela, tanto como a sus hijos, nietos bisnietos, tátara nietos hasta decir cinco generaciones, pues todos se beneficiarán de su evolución espiritual - Más evolución, más ayuda para todos ellos.-

Al tener un mejor entendimiento de ti mismo, podrás defenderte mejor del enemigo; podrás reconocer la verdad de la impostura, y aprenderás a ver a las personas desde otro punto de vista. Sabrás exactamente qué, o cuáles son sus problemas, y así poder ayudarlos a entender, el porqué de los mismos.

Uno de los Maestros me entregó lo siguiente: *"Todo principio tiene un fin, pero el fin, es sin fin."* -Se me explicó, que ésta doctrina tiene un fin: el fin de saber más acerca de Dios, y de ti mismo, pero que la enseñanza no tendrá fin. -Nunca le verás el fin; siempre habrá algo nuevo que aprender.

A continuación– _vas a aprender la diferencia entre un espiritista y un espiritualista:

LA DIFERENCIA ENTRE UN - _ESPIRITISTA_ Y UN _ESPIRITUALISTA_. - LAS DOS PALABRAS
Sábado 14 de septiembre del 2013, 7:30-8:10 a. m.

Esto es el porqué, una vez que has alcanzado la *Unificación Perfecta con Dios*, no debes utilizar ciertas palabras, como -médium, -psíquico, adivino etc. Ya que no quieres ser confundido con un *espiritista; n*o quieres que la gente te empiece a preguntarte sobre sus muertos, o que te pregunten acerca de la lotería. –Tú eres Espiritualista. Tú te comunicas con *el mundo espiritual de luz blanca y pura;* -mundo, que viene a darte conocimiento interno para tu evolución espiritual, que viene a darte lo que necesitas para seguir buscando la *puerta, que te llevará a seguir en tú* búsqueda de los niveles de evolución espiritual; niveles, que te llevarán a una *Unificación Perfecta con Dios.*

Veamos la diferencia:

<u>Espiritista</u> -¿Qué Seres reciben?-

1. Los que usa el enemigo para destruir.
2. Se les conoce como la fiesta de salvajes, a donde todos viene sin invitación.
3. Llegan, toman y destruyen.
4. Llegan, engañan, traicionan y mienten.
5. No piden permiso para entrar; sólo entran.
6. Están llenos de ego y vanidad.
7. No se preocupan por los daños que causan.
8. No te protegen.
9. Incluso te pueden matar.
10. Es por eso, que no podemos usar las palabras. -Médium, psíquico, adivino- etc.
11. ¿Cómo puedes caer en la trampa del enemigo? Por tu vanidad, y tu ego. Especialmente, por tu Envidia. -Porque si tú ves a un hermano con una Gracia de Dios, que llega y entrega videncia, mensaje,- o un alera para el pueblo, o los miembros de la iglesia, tú lo envidias; abriéndote así al enemigo, y es cuando él puede tomarte, porque tu envidia y tu ego le abrieron la puerta. Por lo tanto, empezarás a entregar impostura y falsedad. Pero déjame decirte, que no todas estas personas son falsas y embusteras, no, las hay, que sí en realidad están haciendo algo por sus hermanos; el problema, es que no lo están haciendo como lo deben de hacer._
12. *Les falta…-*

<u>Espiritualista</u> -¿Qué seres reciben? -

1. Los que usa Dios para elevarte a un lugar mejor.
2. Todos -llegan por invitación.
3. Llegan y entregan.
4. No mienten ni engañan ni traicionan.
5. Piden permiso para entrar.-
6. Están llenos del Amor de Dios.

7. Se preocupan por ti y <u>te cuidan</u>.
8. <u>Te cuidan</u> y te protegen.
9. Te llevan a La Vida Eterna.
10. Aquí se usan las palabras: "vaso escogido por Dios, una antena receptora, un teléfono celular, que transmite y recibe la Palabra de Dios."
11. Aprendes a respetar a tu hermano que viene con una visión, con una Gracia de Dios; con un mensaje, un buen consejo, o una buena profecía de Dios. Aprendes, que Dios tiene algo para todos, pero que no todos reciben lo mismo. Recuerda lo que Nuestro Señor Jesucristo hizo: Él sanó al enfermo, multiplicó el pan, resucitó a los muertos; y muchas otras cosas más. Aprender sobre esas Gracias, y, -por qué no; -puedes llegar a lograr todas, o algunas; p*ero con la- voluntad de Dios, y de Su Mundo Espiritual que tiene, lo que.– _a los otros les falta…*
12. La enseñanza que tú vas a obtener.

Recuerda, que un Espiritualista recibe en Trinidad, lo que el Espíritu Santo le entrega; y utiliza lo recibido para ayuda de la humanidad.

LAS PREGUNTAS QUE NOS FORMULAMOS:

¿Por qué sufrimos? ¿Qué es la Reencarnación? ¿Por qué reencarnamos? ¿Qué es la espiritualidad? ¿Por qué debemos -seguir el estudio de la espiritualidad? ¿Por qué se dice, que *la espiritualidad es la única llave que nos abrirá las puertas del cielo…?* -Preguntas y más preguntas, preguntas que tendrán respuesta en las páginas de este libro, y paso a paso se irán aclarando todas y cada una de ellas. –

En este libro, encontrarás que te habla a ti; que personalmente se está dirigiendo a ti, que le habla, a tu mente, a tu corazón, a tus sentidos y sobre todo…_a tu alma. Te hablará como el mejor de tus amigos, aquel, que quiere lo mejor para ti; el amigo, que presta sus oídos para escuchar tu pena y tu clamor; el amigo, que ofrece su hombro para que en el desahogues tu llanto, y descanses; el amigo, que no te pedirá nada a cambio, únicamente, que lo leas con tu mente limpia, y dispuesta a escucharlo, a entenderlo y analizarlo. Antes de empezar a leerlo -eleva tu pensamiento al Creador, al Espíritu Santo, y pide la luz -en tu entendimiento, para que puedas comprender las palabras que tu amigo te va a entregar.

Este libro, es una recopilación de las enseñanzas recibidas a través de mi Maestro Cristo Jesús, y Sus Maestros, por Jehová de los ejércitos, María de Israel, Elías, y Ángeles de la Jerarquía Espiritual de luz blanca y pura, las cuales te entregaré, como un testimonio de lo que es *recibir directamente* del *Mundo Espiritual*. -Al mismo tiempo, te daré algunos consejos que me fueron entregados, y que te ayudarán a prepararte para recibir estas enseñanzas, y de ser posible, conducirte a que logres *una Unificación Perfecta con Dios*. Hay enseñanza, sabiduría y -conocimientos explicados de tal manera, que fácilmente los entenderás. No me fue fácil ponerlos en orden, ya que, para poder hacerlo, necesité la ayuda de los Maestros.

Aquí vas a encontrar, nombres *raros* de Maestros, que te serán desconocidos, pero que existen.

Encontrarás la sección de *preguntas y respuestas*.-

En esta sección, -encontrarás la respuesta a muchas de tus preguntas; respuestas que fueron entregadas por Las Divinidades, y Los Maestros, a las preguntas que fueron hechas por el pueblo, y por los componentes.

-También la sección de *claves u oraciones pequeñas*.
Oraciones o claves, que fueron entregadas para nuestra ayuda espiritual.

Y la sección: *Citas de Los Maestros*.
Pequeños pensamientos que te harán recapacitar sobre muchas cosas.-

Vas a encontrar las enseñanzas entregadas por las Divinidades y los Maestros, y también las *fechas* en que me fue entregada cada enseñanza en el transcurso de los años. -En ellas vas a darte cuenta, que se recibieron -*directamente de las alturas*, y que así mismo te las entrego. Lo hago, porque te amo y deseo que logres la *Unificación Perfecta con Dios*.

Lo que a continuación vas a leer, son los pensamientos, enseñanzas, conocimientos, y la sabiduría del mundo espiritual, que a través de mi entendimiento fueron entregadas por el Maestro de Maestros, Jesús de Nazaret, y Sus Maestros Espirituales. -Ese es mi único mérito: "*Recibir los mensajes del mundo espiritual.*"-Repito: únicamente recibí los mensajes, las enseñanzas y la sabiduría que los Maestros trajeron al haz Terrenal para todo aquel que_ - *en verdad, quiera seguir el estudio de la espiritualidad*. –

Es de suma importancia que aprendas, aceptes y entiendas, lo que significa la *reencarnación, y el karma*.- Ya -que, esa, será la base para que entres al *estudio de la espiritualidad,* y obtengas la llave para alcanzar tu *evolución espiritual*.- (¿Qué la reencarnación no está en la Biblia? Lee Lucas 9:18-19)

¿Sabías que nuestro Padre tiene para todos nosotros un nivel de Perfección? - Bien, aquí vas a conocer ese nivel, y vas a aprender la forma de llegar a Él.-

Aprenderás a conocer las bajas pasiones, las cuales están descritas de tal manera, que realmente las estarás viendo tal y cual son.-

Muchas de las dudas que ahora tienes, se aclararán, y sabrás el porqué de muchas cosas. -Aprenderás a reconocer *la verdad de la impostura*, y la *misión* que te trajo a este mundo, y llegado el momento, dirás: *¡Cuánto creí que sabía, y ahora sé, que me faltaba por aprender... todo!*

Estudia, analiza y pregúntate: ¿Qué es lo que quieres sacar de ésta enseñanza? ¿Qué fin persigues al entregarte a ella? -¿Qué beneficios vas a obtener? -Si por ti mismo no encuentras la respuesta... pregunta.- Si esto no es lo que tú andas buscando... _sigue adelante hasta que encuentres eso, que tú crees que estás buscando.

A través de ésta enseñanza vas- a encontrar, *paz, adelanto y evolución espiritual.* -Vas -a aprender a ser sumiso, humilde, y -*conocerás el Amor en toda su manifestación, porque vas a conocer a Dios, y Dios, es Amor.*-

Si tus fines son otros, y buscas lucros y reconocimientos... éste no es el lugar. - Como te dije antes...sigue buscando hasta que encuentres lo que *tú* piensas que andas buscando —Aquí aprenderás sobre *la reencarnación y el karma, y a* manejar esta enseñanza como algo del diario vivir, algo como comer o, dormir.

Con toda mi alma, quisiera poder entregarte más preparación para tu adelanto espiritual, pero esto es todo lo que te puedo entregar.- Sé que no es mucho, pero si lo suficiente para que logren esa *Unificación Perfecta con Dios;* y de ti depende, que te mantengas en ella. No puedo llevarte a los niveles más elevados,- pero sé, que una vez lograda esa unificación, -tú mismo llegarás a esos niveles, y más allá del universo que tus ojos pueden contemplar. -Sé que descubrirás los universos dentro de los universos, las galaxias dentro de las galaxias, y las dimensiones, dentro de las dimensiones.

Con todo mi corazón y amor, presento este libro a ti, mi hermano *Espiritualista Trinitario Mariano,* -y a todo aquel que esté en busca de la verdadera espiritualidad, en un esfuerzo de poder llevarte *algunas de las enseñanzas* recibidas, para una mejor preparación y logro de tú *Unificación Perfecta con Dios.-*

Con este libro, no intento darte el alerta; ¡no!- Lo que quiero, es que tengas un *súbito despertar,* un despertar *a la luz y a la verdad.* -Quiero que de una vez y por todas, aclares tus dudas, tu entendimiento, y contemples, la verdad; *la verdad absoluta; esa* es la *única verdad,* y es la que vas a conocer. -

Sigue todas y cada una de estas indicaciones, estudia todo lo que se te entrega, y pon todo dentro de tu corazón, mente, alma y cuerpo, y adelante hacía tu *Unificación Perfecta con Dios.* Este libro, te- pondrá al tanto de lo que es *La Unificación Perfecta con Dios,* y como lograr dicha *unificación.*

Aquí vas a leer temas del diario vivir; temas, explicados por el Maestro y Sus Maestros de tal manera, que no tendrás motivo para no entenderlos. Vas a leer las explicaciones simples y sencillas de l*as Leyes de nuestro Dios y Señor; l*eyes que Él dejará para obedecerlas, no para transgredirlas; leyes que han sido mancilladas por el hombre de la tierra, quien ha puesto la *excusa* -para así poder aplacar su conciencia. Vas a saber, porque nosotros *somos el límite, y Dios es El Infinito, y* a aprender, como reconocer *las bajas pasiones, y como dominarlas.-*

Conocerás la verdad y nada más que la verdad, y a enterarte de los *mitos* que por siglos te han inculcado sobre El Omnipotente. -Vas a darte cuenta que, en el Reino de Dios no existen los misterios. Que ha sido algo que se nos fue dicho para no incursionar más allá, ni profundizar en las cosas de Dios, en Sus Leyes, y en Sus Mandamientos. -Vas a obtener la enseñanza, la preparación, y los conocimientos necesarios para lograr una *Unificación Perfecta con Dios – y* si sigues todo al pie de la letra… lo lograrás.

Este libro te pondrá al tanto de algunas de las enseñanzas que por siglos estuvieron ocultas; enseñanzas, que no son *nuevas,* sino que vienen desde el tiempo de la Creación; enseñanzas mal interpretadas, mal dirigidas y mal entregadas al *pueblo.* -Vas a aprender a prepararte para ser un digno representante de Dios, un digno hijo de Dios *y un profeta de Dios a la luz y a la verdad, y a recibir* directamente desde el *Solio de Dios,* y a conocer, que nosotros los *Espiritualistas Trinitarios Marianos,* somos la *Escala, los Sitiales, el Templo.* Que no importa en donde estemos, ahí estará Dios con Sus mensajes, el Maestro con Sus Maestros, con Sus enseñanzas, conocimientos, sabiduría. -Que sin importar en dónde, o con quién estemos, podremos *recibir* los mensajes de nuestro Dios y Señor. -Ya es tiempo Espiritualista Trinitario Mariano que aprendas a *recibir a la luz y a la verdad*. -Ya es tiempo que recibas en todo momento, sin importar el lugar en donde te encuentres.-

Cuando esta lección me fue entregada, también se me preguntó lo siguiente: "*Si- te envío a un paraje desolado a cumplir una misión, y necesitas hablar Conmigo- ¿vas a buscar un Templo, un Sitial, una materia preparada para poder hacerlo?-*

Como puedes darte cuenta, eso es imposible. Así es que piensa en la pregunta que me fue hecha, y por ti mismo obtén la respuesta.-

Ese mismo día -contemplé, que andaba por la sierra en un caballo, o burro, no recuerdo bien, lo que sí recuerdo, es que en las alforjas llevaba fruta seca; ese era mi alimento, y la respuesta al porqué de los ayunos. -(Pues Él me hace ayunar periódicamente).

Querido hermano Espiritualista Trinitario Mariano, y todo aquel que se encuentre en busca de la verdadera espiritualidad, te pido: léeme, apréndeme, analízame, y lleva a cabo todas y cada una de las enseñanzas, conocimientos, preparación, sabiduría que te entrego, para que así mismo puedas llegar a esa Unificación Perfecta con Dios, -que nuestro Padre Eterno y Omnipotente desea para todos y cada uno de nosotros.- -Amén.-

Tú amiga y hermana espiritual, "Guía de Guías" por Voluntad de Nuestro Padre Eterno.
15 de diciembre de 1994.-

Se me enseñó, que "cu*ando el estudiante está listo, el Maestro aparece*". –

TE REVELARÉ

Ésta, es la manera en que una vez tomada la decisión de aceptar al Maestro Jesús y Sus Maestros como nuestros Guías y Tutores, nos abrimos para que vengan a comunicarse con nosotros, y a entregarnos la enseñanza y la preparación que necesitamos para nuestro crecimiento espiritual.- Es así como el Espíritu Santo, o la esencia de la Jerarquía espiritual, se presenta y nos empieza a entregar la enseñanza, la preparación y el conocimiento necesario para nuestra evolución y crecimiento espiritual:-

"A través del sueño, de tu descanso, tocaré de tu frontal, y al que Me reciba, le revelaré los secretos, **y le daré Mis enseñanzas**; *el que cierre su puerta,* **él** *ignorante se quedará. Yo no forzaré Mi entrega; el que Me reciba, obtendrá y aprenderá lo que quiera aprender. Yo no te forzaré, no te atormentaré a que sigas Mis huellas; sólo te señalaré el camino a seguir para que Me encuentres. El que quiera Encontrarme, el camino señalado seguirá; el que no quiera Encontrarme, tomará la senda equivocada, y se perderá.-*

Yo estoy aquí para ayudarte, para consolarte, para hacerte ver tus defectos, tus errores. Más no puedo hacer por ti, más no puedo darte, Yo sólo voy a señalarte el camino, y te voy a enseñar a caminarlo. Yo te voy a mostrar el camino correcto, pero no te puedo obligar a seguirlo. Te voy a mostrar los peligros, pero no puedo ayudar a deshacerte de ellos. Te voy a enseñar a reconocer los altibajos, pero no puedo obligarte a subir, ni puedo evitar que bajes. Recuerda: El Maestro enseña, el estudiante aprende lo que quiere aprender. No te voy a obligar a seguir Mis pasos, Me limitaré a señalarte el camino a seguir para que puedas Conocerme.– El– que quiera Encontrarme va a seguir el camino señalado. -El que no quiera Encontrarme, va a tomar el camino equivocado, y se va a perder. Amén.-

LOS ILUMINADOS O PRIVILEGIADOS
05 de septiembre de 1994

Muchas veces hemos escuchado la expresión *los iluminados* privilegiados__

¿Quiénes son los iluminados, o privilegiados?__

-Los iluminados son los Escogidos de Dios para llevar Sus enseñanzas a toda la humanidad. Se les llama los iluminados, o privilegiados, *porque la luz de Dios está, y resplandece en ellos.*__

¿Por qué son los *Escogidos de Dios*? __

*-Son Escogidos de Dios porque han sido fieles -. —Ya- _que, al ser llamados; escucharon, y acudieron al llamado, quedándose a recibir para después entregar.*__

¿Qué recibieron?__

-Recibieron las enseñanzas, la sabiduría, los secretos para un vivir mejor en el Reino de Dios, el Reino de luz.- Enseñanzas, sabiduría, secretos, que van- esparciendo en el haz terrenal, para ayudar a la humanidad a prepararse para recibir ese Reino. -Muchos escucharán sus enseñanzas, serán testigos de su sabiduría, y aprenderán los secretos y los seguirán. -Mas habrá aquellos, que, aun teniendo ojos, no verán, aun teniendo oídos, y no escucharán – la pérdida será de ellos y de nadie más.- Después lo lamentarán, pero ya será tarde.-

-Hermano: Mi deseo más grande, es que la luz de Dios resplandezca en ti, y en todos -mis hermanos. Amén.

MAESTROS ESPIRITUALES
1993

Se dice, que el enemigo tiene su *legión de demonios*. -Bien, también nuestro Señor Jesucristo tiene su *Legión de Maestros:* Maestros a los cuales, Él enseñó, adoctrinó y preparó y sigue preparando. -Cuando los escuches hablar, te vas a dar cuenta de ello, ya- _que, al hacerlo, estarás escuchando al Maestro Jesús.- Porque c*uando Uno habla, hablan Todos, y Todos te enseñan lo mismo, no* hay diferencia en sus enseñanzas; como ya te dije: Estás escuchando al Maestro Jesús. -

En los años noventa me presentó Su Legión de Maestros, Legión que Él comanda. No me aprendí todos los nombres, pero los amo y los respeto a todos por ser, seres que por la entrega que tuvieron con nuestro Maestro de Maestros, Jesús de Nazaret, se ganaron el derecho de ser llamados, Maestros.-

Éstos son algunos de los nombres que recuerdo, pero hay más, muchos más. Inclusive, existen mujeres Maestras. -Se los entrego, con todo mi amor y el respeto que Todos y cada uno de Ellos me merecen:-

Lai Tsi. Lao tzu. Gopal Das. Rebazar tarz. Fubbi Quantz. Yaubl Sacabi. Hardoff Tong. Shalin y muchos más. Pero todos ellos, junto con Nuestro Maestro de Maestros, Jesús de Nazaret, me entregaron mucha enseñanza y mucha profecía. Enseñanza, que a lo largo del contenido de este libro vas a encontrar y a darte cuenta, que son *Uno* con el Maestro Jesús.

PARTE DE MI HISTORIA… -COMO EMPECÉ-

Empezaré por decirte, que yo no vengo de una familia de creyentes, o cristiana, o católica, o apostólica, etc. Lo que si te puede decir, es que mi niñez fue algo rara, pues, a temprana edad veía, escuchaba, y sabía cosas que otros no sabían ni hacían. Le platicaba a mi mamá que yo escuchaba cosas, y lo que ella hacía, era buscar insectos dentro de mis oídos, pensando, que algo se había introducido en ellos, y que esa, era la causa de mi problema. -Así pasé mi niñez, sin que nadie me pudiera explicar el porqué de todas esas cosas.

A la muerte de mi madre me vine a los Estados Unidos y fue aquí donde una mujer completamente desconocida empezó a hablarme de *cerebros preparados*, de *vasos escogidos* y de muchas otras cosas las cuales, a pesar de que la mujer me estaba hablando en español para mí eran en un idioma completamente desconocido. No sabía que creer ni que pensar, la mujer me hablaba de cosas personales; cosas, que sólo Dios y yo sabíamos. -Como el hecho de que sin ella haber conocido a mi madre, me la describió de pies a cabeza, y para completar, me dijo algo sobre la muerte de mi madre, que nadie más sabía, sólo Dios y yo. No podía negar, que esa mujer sabía algo que yo no sabía.

Al final, tomó un papel, anotó una dirección, y me lo entregó diciendo, que fuera a ese lugar, que ahí me ayudarían.- Pero al mismo tiempo, me advirtió que antes de que pudiera llegar a ese lugar, me iban a suceder muchas cosas. Me dijo, que el enemigo no quería que yo acudiera a ese lugar, y que lo iba a impedir a toda costa.- Pero tú tienes un espíritu muy fuerte, me dijo, y vas a vencerlo, y lograrás llegar a ese lugar.-

Y así fue, me tomó tiempo, pero logré llegar al lugar que resultó ser un pequeño templo en el cual, el Espíritu Santo era quien enseñaba. Ahí aprendí muchas cosas, entre ellas, a conocer y a usar los Dones que traía desde mi nacimiento, y a usarlos en beneficio de mis hermanos, y al mismo tiempo, obtuve otros más. Ahí permanecí algunos años aprendiendo, hasta que un día me encontré preguntándole al Señor: ¿Esto es todo? Era como si mi espíritu no estaba satisfecho - o sabía, que había mucho más por aprender.-

Al mucho tiempo recordé, que cuando *el Espíritu Santo, o la Esencia de nuestro Señor Jesucristo* se hacía presente, muchas veces dijo: *"Mis pequeños, ya es tiempo que den vuelta a la página, Yo tengo más que darles, más que enseñarles; denle vuelta a la página.-*

Recuerdo que yo lo escuchaba, y de alguna forma sabía lo que Él estaba diciendo, pero veía, que mis hermanos no entendían, y seguían con lo mismo. Así es que, cuando le pregunté al Señor qué si eso era todo, me abrí a recibir más enseñanzas, más preparación, y más conocimiento. -La respuesta no llegó ese mismo día, sino que un día, Él me habló, y me dijo lo siguiente:

LA BÚSQUEDA
29 de junio de 1994

"Dime, -¿qué buscas?"

-La Verdad.-

"*¿***Tu verdad**, *o Mi Verdad?*-

-Tu verdad, Señor de la Verdad Absoluta, y Amor Verdadero... Tu Verdad.-

"*Si en verdad buscas Mi verdad, Mi verdad tendrás que aceptar como Yo te la entrego; si dudas de Mi verdad, no la estabas buscando.- Mi verdad duele, lastima; Mi verdad despierta conciencias, Mi verdad abre entendimientos, ojos y oídos; si en verdad buscas Mi Verdad, búscame dónde Yo me encuentro, si es que, en verdad, quieres Mi verdad. -Tú sabes dónde me encuentro,* **Búscame ahí***, y ahí te diré Mi verdad*".

-Para ese tiempo yo ya sabía, que Dios mora dentro de nuestros corazones, y ahí empecé a hablarle. Así empezó una relación muy íntima entre nuestro Maestro Jesús, y yo: **Él** se convirtió en *mi Tutor, mi Mentor, mi Maestro, mi Consejero, y mi Guía Espiritual*. Me empezó a enseñar muchas cosas; me entregó conocimiento, sabiduría en tal forma, que hubo momentos en que sólo exclamaba: ¡Señor, tengo miedo de lo que veo! Ya que me entregaba enseñanza tanto como profecías para la iglesia, sus *componentes, y muchas cosas más;* cosas, que Él quería entregarle a todos, pero no todos le abrían su corazón, para que Él pudiera entrar, y entregarles Sus enseñanzas.-

En este libro vas a leer y aprender algunas de esas enseñanzas, y vas a conocer la forma en que una materia (hermano-hermana) debe prepararse para tomar un *Sitial*, y la preparación para todos y cada uno de los *componentes, y guías*. Inclusive, vas a conocer la preparación que debe tener el *pueblo*, para recibir la palabra de la *Esencia* del Espíritu Santo.-

-Yo seguí asistiendo a ese lugar y al mismo tiempo, recibiendo la enseñanza, el conocimiento y la preparación que Él me entregaba personalmente, hasta que, un día me encontré escribiendo lo siguiente:

LA EXCUSA
1989-1990

"Señor: Hoy nuevamente escuché, que no somos perfectos; que Perfecto... sólo Tú mi Dios y Señor; y que Tú lo sabes, y que por eso nos perdonas. Pero me puse a pensar: ¿Es esa, una buena excusa para seguir Ofendiéndote, y ofendiendo a nuestro hermano y semejante?- _¿Es esa una buena excusa para seguir nuestro libre albedrío?- _Porque si te has dado cuenta Señor, esa excusa la usamos para seguir nuestro propio camino, y no el camino que Tú nos has trazado.- _¿Por qué?,- Porque tenemos la excusa de no ser perfectos, que Tú lo sabes, y, por lo tanto, vas a perdonar nuestras faltas.— Pero Señor, ¿no debería ser diferente?- _¿No deberíamos tomas esa excusa por el lado positivo, y tratar de mejorar nuestras vidas, ser diferentes y tratar de Imitarte?-

¿Es que acaso no queremos ser como Tú, Señor... perfectos?- -¿Por qué el saber de Tú vida, no nos hace pensar en seguir uno a uno Tus pasos, y tratar de llegar a ser perfectos como Tú, Señor?_ ¿Por qué es todo lo contrario? ¿Por qué el sabernos imperfectos nos hace cometer más faltas contra Ti, contra nosotros mismos, y contra nuestros hermanos?,- ¿Es porque de antemano sabemos que Tú vas a perdonarnos, porque no somos perfectos, y Tú lo sabes?-

¿Por qué el que Tú nos digas que no somos perfectos, no nos hace reaccionar de diferente manera?,- ¿Por qué no tratamos de enderezar nuestros pasos, nuestras vidas?- Para llevar la ilusión de algún día escucharte decir: ¡Mis hijos, han alcanzado la Unificación Perfecta con Dios! ¡Ya son como Yo... perfectos!

Como puedes darte cuenta, Señor, esa es la excusa que usamos para no ser perfectos, esa es la excusa que nos damos, para no dedicarnos a encontrar la Unificación Perfecta con Dios."

-Hermano: Cuando escribí lo anterior, sin yo saberlo me estaba abriendo más a Sus enseñanzas, a Su preparación, a Su sabiduría, -y - a Sus conocimientos. Ya que después de esto, Él me fue entregando más y más; yo sólo tenía que escuchar y obedecer. -Porque te diré,- que, todo esto empezó en *El Jardín del Edén;* todo empezó con *Adán y Eva,- y su* desobediencia. -Desobedecieron la ordenanza de Dios e hicieron lo que no tenían que haber hecho.- Esa es la razón por la cual nos encontramos en este infierno, el infierno de la desobediencia, *las excusas,* el pecado y la imperfección.- Cuando El Padre creó a Adán y a Eva,- Él creó *la Unificación Perfecta con Dios*; Unificación Perfecta que por su desobediencia perdimos.- Ellos estaban desnudos, pero no se daban cuenta: Eso es *La perfección.-* Al momento de cometer la falta, contemplaron su desnudez: Eso es la imperfección.-

Hermanos: Tenemos el derecho de regresar a *esa Unificación Perfecta con Dios.-* _Estamos en la imperfección, pero podemos recuperar esa *Unificación Perfecta con Dios, o lograr acercarnos más a Dios, y ser mejores personas. —* sólo sigue todas y cada una de las lecciones que te entrego y te darás cuenta, que sí se puede recuperar esa *perfección,* sí, sí podemos regresar a nuestro Creador en perfección. Eso es lo que Él quiere, y eso es lo que le vamos a entregar: *La Unificación Perfecta con Dios, a*quella que perdieran Adán y Eva.- Sigue leyendo para que te des cuenta, que *no existen las excusas, que no hay excusas para romper las Leyes del Omnipotente.-*

RUTA A LA PERFECCIÓN

-Una vez que acepté que se podía llegar a tener una *unificación perfecta con Dios*, el Maestro Jesús me entregó lo siguiente:

Me mostró un reloj de arena, y sobre él, me explicó la forma en que empezamos nuestro *viaje espiritual*. Me dijo, que la parte baja del reloj significa el mundo físico en el cual vivimos. Un lugar lleno de mentiras y engaños, un lugar en el que se dice: *"Éste es mi cuerpo, ésta es mi vida, y puedo hacer con ella lo que yo quiera"*. -Algo que sabemos, que es una mentira, ya que nada de este mundo nos pertenece; no somos dueños de nada, nada es nuestro, todo pertenece a Él, al que nos ha creado, y ha creado todas las cosas visibles e invisibles. Estamos en un lugar en el cual, decimos ser mexicano, americano, chino, afroamericano, etc. olvidando, que no somos nada de eso, olvidando,- que, nosotros ya tenemos nuestra tierra, país, y un hogar que nos está esperando.-

"En este mundo, todos somos extranjeros; somos almas envueltas en un cuerpo humano, buscando la manera de volver a casa.-

Como te he dicho, aquí estamos en el mundo físico. -Pero en medio de nuestra vida desordenada, de alguna forma nos enteramos del Señor, de Sus enseñanzas, de Sus milagros, Su vida, y Su sacrificio. Nos interesa lo que escuchamos, y decidimos Seguirlo, y empezamos a cambiar.- La gente y- los amigos lo notan; algunos lo toman a bien y otros no tanto; especialmente nuestra propia familia, ¿No es así? Algunos comienzan a llamarnos nombres, y a decir, que pertenecemos a otro planeta (Y no se equivocan), y muchas cosas más.-

Todo va bien, estamos disfrutando de una nueva vida. -Hasta que nos damos cuenta, que mientras más nos acercamos al Dios, más problemas tenemos, al - grado de preguntarnos, ¿Esto es estar con Dios?- Porque no entendemos - lo que está sucediendo. - Lo que sucede, es que nos elevamos a un nivel en donde entendemos, qué es lo que está causando todos tus problemas. Entendemos, que no es Dios, ni el enemigo, ni nuestras faltas pasadas, sino los tres. Sí, es Dios, quien te está preparando, moldeando, purificando como a la plata más pura. También, es el enemigo que quiere que regreses al mundo físico.- Y sí... también son tus pasadas acciones.-

A este nivel espiritual, al ver tú- imagen reflejada en el espejo, no te va a gustar lo que ves; es como si el espejo te hiciera ver tu *verdadero yo, y no el que tú pretendes que otros vean*. De pronto, experimentas la necesidad de ponerte de rodillas y pedir perdón; no sólo a Dios, sino a todos los que de una forma u otra has hecho daño u ofendido. Si encuentras la manera de llegar a ellos, y pedirles perdón, lo haces, pero si no lo puedes hacer en persona, porque ya no están aquí o están lejos, orarás por ellos pidiendo que te perdonen.- Lo harás tantas veces hasta sentir, que una carga muy pesada se desprende de ti.- Después de eso, te vas a sentir más cerca de Dios. -En este momento, Él ya te está hablando, y tal vez, (en algunos), Él ya estará hablando a través de ti, entregando mensajes, profecías, alertas para la iglesia, para los demás, y para ti mismo. Vas - a sentir que - caminas sobre nubes; todo es hermoso.

Mas de pronto, todo cambia, sientes como que te han quitado todo, es como que no sabes nada de nada, sientes un vacío, un abandono. Lloras, pides ayuda, y lo único que escuchas, es tu propia voz haciendo eco, es como si estuvieras en un profundo vacío.-

Y lo estás, -estás pasando por una prueba; "La prueba de *Job, o la prueba de- fe*". -Recuerda que *Job* -fue despojado de todo, pero nunca renunció a su Dios, sino, que en medio de sus problemas glorificó Su nombre, diciendo, "*Dios da, Dios quita*". Muchas veces se le pidió que renunciara a su Dios, pero nunca lo hizo; lo alababa, y le glorificaba.-

Te preguntarás, ¿Por qué todo esto?-

Bueno, es porque aquí es donde se encuentra la llamada *puerta angosta*. Aquí, sólo el Maestro, o nuestro Jesús te pueden ayudar a encontrar esa puerta, y darte la llave para abrirla, y entrar al nivel alma. Si en tu evolución espiritual llegas a este nivel, vas a sentir una gran diferencia. Si alguno de mis hermanos varones llega a este nivel, van a sentir la libertad de decir: "*Yo soy la novia de Cristo Jesús*". ¿Por qué? -Porque han entrado al nivel en el que se entiende, que no se es hombre ni se es mujer, sino ambos. No eres hombre ni mujer sino, alma, y el alma no tiene género ni sexo. Ese hermano va a tener una mejor comprensión de su esposa, así como la esposa (Si también ella ha llegado a ese nivel) lo entenderá mucho mejor a él. Porque en esos hermanos, habrá un cambio: Comprenderán y aceptarán, que son tanto hombre como mujer, y que no son hombre ni mujer, sino alma, y el alma no tiene género ni sexo.-

Si eres varón, no vas a sentirte mal al decir que eres la novia de Cristo Jesús; vas a decirlo como algo normal.- Ya que, a este nivel estás experimentando *el verdadero amor: el amor absoluto*. Vas a ver las cosas de una forma completamente diferente. *Porque estás dejando atrás lo negativo, y entrando a lo positivo; estás saliendo de la verdad relativa, y entrando a la verdad absoluta.*

A ESTE NIVEL vas a estar usando tus Dones y vas a tener una mejor comprensión de los mismos. -Aquí llamas al pan, pan y al vino, y aprendes a ver las cosas, y a las personas, tal y como son, no como pretenden ser. Vas a ser un mejor consejero, vas a poder ayudar mejor a las personas, haciéndoles ver las cosas desde otro ángulo.- -A este nivel estás a un paso de la condición que Dios Padre quiere para ser Su novia: La Unificación Perfecta con Dios.-

ALCANZASTE LA UNIFICACIÓN PERFECTA CON DIOS...Y AHORA QUÉ
Martes 22 de julio de 1997, 7:15 p. m.

Una vez alcanzado el nivel de la Unificación Perfecta con Dios, la vida cambiará para todo aquel que se considere La Esposa de Cristo; para todo aquel que se considere, y lo sea de mente, alma, corazón y cuerpo va a sufrir ese cambio. Todos ellos van a pasar por esas pruebas: pruebas de fe, y habilidad, hasta que sean únicamente de habilidad. Ya que una vez que se logra la Unificación perfecta con Dios, ya no se es puesto a prueba de fe. ¡Ya se tiene esa fe! Ya no necesitan ser puestos a prueba para comprobar que la tienen; simplemente son fe. Todo en ustedes es fe, ya no dudan, ya no cuestionan, sólo aceptan en un todo lo que se les entrega. Para ese tiempo, ya han tomado más consciencia de lo que es su *misión* aquí en el haz terrenal; ya saben, ya comprenden, ya aceptan aquello a lo que han venido; saben y aceptan lo que tienen que hacer, y sobre todo, lo que **no** tienen que hacer.

Para ustedes, la vida dará un cambio vertiginoso, porque ya no serán de aquí. El haz terrenal ya no podrá atraparlos en sus garras, ya se habrán zafado de él. El haz Terrenal (entiéndase, el enemigo) ya no podrá hacer de las suyas con ustedes, ya no podrá jugar con su alma ni con su espíritu. Sí, atacará su cuerpo, atacará lo último que les ata al haz terrenal: su materia, o cuerpo, despojándola de todo lo que le pertenece.- _Pasarán penurias y sinsabores, los propios les darán la espalda, serán llamados brujos, y otras cosas más. Aquellos que están completamente fuera de toda espiritualidad, serán sus peores enemigos.- —Mas tendrán algún consuelo en aquellos, que están empezando a despertar; esos sí pondrán oídos a sus palabras, y ojos en sus acciones.—

La tarea que espera a aquel que ha encontrado la Unificación Perfecta con Dios, es muy dura; ya que dará, dará, dará, y no recibirá nada a cambio, mas en -el mundo espiritual de su Dios y Señor, recibirá todo.- *Ya que todo ha entregado por ese Reino, todo lo recibirá de ese Reino.* -Lo que el haz Terrenal le quite, se lo regresará el mundo espiritual de su Dios y Señor; -Reino al cual sirve; -Reino al cual ama, y Reino al cual, en Su momento llegará.

Nada se puede decir,
Nada se puede hacer.-
Todo está en manos de aquel
Que quiera creer.

Nada se puede hacer,
Nada se puede explicar.-
Todo está en la mente de aquel
Que sepa escuchar.

Escucharán los sordos, verán los ciegos.-
Y los que tenían oídos, se les cerrarán.-
Y los que tenían ojos, se cegarán.

Recuerda, que *los últimos serán los primeros, y los primeros serán los últimos.-*

¿Quién llegará a la meta?-

Aquel que no se ciegue, aquel que siga viendo, aquel que no pierda el oído, y siga entendiendo.- . *—Entenderán hasta los que no entienden porque podrán ver, entenderán hasta los sordos porque podrán escuchar. Nada quedará oculto para aquellos que quieran saber, nada quedará oculto para aquellos que quieran entender; entenderán lo que no se puede entender, verán lo invisible, y escucharán lo que no se puede escuchar.-*

La prueba será general, todos la tendrán, nadie escapará a ella. -¿Pero quién saldrá avante?- Eso sólo ustedes lo pueden saber; no habrá distinciones, no habrá concesiones; todos lo mismo, todos, todos, todos.-

La vida ya está empezando a cambiar para muchos; ya empezaron a ver lo que no veían, a escuchar lo que no escuchaban, y a entender lo que no entendían.- Aquellos que están despertando ya empezaron a preguntarse: -

¿En dónde estoy?-
¿Qué hago aquí?-
Cuánto tiempo ha pasado
Desde que me dormí.-

Querrán saber muchas cosas-
Muchas cosas preguntarán-
Pero quién les dará la respuesta-
A las dudas que traerán.

Todo el universo va a evolucionar; ya está evolucionando.- Ya pueden ver lo que antes no veían, y ya pueden escuchar lo que antes no escuchaban.-

Todo esto ya está aquí-
Todo esto ya está encima-
¿A quién aplastará?-
¿A quién bajará de la cima?-

Eso, Yo no lo sé, eso, nadie lo sabe.-. —*Yo sólo les digo: "Son ustedes los que pueden responder, son ustedes los únicos que lo saben."- Amén. Fubbi Quantz. Amén.*

DIOS ES EL INFINITO Y NOSOTROS EL LÍMITE
Martes 22 de julio de 1997, 7:45 p. m.

Aquí en la tierra, cuando alguien quiere seguir estudiando, y preparándose mejor, se le dice, que el cielo es el límite. Ya que sabe, que se puede obtener más educación, más grados, una maestría, pero dentro de la espiritualidad, nosotros somos el límite, ya que nos -limitamos al conocimiento de Dios, pues, nos damos cuenta, que *Dios es el Infinito, y nosotros, el límite.-*

Muchos se preguntan, qué es Dios, quién es Dios, sin darse cuenta de que, al decir que Dios es el Alfa y el Omega, que Dios es el Principio y el Fin, están diciendo, Qué es Él, y Quién es Él: Él es el *Infinito.-* Es por eso que Dios dice:-

"Yo soy el Infinito, y tú eres el límite. Tú te limitas de Mi conocimiento, y Mi sabiduría; sabes un poco y crees que lo sabes todo. ¿Puedes tú probar los límites del Dios Todopoderoso?

"El infinito es Él, Él es el infinito, *nada antes que Él, Todo después que Él"*

Quién lo entienda, agraciado será, quién no lo entienda, esa será su desgracia, porque no podrá avanzar. Todo aquel que quiera avanzar... avanzará; todo aquel que a medianía del camino se quiera quedar.... —se quedará; nada lo va a impedir, nada lo va a sacar de donde él quiere estar. -Pero aquel que quiera salir, manos le sobrarán para ayudarle a escapar. ¡Sí, Escapar! Escapar del enemigo, escapar de la ignorancia, y de todo aquello que lo ha hecho perecer; escapar de todo aquello que no lo había hecho merecer. -¿Merecer? -Merecer la Gloria, -merecer el amor, merecer la entrega de Aquel, que Todo lo es.

Esperen, esperen, esperen,-
Pero no sin prepararse.-
Esperen, esperen, esperen,-
Que las cosas están por desatarse.

Llegarán a ustedes como una avalancha.-
Llegarán aplastando a todo aquello,
Que esté en contra de Sus enseñanzas.-
¿Están listos para el embate?-
¿Están listos para recibir el golpe?-

No se dejen abatir,-
No desmayen en su intento.-
Sigan hacía el frente.-
Sigan, sigan, sigan,-
Que grande será su contento. Fubbi. Quantz.

EL LIBRE ALBEDRÍO
1997

En una ocasión le pregunté al Maestro *Rebazar Tarz*, que, qué era lo que nos separaba de Dios, y esto fue lo que me dijo:

"Los separa la imperfección, la inmundicia, la desobediencia, la envoltura, cuerpo o materia, pero lo que realmente los separa de Él, es el libre albedrío.- Ya que, al habérseles entregado por Nuestro Padre, Él les dio la opción de tomar sus propias decisiones, y la libertad de escoger entre Servirlo u olvidarse de Él.—

De alguna forma, el libre albedrío -pasó a ser un eslabón roto en la unificación con nuestro Padre.- De todas las cosas que separan al alma de la Gracia de Dios, Yo considero, que ésta, es la que más nos muestra Su Amor. -Porque Él no quiere forzarnos a Seguidle, ni a estar junto a Él en su Solio Divino. -No quiere forzarnos a compartir con Él Sus potestades, Sus dones y gracias. -Lo que Él quiere, es que lleguemos a Él por amor, y por nuestra propia voluntad; y por supuesto, usando nuestro libre albedrío." -Amén.—

El libre albedrío es lo que ocasiona, que pequemos en contra de Dios. -Él nos ama, y quiere que seamos felices, pero el libre albedrío hace que malinterpretemos ese amor.- El amor es libre, y Él quiere, que de esa manera lleguemos a Él. -Él no quiere presionarnos, no quiere forzarnos a Amarlo; lo que Él quiere, es que, así como Él nos ama, lo amemos a Él... —libremente.

Cuando nos damos cuenta de que Dios nos entregó el libre albedrío, llegamos a confundirnos, porque pensamos que no es un acto de amor.- Pero sí lo es, porque Dios nos ama,- qué no sabes que el que ama deja ir. -Si amas mucho a una persona, y ese amor es puro y sincero, pero esa persona no siente lo mismo, vas a dejarla libre para que encuentre su felicidad. ¿No es así?- Muchas veces, dicha persona al verse libre reconoce, que lo que dejó era lo que más amaba, y regresa a ti. Es por eso que, nuestro Padre nos ha dejado libres, para que algún día lleguemos a reconocer,- —que Él, es lo que más amamos, y regresemos a casa; Él nos espera con los brazos abiertos, y nos tiene una mansión preparada. -Por lo tanto, debemos hacer buen uso de nuestro libre albedrío, y buscar la senda que nos conduzca de nuevo a nuestro hogar.—

Estás recibiendo los conocimientos, *y la guianza para que te conviertas en lo que Yo quiero,- —mas una vez más te digo, Mi niño, Mi pequeño, tu Jesús de Nazaret no forzará nada que no quieras.- —Mi Padre te ha entregado el libre albedrío,* y tu Jesús *lo obedece y lo respeta.- Yo te entregué amor sin esperar nada a cambio, de la misma forma, quiero que tú Me entregues ese amor: libremente, y con todo tu corazón".*

COMO ENTREGARSE EN UN TODO AL ESTUDIO DE LA ESPIRITUALIDAD
Del 3 al 10 de mayo de 1994

Primero debes aceptar el *karma y la reencarnación* como algo natural; como aceptar el sueño a la hora de tu descanso; como aceptar el agua cuando tienes sed, y la comida cuando tienes hambre. Ya sabemos que *karma es el producto de nuestras acciones buenas o malas.* Ya sabemos que *la Reencarnación es la oportunidad de venir a pagar, o en algunas ocasiones, a formarte más.-*

¿Cómo se obtiene *karma*?-

La mejor forma, es entregándose al estudio de la espiritualidad en cuerpo, alma, corazón y mente, ya que no únicamente obtendrás buen karma, sino que también la oportunidad de pagar tu pasada karma, y así llegar a terminar ese ciclo de *reencarnaciones; t*omando en cuenta, que todas tus acciones se encaminen hacia el bien.- Mal karma se obtiene hasta con tener malos pensamientos; ya no se diga si llegas a ejecutarlos.- *"Toda acción tiene su reacción."* O sea, que *lo que se hace se paga.-* Una mala acción obtiene mal *karma;* en otras palabras, y como dice la Sagrada Escritura: *"Lo que se siembra, se cosecha".-*

Luego aprender -y conocer, *Qué es Dios, y Quién es Dios: Dios es Amor, y amor es Dios dentro de ti mismo.* -Ahora mismo puedes decir a la luz y a la verdad que amas a Dios, y que crees en Dios. -Antes de contestar primero tienes que saber, qué es Dios, y qué representa Dios: Dios es amor, verdad, caridad, compasión, piedad, misericordia, perdón etc.- *Para conocerlo a Él, tienes que convertirte en Sus cualidades.-*

El estudio de la espiritualidad es el principio, pero nunca el fin, ya que dicho por el Maestro: *"Todo principio tiene un fin, pero el fin, es sin fin".*

Con esto Te quiere decir, que nunca terminas de aprender; siempre habrá algo más. Luego aprendes a conocer y a aceptar a los Maestros, a quitarte la venda de los ojos acerca de muchas cosas que hasta ahora has hecho pensando que estaban bien, y comprenderás que te las habían enseñado de una forma incorrecta.

Por ejemplo:- —Todos hemos escuchado acerca de las *mentiras piadosas, mentiras por amor, mentiras por compasión,* por *caridad* etc.- Y ya todos sabemos, *que Dios es piedad, amor, compasión, caridad; todo eso y más*, y que *el enemigo es todo lo contrario:* Él *es mentira, engaño y falsedad.* Por lo tanto, te pregunto: ¿Quién inventó esa clase de mentiras?-

¿Ahora lo entiendes? Si te das cuenta, por siglos hemos tolerado esa clase de mentiras. Es más, estamos contribuyendo a que nuestros niños empiecen a mentir, y lo vean normal cuando les pedimos, que digan que no estamos en casa si alguien con quien no queremos hablar nos llama, o pregunta por nosotros.- Luego nos preguntamos: ¿Por qué mienten nuestros hijos?-

Si Dios es la verdad, y el "otro es la mentira. ¿Cómo se puede mentir por amor, compasión y caridad?- -Recuerda que el Maestro dijo que no existen los medios; no hay nada en medio; o *sé es caliente, o sé es frio, nunca tibio; sé es blanco, o sé es negro, nunca gris*. —Entonces, simple y sencillamente aprende a no mentir, si es que quieres trabajar con el Dios de la verdad absoluta y amor verdadero". Amén.-

LA ESPIRITUALIDAD
Mayo de 1994

¿Qué es la Espiritualidad?-

La espiritualidad es el medio otorgado al hombre para alcanzar la *Unificación Perfecta con Dios*. –Ya que el hombre fue hecho a imagen y semejanza de Dios, sólo a través del estudio y la preparación espiritual logrará llegar a esa perfección.–

"La espiritualidad es la **única** *llave otorgada al hombre para abrir las puertas del Cielo".-*

Quieres la Espiritualidad… _espiritualízate. -Recuerda que para lograrlo tienes que despojarte de toda materialidad, de todo sentimiento y acto negativo.-

LA BASE DE LA ESPIRITUALIDAD
26 de abril de 1994

He aquí lo que se me explicó acerca de la espiritualidad:

-Ama a tu hermano y semejante.
-Comparte como Cristo compartió.
-Da como Cristo dio, sin esperar nada a cambio.
-Desayúnate con Dios.
-Almuerza con Dios.
-Cena con Dios sin importar que esa sea la última cena-
-Vive con Él.
-Vive por Él.
-Vive para Él, y eternamente vivirás con Él.

Recuerda: *"Es fácil morir por Dios; lo difícil, es vivir por Él".-*

QUIERES LA ESPIRITUALIDAD

¿Quieres la espiritualidad?-

-Entonces, espiritualízate._____

¿Cómo se puede llegar a la verdadera Espiritualidad?-

-Entregándote en un todo._____

¿Qué es entregarse en un todo?-

-Es entregarse en *cuerpo, alma, corazón, y mente;* dejando atrás todas *las bajas pasiones.-*

¿Cuáles son *las bajas pasiones?-*

-*La ira, la vanidad, la avaricia, la lujuria, los apegos o ataduras,* y por supuesto, todos sus derivados._____

¿Cómo se pueden dominar *las bajas pasiones?*-

-Trabajando en los excesos.-

¿Qué son los excesos?-

-Exceso es todo aquello que te lleva a los extremos.

¿Qué son los extremos?-

-Los extremos son los que te llevan a cometer la falta o el pecado.

Ejemplo: el *exceso* en el comer te lleva a la *gula,* que viene siendo la falta o pecado.- La *excesiva ambición* te lleva a la *avaricia,* que viene siendo la falta o el pecado.- La *práctica excesiva del sexo* te conduce a la *lujuria,* que viene siendo la falta o el pecado.- Por lo tanto, no pases por alto las cosas pequeñas, porque son las que te llevarán a las grandes. -*No te conformes con decir que eres muy corajudo, corajuda;* recuerda que muchas veces has escuchado: "*Se enojó tanto, que llegó al extremo de matar*".- __ ¡Cuida los excesos! Para que no te lleven a los extremos.

LA ENSEÑANZA ESPIRITUAL
Mayo de 1994

Déjame explicarte lo que es la enseñanza espiritual: La enseñanza espiritual debe ser únicamente *espiritual*; siempre dejar que el *Espíritu Santo* te guíe, y siempre dejarte llevar por Él. -Pero para que una *materia*, o cuerpo, comprenda y acepte en un todo ésta enseñanza, tiene que limpiarse, y despojarse de toda materialidad; mientras no sea así, dirá: "Sí, sí entiendo y acepto". -Pero eso será de labios, y no de corazón. -Algunos pensarán que están diciendo la verdad, pero no será así; ya que más adelante lo comprobarán con sus acciones y comportamientos.-

¿Cuáles son esas acciones y comportamientos? --

Es la tendencia a decir a todo, que ya lo saben, y que lo creen, pero sus acciones demuestran lo contrario. -No es fácil entregar ésta enseñanza y hacer que la misma llegue al entendimiento de nuestros hermanos, porque como dije antes: *Primero tienen que dejar toda tendencia material.*-

No les va a ser fácil aceptar la verdadera espiritualidad a aquellos que han llevado una enseñanza a base de materialidad, ya que no es posible dejar lo que por siglos han llevado; requiere de una entrega total a la que no están acostumbrados. –Dicen: *"Sí, sí creo, o yo soy esto o lo otro" y demuestran lo contrario*. Una persona en verdad espiritualizada se entrega en *cuerpo, alma, corazón y mente*; *en plenitud y en un todo;* ya no existe atadura alguna, ya no hay nada que los sujete a la tierra, porque ya han encontrado l*a Unificación Perfecta con Dios.*-

¿Qué es *La Unificación Perfecta con Dios?*-

-La Unificación Perfecta con Dios: Es la entrega en *cuerpo, alma, corazón y mente* al estudio de la espiritualidad. -El estudio de la espiritualidad es el principio, pero nunca el fin. –Ya que dicho por el Maestro: *"Todo principio tiene un fin, pero el fin es sin fin"*. Quiere decir, que nunca se termina de aprender; siempre habrá una nueva enseñanza.-

Se nos dijo que *la enseñanza espiritual* es una semilla y nosotros el recipiente en donde esa semilla es sembrada; una vez sembrada, los cambios se van manifestando poco a poco.– Pero se necesita tener paciencia, ya que los cambios empiezan dentro de uno - mismo; de a adentro hacia afuera empiezas a ver y a sentirte diferente.– Eso es porque esa semilla ha empezado a echar raíces, raíces que se aferran hasta hacer de ti un árbol fuerte y corpulento.- Todo esto toma tiempo y mucha *dedicación*; toma mucha *Fe, Amor, Constancia, Paciencia y Disciplina*.

Fe - En Dios, en ti mismo y en tu hermana humanidad.
Amor a Dios, a ti mismo y a tu hermana humanidad.
Constancia para recibir las enseñanzas de Dios.
*Paciencia p*ara asimilar esas enseñanzas.
Disciplina para el uso y desarrollo de dichas enseñanzas.

Fe, amor, constancia, paciencia y disciplina, palabras que nuestro Padre nos trae a cada momento, para indicarnos -la forma en que debemos entregarnos a Él; pero las escuchamos, y no son más que eso: palabras. -Bien, ya es tiempo de ejercitarlas, ya es tiempo de que les demos vida. Recuerda que la palabra de nuestro Padre es vida, entonces, vamos a darles vida en nosotros mismos; vamos a poner vida, en lo que decimos, y hacemos en Su Sacrosanto y Bendito Nombre.-

Nuestro Padre ha dicho, que *Él tiene más que darnos, que nosotros que pedirle.-* Por lo tanto, no te detengas, no te pongas el límite, no te conformes; nuestro Padre no nos quiere mediocres.- Él dice, que de Sus manos se están derramando los dones y gracias que tiene para todos y cada uno de nosotros, pero que también las tiene amarradas, ya que debido al libre albedrío (Gracia que nos concediera por Su amor), Él - no puede hacer nada; no puede darnos nada, sin nosotros Pedírselo.- Nadie puede pedir por nosotros, nadie puede obtener por nosotros; somos nosotros mismos quienes tenemos que desear y pedir las gracias y dones que Él tiene, para quien los pida.- *"Pídeme,- que Yo te daré", dice Nuestro Jesús de Nazaret; pero P*ídeme, *Yo no puedo forzarte a recibir lo que Yo tengo para ti".*

Por lo tanto, te diré, que Él va a empezar a entregar más enseñanza, y más preparación, para que puedas aspirar a los dones y gracias que Él tiene para todo aquel que pida, y esté preparado para recibirlas.- En ti está que aceptes y asimiles esa enseñanza.-

FE, AMOR, CONSTANCIA, PACIENCIA, Y DISCIPLINA
Domingo 7 de abril de 1997

Apréndelas, ponlas en lo más profundo de tu corazón y sobre todo... practícalas.- Muy pronto dejarán de ser sólo palabras; pasarán a ser parte de ti mismo; pasarán a ser ¡tú!- ¡Porque tú las llevarás en tu corazón! – ¡Tú las pondrás en práctica! -¡Tú las harás vivir en ti.!- ¡Tú serás ellas y ellas serán tú!- ¡Serán uno!- ¡Formarán un solo pensamiento!- ¡Un solo deseo! – ¡El deseo de llevarlas a la práctica! – ¡El deseo de convertirte uno con ellas! – Si haces lo que te digo y no lo que tú quieres hacer, pronto el mundo contemplará en ti: fe, amor, constancia, paciencia, y disciplina; podrás entregar, podrás enseñar a ser Fe, amor, constancia, paciencia, y disciplina. –

Sólo déjate guiar; ya no Me des la espalda, ya no Me dejes esperando, ya no Me hagas sufrir. Déjate guiar. –Te llevaré a lugares que ni siquiera has imaginado que existen; lugares, en donde encontrarás los conocimientos que desde los Tiempos vienes buscando; lugares en los cuales, recibirás y conocerás los secretos del Reino de Mi Padre, secretos con los cuales podrás entrar a ese Reino, secretos que te permitirán subir, subir, subir hasta donde tú lo desees, hasta donde tú quieras. Porque recuerda, que tú eres el límite y Yo el Infinito; en ese Infinito te enseñaré, si tú me dejas guiarte; – si tú dejas que Yo sea tu Guía,- tu Pastor. – Déjame hacerlo. - Una vez más te repito: "Yo conozco el camino, ya lo caminé, ya lo aprendí para poder mostrártelo, para poder decirte: "Ven, es por aquí; ven, que Yo te guiaré; ven, que Yo seré tu Pastor; tu Guía, tu Luz". –Déjame hacerlo, Déjame hacerlo, Déjame hacerlo. - Jesús de Nazaret, tu Pastor, tu Guía. - Amén.

FE, AMOR, CONSTANCIA, PACIENCIA, Y DISCIPLINA.
11 de abril de 1997, 6:30 p. m.

-Palabras que vas repitiendo una y otra vez, pero que desconoces su significado, aunque te jactas de conocerlo. —Me dices que tienes fe y te contemplo con la duda. – Te he dicho: "Si dudas, no tienes fe". —Porque la duda, es falta de fe. – Eleva tu fe, porque quiero que llegues hasta Mi Padre. – Porque en fe estarás ante Su Presencia, con fe estarás postrado ante Él. —Te he dicho: "Si tu fe fuese del tamaño de un grano de mostaza, moverías montañas". Quiero ver que muevas esas montañas; Quiero ver, que con tu fe cruzas ríos, mares; -Quiero ver, que con fe, te eleves hacía Mí.-

Tienes fe de que en todo momento Me encuentro contigo, porqué entonces contemplo, que no me Aclamas, que no me llamas. —¿Es que acaso no necesitas de mí? Si la fe llevas, que Me encuentro contigo, porqué te contemplo dudoso, porqué contemplo que vas -repitiendo: "Tengan fe mis hermanos" cuando en ti mismo no la llevas. ¿Cómo vas a entregar lo que no llevas dentro de ti? ¿Cómo vos vas a entregar lo que no eres?- Conviértete en fe; sé - fe, para que puedas entregar esa fe, para que puedas mostrar esa fe, y para que todos los demás vean en ti... - fe. -

Tiempo es, que las palabras dejen de ser palabras, y cobren vida. -Recuerda que las palabras se desvanecen en el viento; no permitas que Mis palabras se las lleve el viento y en el viento se pierdan. -Recuerda que Mis palabras son vida... -nútrete de ellas, llénate de ellas, sé ellas, conviértete en ellas, para que te conviertas en tu Jesús de Nazaret. -Para que - como Yo, seas fe, amor, constancia, paciencia, y disciplina.-

Eres - Mi hijo bien amado, y tú quieres ser como el Padre. -Recuerda, el Padre es fe, el Padre es amor, el Padre es constancia; es paciencia, es disciplina. – **¿Quieres ser Yo?- ¿Quieres seguir Mis pasos, Mis huellas? -¿Quieres Imitarme?** *- Conviértete en fe; conviértete en amor; conviértete en constancia, en paciencia y en disciplina para que seas Yo, y puedas llegar a decir: "Yo soy el camino, yo soy la verdad."-¿Puedes ahora mismo decir eso? -¿Puedes decir a la luz y a la verdad que eres el camino?- ¿Puedes decir, que todo aquel que* venga a ti llegará al Padre, porque tú eres el camino? ¿Puedes decirlo a la luz y a la verdad? -Quiero oírtelo decir, -Quiero escucharte decir: "Yo soy el camino y todo aquel que venga a mí llegará al Padre". -Esa es Mi voluntad, ese es Mi deseo; cumple Mi deseo, conviértete en el camino, para que todo el que llegue a ti, llegue a Mi Padre. -Aprende, conviértete y sé todo lo que vas repitiendo en cada alba tras alba.

Elevas tu voz, - Me aclamas, y Me dices: "Quiero seguirte mi Señor". -Te lo he preguntado una, dos, tres veces y Me has dicho: "Te seguiré mi Señor. – Quieres seguir Mi huella, quieres seguir Mi ejemplo: Conviértete en Mí, sé -Yo; es así como quiero verte, es así como quiero que guíes a Mis hijos, es así como quiero que te eleves a Mi Padre, para que Mi Padre -pueda decirte: "Bien -venido hijo Mío". – La tarea no es fácil, te he dicho que la batalla es dura, pero también te he dicho, que si perseveras lograrás la victoria.- Lo que necesitas para lograr esa victoria Mi niño, es fe, amor, constancia, paciencia, y disciplina.-

Fe, es el poder más grande que todo ser debe tener; es tan grande, que atraviesa toda barrera, salta todo obstáculo y llega hacia el infinito. -La fe, es aquello que no ves, pero que sientes; aquello, que no tocas, pero que presientes.-

Hablas de fe a Mis niños, a Mis pequeños, a Mis hijos bien amados, mas en estos instantes tú Dios y Señor te dice, que no sean palabras Mi niño, Mi pequeño, que sean hechos, que sean realidades. -Que todo aquel se acerque a ti, vea en ti fe, -amor, constancia, paciencia y disciplina. -Tu Dios y Señor quiere, que seas el buen ejemplo a seguir; como el buen ejemplo que Yo te dejé.-

"EL MILAGRO LO REALIZA LA FE. -SIN FE, NO HAY MILAGRO"
Miércoles 14 de septiembre de 1994

Amor. - Debe haber amor en ti. No quiero escucharte decir que eres amor, Yo quiero ver, que eres amor, que entregas amor, que das amor, que tú mismo eres amor. - Quiero que mis pequeños vean en ti, el amor, que no tengan duda sobre lo que significa ser amor, porque podrán verlo en ti. -Podrán identificarlo al verte, al escucharte, al conocerte, y dirán: "Si quieren conocer el amor, conozcan a ese o a aquel hermano; él es amor". -Ya no permitas que sean palabras, Mi niño; palabras que el viento se lleve, y que en las alturas se desvanezcan sin dejar huella. -Se amor, aprende lo que es amor. -Repites que Dios es amor; sé amor, para que puedas decir que eres Dios, porque Dios, es amor.-

"El amor redime y salva, la pasión daña y destruye"

Aprende a distinguir cuando es amor lo que sientes por una persona, o es pasión. -En este tiempo es muy fácil decir, te amo. Es algo que se dice a diestra y siniestra, o sea, sin ponerse a pensar en lo que eso significa. -Es por eso, que los matrimonios de ahora duran lo que dura la pasión; ya que, al terminarse la pasión, el matrimonio se termina.- -¿Por qué?- Porque ya sea uno o el otro se dejó llevar por la pasión, -y no por el amor.-

El amor es eterno, no muere; la pasión es efímera, y muere, al no tener qué la alimente".

Constancia.– Constantemente Yo estoy contigo; constantemente estarás Conmigo; constantemente te entrego lo que es Mi voluntad; constantemente te estoy pidiendo, que veles y ores, que entregues, que sigas caminando de frente.- ¿Por qué entonces, si constantemente Me encuentro contigo te contemplo -cansado, contemplo que pones el -pero a lo que Yo te ordeno?- ¿Por qué no te veo Amándome, Respetándome constantemente?- ¿Por qué un día Me amas, y al otro Me das la espalda?- ¿Por qué un día crees en Mi palabra y en lo que Yo te entrego, y al otro día, dudas, niegas? -Sé constante en lo que sientes, sé **constante en lo que eres,** *sé constante en lo que crees, sé constante en*

lo que amas, *sé tú mismo*, *constancia. No Me ames hoy*, **y mañana no**; *no creas en* **Mí** *hoy*, **y mañana no**; *no creas en Mis enseñanzas hoy*, **y mañana no**; *sé* **cons***tante; sé constante.*

Paciencia.– ¿Es que acaso *eres paciente, como lo fue tu Jesús de Nazaret? ¿Es que acaso eres paciente, como el ejemplo que Yo te entregué? ¿Eres paciente con los tuyos, y con los que no son tuyos?* -*¿Eres paciente con aquellos que pongo frente a ti? ¿O únicamente Me pides paciencia, y tú no eres- paciencia?- -¿Eres paciente con los vástagos que te he entregado? -¿Eres paciente con aquellos de* M*is hijos menesterosos?-* ¿Eres paciente con la ancianidad que frente a *ti* pongo-? ¿Por qué entonces repites, paciencia?-

¿Quieres enseñar paciencia? S**é** *paciencia, muestra paciencia, conviértete en paciencia.* **¿Qué** *va a pasar contigo Mi pequeño? ¿Cómo vas* - *a entregar paciencia Mi niño, si no sabes lo que significa ser paciente?- Si no has ejercitado paciencia,* c*ómo puedes entregar paciencia. Analiza, analiza, analiza; estudia lo que significa ser paciente.* -*Si acaso lo has olvidado, revisa la historia de tu Jesús de Nazaret; contempla los momentos en que tuvo que ser paciente, y conviértete en paciencia para que así, puedas entregarla.*

¿Disciplina?– ¿Qué entiendes por disciplina? -*Enseñanza entregada, debe de ser acatada en cuanto se reciba, no dos, tres días, o meses después, sino al ser recibida.- Aprenderás mucha disciplina, más y más cada día, dependiendo de tú preparación, y el deseo de superarte espiritualmente.— Aquí, llegará lejos aquel que quiera llegar.. _no hay límites; los límites los pondrás tú mismo.- Los Maestros no tenemos límites en lo que hay que enseñarte; más quieres aprender, más te enseñamos. No pongas límites a tu evolución, y llegando serás muy alto; tan alto, como tus Maestros. -Aprende a brincar las barreras, los obstáculos; salta los abismos sin caer en ellos, y vuela, vuela, tan alto, como sea tu propio deseo.* <u>*La- disciplina, es la clave.-*</u>

Los Maestros encontraron la Maestría a través de la disciplina; disciplina tu mente, corazón, cuerpo y alma. -Sólo disciplinándote encontrarás ese adelanto, esos secretos, esas enseñanzas, esa preparación, esa sabiduría, y esos conocimientos. -Escribe los cambios de tu envoltura; deja a los que detrás de ti vienen la disciplina, los adelantos que vas obteniendo con tu entrega, y con tu disciplina, de mente, cuerpo, alma y corazón.-

"La oveja es sumisa, la cabra no"

La cabra no tiene disciplina. -Recuerda, que tú eres la oveja; **tú** *no eres la cabra.- Quiero que como niño aprendas lo que se te enseña. -La disciplina es parte de este entrenamiento, es parte de esta enseñanza; una parte muy grande, porque todo está en la disciplina que pongas en lo que haces. -Disciplínate en tu tiempo, en tus labores cotidianas. -Disciplina tus pensamientos, disciplina tus acciones, s***é tú mismo una disciplina***.- Puedes hacerlo, puedes disciplinarte, porque esa es Mi voluntad. Para que aquellos de Mis hijos que contemplen en ti la disciplina, se den cuenta lo que es disciplina, y no tengan duda, porque la contemplarán en ti.-*

Analiza, analiza, analiza lo que te entrego; analiza todas y cada una de Mis palabras.- Analízalas y dentro de ti pregúntate: **¿Soy fe?** *-***¿Soy amor?** *-***¿Soy constancia? -¿Soy paciencia? -¿Soy disciplina?** *Y permite que la respuesta sea a la luz y a la verdad, y en donde hayas encontrado el* **no***, ejercita esa palabra, y conviértete en ella. Es lo que te entrega, tu Jesús de Nazaret.-*

PACIENCIA
Jueves 03 de noviembre de 1994

¿Qué es la paciencia?-

La paciencia, es la gracia divina, don maravilloso con el que conquistas a los corazones, a las almas, y a todos por igual. -Ya que, quién se puede resistir a la paciencia. Recuerda, la paciencia es la virtud de los mártires, la virtud de todos aquellos, que quieren llegar a conocer al verdadero Dios, al Dios de la verdad absoluta, al Dios del amor verdadero.-

La paciencia, te lleva por senderos desconocidos, y por - otros ya conocidos, pero como no tuviste la paciencia de esperar a comprenderlos, a entenderlos.- Ahora tu paciencia, te lleva de nuevo a ellos, y con paciencia los comprendes, y sobre todo... los aceptas.- La paciencia te hará merecedor de grandes fuentes espirituales, de las cuales beberás la sabiduría, los conocimientos, la fuerza y la fortaleza que necesitas para tener paciencia. -La paciencia te encumbra, te lleva a niveles hasta ahora desconocidos, inalcanzables e impenetrables.- Niveles, que debido a tu impaciencia ni siquiera habías escuchado que existían.

La paciencia, don divino que debiera poseer toda alma viviente, - toda alma perdida y deseosa de encontrarse a sí misma, pero por la impaciencia, no lo ha hecho.- Recuerda que se dice, que "Roma no se construyó en un día". ¿Qué es lo que entiendes por eso? -Que, de no haber existido la paciencia, Roma no existiría. -La paciencia te pondrá frente a todo y de todos, ya que los que no la tienen, querrán poseerla, al verla reflejada en ti.- La paciencia te permite saber esperar, saber comprender, entender y analizar, de todo aquello que, hasta ahora, no habías tenido la paciencia de entender ni analizar. -Nunca pierdas la paciencia ni permitas que te la hagan perder.- Da paciencia envés de permitir que te la quiten; entrégala, para que la reciban aquellos que no la tienen.

Nov. 3, 1994. *Como puedes darte cuenta, está muy claro lo que significa tener paciencia, lo que significa saber esperar, lo que significa -saber entregarse con paciencia y perseverancia. Haz lo que dijo mi Maestro Rebazar Tarz: ¡Ten paciencia!-*

YA HAS APRENDIDO...
Viernes 23 de mayo de 1997, 6:40 p. m.

Ya has aprendido lo que es disciplina, ya has aprendido lo que es constancia, ya has aprendido lo que es fe, ya has aprendido lo que es paciencia, entonces, ¿qué esperas para entregarte en un todo a tu Dios y Señor? ¿Qué esperas para entregarte a tu Esposo bien amado? ¿Qué esperas para recibirlo en tu aposento? ¿Qué esperas para entregarte a Él en cuerpo, alma, corazón y mente? ¿Qué esperas para saber lo que es amor? ¿Qué esperas para salir, y entregar de ese amor? ¿Qué esperas para convertirte en ese amor?- Recuerda, que sólo siendo amor podrás ser Él, porque Él, es amor. - Amén. Fubbi Quantz.

Lo que a continuación vas a leer, son enseñanzas que van a ser de mucha ayuda en tu ascenso espiritual.- Toma en cuenta todas y cada una de ellas; estúdialas, analízalas y llévalas a la práctica para que así mismo obtengas los beneficios que en sí llevan para ti, los tuyos y los que no son tuyos.

EL ODIO Y EL RENCOR
5 de enero de 1995

El odio y el rencor tomados van de la mano para poco a poco, aniquilar los entendimientos hasta hacerlos caer en la más negra oscuridad; tan negra, que no pueden ver, reaccionar, pensar, o analizar aquellos que son atrapados en sus garras. -Se ciegan a todo razonamiento y únicamente contemplan la venganza, aquella que supuestamente los llevará a la victoria, sin darse cuenta de que, a donde los conducirá, será a la muerte eterna.-

"El odio y el rencor apartan al alma del camino de luz, conduciéndola a la más negra oscuridad; no odies ni lleves del rencor para que no pierdas tu alma".

EL PERDÓN
Lunes 07 de noviembre de 1994

¿Qué es el perdón?-

El perdón, es el don divino que Jesús nos vino a dejar y a enseñar.- Es dejarle todo a Dios, es poner todo en Sus manos y encomendar a Su Gracia Divina a todo aquel que nos ofenda.-

¿Qué es perdonar?-

Es la gracia divina, de poder olvidar los agravios; la gracia, de anteponer el amor al rencor, la gracia de recordar que así mismo, nosotros fuimos perdonados.-

¿A quién perdonamos?-

A quienes ciegamente, y sin conocer la gracia de Dios, nos ofenden. – Perdonamos a quienes por su ignorancia, falta de conocimiento, o por maldad, niegan la gracia de Dios.

LA CARIDAD

Ya te hablé de la paciencia, ya te hablé del - perdón; ahora te voy a hablar de- la caridad.-

¿Qué es *la caridad?-*

La caridad, es el dar, pero nunca el pedir.-

Me dices, no entiendo, y Yo te digo, es sencillo: Da amor, pero no lo pidas, da cariño, ternura, devoción, en otras palabras, da todo de ti, sin esperar nada de nadie; si lo haces, tendrás todo de todos.-

La caridad se lleva por dentro; nunca se expone para que los demás vean que la tienes.- Si tú sabes que la tienes, lo sabemos tus Maestros.- Que el mundo te diga lo contrario, que importa, tú sabes que no es así.-

No hagas alarde de la caridad que tienes para con tus hermanos, que lo único que estás logrando, es la presunción.- Para que quieres que los demás sepan lo que haces, si tu Maestro ya lo sabe, y con eso basta.- No olvides que se te dejo: "Que tu mano izquierda no sepa lo que la derecha hace".- No olvides que esta ley, es la ley de tu Dios y Señor.- Deja a los Maestros el calificarte, no lo hagas tú; ya que, al hacerlo, te darías más o menos cierta calificación por algo, en lo que tus Maestros te darían la justa calificación.- No esperes de los demás lo que has entregado..._olvídalo, y sigue adelante, que otros tendrán la caridad contigo.-

LEYES DE NUESTRO PADRE

Quiero que estudies lo que a continuación vas a leer. -No quiero que únicamente lo leas, sino que lo estudies, lo analices, y lo pongas en práctica. -Las lecciones están tan bien explicadas, que no creo que tengas motivos para no entenderlas.- Aquí vas a aprender, que no tienes la *excusa para transgredir las Leyes de nuestro Padre.-*

Se nos dijo, *que "no existían las razones, sólo las excusas"* - Cuánta verdad hay en ello.- Y para ilustrar lo dicho te voy a entregar la pregunta que me fue hecha: *¿Cuándo nuestro Padre entregó a Moisés las Tablas de la Ley, también le entregó la excusa para quebrantar dicha ley?-*

¡No!- *La respuesta es ¡No! -¡Fue el hombre quien usando su libre albedrío, puso la excusa para romper dichas leyes!*

MENTIR
4 de julio de 1997

Por ejemplo: Dios dijo que no se debía mentir.- ¿Entonces, porqué se miente, y se pone la *excusa,* de que fue por amor, por piedad, por misericordia etc.?-

Dios dijo, que no había que tomarlo a Él como testigo de mentiras.- -Entonces, ¿por qué se dice que se mintió por amor, por caridad? -¿Por qué se dice, que fue una mentira piadosa, blanca, etc.?- Si se sabe, que, Dios es verdad, amor, caridad, blancura, piedad... también se sabe, que, la mentira pertenece al Diablo, Satanás, Ave Negra, Enemigo, y que éste, es todo lo contrario a Dios.-

"Dios es Amor. -No se puede mentir por amor, porque entonces, estaríamos diciendo, que mentimos por Dios".-

LA MENTIRA

¿Qué es la mentira?-

La mentira, son eslabones que te encadenan al haz terrenal.– _*La mentira envilece, arruina, y destruye todo a su paso, dejando, dolor y llanto por donde pasa.-* "Todo aquel que miente se encadena, y sólo la verdad lo librará"-

¿Por qué se miente?-

Se miente, porque se desconoce a Dios, y al gran poder de la fe.-

¿Quiénes mienten?-

Mienten aquellos que desconocen a Dios y al gran poder de la fe.- Mienten, para cubrir una falta sin saber, que están cayendo en otra peor, porque están olvidando las *leyes de Nuestro Dios Padre.-*

Pero peor es la falta si al mentir se hace en el Nombre de Dios. -Recuerda: *No usarás el Nombre de Dios en mentira o falsedad,* porque entonces los eslabones serán más fuertes y la cadena más difícil de romper. Aquí, sólo un arrepentimiento y conocimiento de culpa *a la luz y a la verdad* podrá ayudarte. Ya que recuerda que primero se comete la falta, luego se reconoce, y después se enmienda.- Sólo un arrepentimiento de corazón te ayudará a romper esas cadenas.-

"Quita eslabones a tus cadenas, ya no le pongas más; ya no mientas, si a Mí servicio quieres estar". -

¿CÓMO ENTIENDE UNO LA VERDAD? –

¿La verdad absoluta o la verdad relativa? -Porque recuerda que hay dos clases de verdades: La que has aprendido antes de Conocerme, y la verdad que aprendiste al Conocerme. –Al conocer a tu Dios y Señor de la verdad absoluta y amor verdadero, conoces la verdad absoluta: Esa es la verdad que te llevará ante Mí - presencia.- Ahora, si lo que quieres saber, es - como entiendes la verdad dentro de ti mismo, es diferente, porque en ti está como la entiendas, como la representes y como la entregues. -Pero recuerda: *"La verdad será - la verdad y la mentira siempre será la mentira".- Sé verdad para que seas Yo: Yo soy la verdad.-*

ANTE TODO, SÉ VERDAD
Martes 29 de julio de 1997

*Diles, explícales, háblales, pero siempre, siempre, siempre: la verdad. La verdad sobre todo; la verdad contra todo; la verdad y nada más que la verdad. No asumas, no pienses, no creas; simplemente sé, verdad.- La verdad no se asume, no se dice; se es, y se demuestra con hechos.- ¿Qué más hechos quieres, sino los hechos de la verdad? -La verdad estará ante todo, se antepondrá ante todo, y saldrá al frente de todo.- Ya no digas: "Yo pienso, yo creo que es, que soy", simplemente di: "Lo es, lo soy". -Tú ya no crees, tú ya no piensas; tú ya no asumes lo que crees que no es, porque tú piensas que lo es; tú simplemente te conviertes, y eres el ejemplo de lo que es. -Sé tú el ejemplo, sé tú los hechos, sé tú las realidades y podrás enseñar, podrás mostrar… la verdad.*___

ROBAR

¿Qué es Robar?-

Robar, es tomar para ti todo aquello que no te pertenece. Dios no dijo, "roba si a ti te robaron primero". ¿Por qué entonces ponemos la excusa para robar?- __No la tenemos, Dios, no nos la entregó; Él simplemente dijo: "No robarás".-

Si en tu trabajo tomas un alfiler, un tornillo, un clavo, un pedazo de tela, etc. estás robando. -Si vas al café, y frente a ti ponen el azúcar para que tomes la que necesites, pero luego recuerdas que en tu casa no tienes, y la tomas, estás robando.

Hasta mentir es robar; ya que al mentir robas al que te escucha, la oportunidad de conocer la verdad.-

Robar, no es únicamente, el tomar un arma y asaltar un banco, o a alguien en la calle. Se puede robar de diferentes maneras tan naturales, que es por eso que sentimos, que no estamos cometiendo la falta.-

Robar, es ir a una clínica y destruir una revista para poder llevarte una página que te interesó; eso, es robar, y destruir propiedad ajena. -Es por eso, que es mejor pedir, que robar.-

Robar, es el violar a una persona, porque le estás robando su privacidad, sus ilusiones y sus esperanzas. Esa, es la peor forma de robar, ya que esa persona queda traumada por siempre o casi para siempre.-

Recuerda que nuestro Padre dice:

"*Cuida de los pequeños detalles, que, de los grandes, Yo me encargo*".-

Recuerda, que no existe la excusa. -Dios nos está diciendo: "Si quieres ir por el camino de Dios, debes caminar recto en todo lo que hagas en tu vida diaria. – Despójate de toda tendencia material, despójate de todo aquello que dañe tu materia o cuerpo, y te - aleje de Mí.- Para hacerlo, debes aprender, Qué es Dios, y Quién es Dios:- *"Dios es amor y amor, es Dios dentro de ti"*.

¿Puedes decir *a la luz y a la verdad,* que crees en Dios, y que amas a Dios?- Antes de contestar tienen que aprender lo que es Dios y lo que Dios representa: *Dios es la verdad; Dios es amor, caridad, compasión, piedad, misericordia, perdón y muchas otras cosas más.* Tienes que convertirte en l*as Cualidades de Dios,*- de lo contrario, no podrás decir que lo Amas, o que lo Conoces, ya que Él ha dicho: -

"Miente aquel que dice que Me ama, y ni siquiera Me conoce. Ya que dice que Me ama, y odia a su hermano y semejante". –"De que te sirve decir que Me amas, si ni siquiera Me conoces - Conóceme primero, y Ámame después."-

Aprende, conoce, y conviértete en *las Cualidades de Dios; s*ólo así podrás aclamar que lo conoces, que crees en Él, y que lo Amas.-

MATAR

También existen muchas formas de matar. Matar, no es únicamente el tomar un arma y quitar la vida a alguien. Se matan las ilusiones, sueños y la confianza de una persona cuando te burlas y la criticas; si por tus burlas y tus críticas, esa persona se quita la vida, tu karma será doble y triple.- Como puedes darte cuenta, existen muchas formas de cometer la *falta* sin darte cuenta.-

¿Tenemos la *excusa* para cometer la *falta*?-

¡NO! Cuando Dios entregó a Moisés las Tablas de la Ley, no puso en ellas la *excusa*, o cláusula. Simplemente dijo: *"No matarás"*.- Fue el hombre de la tierra, quien para acallar su conciencia empezó a poner dichas *cláusulas, o excusas*. Dios no dijo: "Roba si a ti te robaron primero" "O mata a aquel que mato a tu compañero".- No, no, Él no lo dijo.- Es por eso, que no tenemos la *excusa* para quebrantar Sus Leyes y Preceptos".

TRAICIONAR

¿Qué es traicionar, y porque no podemos hacerlo?

Cuando traicionas, traicionas la confianza, la fe, y los sentimientos de las personas. -Cuando prometes y no cumples, estas faltando, ya que no se debe prometer en vano. Cuando engañas, te engañas a ti mismo, y a las personas, pero no a Dios.-

Nuevamente te digo: Ya te diste cuenta que existen muchas maneras de cometer la *falta, o pecado* sin darnos cuenta, y pensar que no estamos haciendo nada malo. -*Así es que por lo tanto, te digo que si tú mientes, robas, matas, engañas, traicionas..._no digas que amas a Dios, y que crees en Él. Es por eso que tienes que aprender a ser Él, a pensar como Él, y tú mismo, convertirte en las Cualidades de Dios.*

CUALIDADES DE DIOS

Amor, Verdad, Perdón, Caridad, Misericordia. Él es Luz.- Él es todo lo que el "otro" no es, porque Él representa todo lo bueno, y el "otro," todo lo malo. Si deseas que Yo sea tu Dios y Señor, tu Dios y Señor de la verdad absoluta y amor verdadero, siempre ten en cuenta las Cualidades de Dios, para que no caigas en las trampas que el otro, Satanás, Diablo, o Enemigo te tienda.

SUPONER, DAR POR HECHO, O ASUMIR
Martes 04 de marzo de 1997

Nunca asumas, supongas, o des por hecho las cosas; está siempre seguro de conocer todos los datos, de conocer la verdad y nada más que la verdad. No asumas o supongas los hechos, entérate de los mismos por fuentes benignas. Recuerda: Si no conoces los hechos... pregunta; es mejor preguntar que asumir. Si tú das por hecho las cosas, estás asumiendo, estás pecando, por lo tanto, está siempre seguro que conoces todos los datos; sobre todo, está seguro que sabes y conoces la verdad y nada más que la verdad." Gabbu Sucabi.

En febrero, 1993 se me entregó, que todos los días teníamos que hacernos un:

AUTO EXAMEN A LA LUZ A LA VERDAD

Esto es muy importante para tú evolución espiritual, ya que así te estarás dando cuenta, sí estás caminando como Él lo hiciera, y llevando Sus enseñanzas a la luz y a la verdad.- Todas las noches antes de descansar debes hacerte el siguiente auto examen y preguntarte a la luz y a la verdad: ¿Traicioné? - ¿Herí? -¿Maté? -¿Robé? (física o espiritualmente). *Robar: Es tomar para ti aquello que no te pertenece; todo lo que tomas a la fuerza.* -¿Soy vanidoso? ¿Soy ambicioso? ¿Soy corajudo? ¿Soy posesivo? ¿Soy falso? ¿Soy mal amigo? ¿Soy calumniador? ¿Soy ventajoso? ¿Uso a las personas para mi propio beneficio? ¿Uso mis dones - y conocimientos con ventaja, o para el mal? ¿Mentí? -*(Mentir, también es robar, ya que robas a las personas el derecho de conocer la verdad).-*

Todas las noches antes de irte a la cama te harás las mismas preguntas. -Si en alguna de ellas la repuesta es <u>SI</u>, trabajarás en eso hasta que todas las respuestas sea un rotundo ¡NO!- _Ese día estarás a unos pasos de esa Unificación Perfecta con Dios.

DECIDISTE SEGUIRME
Viernes 5 de marzo de 1997, 7:15 p. m.

Decidiste Seguirme…_bendito seas; decidiste seguir Mis pasos…_bendito seas; decidiste dejarte guiar por tu Dios y Señor…_bendito seas. Bendito sea aquel que es sumiso y obediente, bendito sea aquel que lleva el amor en su corazón; el amor para su Dios y su Señor.-

La batalla ha sido dura e intensa, pero has sabido librarla, no dejes que la guerra te gane a ti; tú gánale a la guerra. Vendrán batallas y más batallas, la lucha será incesante, pero persevera, que la victoria lograrás, y tendrás tu recompensa.-

¿La victoria? -¿Qué victoria? -¿Recompensa? -¿Qué recompensa?-

Tu recompensa será, estar ante Mí Presencia, y esa será tu victoria. -Pero antes, debes cumplir con lo encargado desde el principio de los tiempos: Debes cumplir la misión por la cual descendiste al haz terrenal.-

¿Qué cuál es esa misión?-

Lo sabrás a su debido tiempo.- A su debido tiempo sabrás el porqué te encuentras aquí, el porqué de tus cuitas y sinsabores y sobre todo…_el porqué de tu existencia. Todo tiene su porque, pero el- por qué no lo sabes; lo sabrás llegado el momento, llegada la hora, entonces - sabrás, el porqué de los porqués.

DÉJAME GUIARTE
Viernes 28 de marzo 28, de 1997

Déjame enseñarte, Déjame guiarte, Déjame mostrarte el camino, que el camino, Yo ya lo sé, el camino, Yo ya lo he caminado. -Déjame guiarte para que ya no te pierdas, Déjame llevarte hasta la cumbre de la montaña, Déjame, Déjame, Déjame hacerlo. -Yo soy tu Pastor, Yo soy tu Guía; Yo soy ese Faro Luminoso que con Su Luz guiará tus pasos; pero Déjame hacerlo, ya no retires tu mano de la Mía, ya no me des la espalda, ya toma Mi mano fuertemente, y vamos a caminar juntos por ese camino.- Vamos, que Yo te llevaré hasta la montaña y de ahí, a otra y a otra, porque sólo así ascenderás hasta Mi Padre Dios y Señor; Dios y Señor de los Ejércitos, Dios y Señor de todo lo invisible y de todo lo visible, pero Déjame guiarte, dame esa satisfacción, la satisfacción de poder hacerlo.-

Ya no salgas a buscar lo que no has perdido y te expongas a perder lo que ya has encontrado.- Ya no busques por los caminos que no son de Mi voluntad, ya no dejes que sea el ciego el que te guíe; déjame a Mí guiarte, que Yo soy la Luz. Déjame a Mí guiarte, que Yo soy la esperanza, déjame a Mí guiarte, que Yo soy el Pan que te dará vida, que te dará la fuerza y fortaleza para seguir caminando. Déjame ser Yo quien te guíe; déjame, porque quién más te puede dar la fuerza que necesitas, sino Yo, tu Dios y tu Señor, tu Jesús de Nazaret.- Déjame, Déjame, Déjame.- Amén.-

No juzgues lo que no hay que juzgar.
No asumas lo que no hay que asumir.
No pienses lo que no hay que pensar.
No digas lo que no hay que decir.

Si haces lo que Te digo,
Y no lo que tú quieres hacer,
Saldremos victoriosos los tres.-

Ser sumiso y obediente es un acto de amor. -Sé amor, sé sumiso y obediente, que lo que te digo, es por tu bien.- Por tu bien es todo lo que te digo, que, si el bien te entrego, el bien Yo te pido.

LAS BAJAS PASIONES

Ahora te voy a explicar y a describir las bajas pasiones con todo detalle, y en la forma en que me fueron descritas por el Maestro. Es así como me explican las cosas los Maestros. -Con lujo de detalles me describieron *Las Bajas Pasiones:-*

LA IRA
Lunes 12 de diciembre de 1994

La Ira, es el arma más poderosa con que cuenta el enemigo para tenernos atados a él.-

La Ira, animal ponzoñoso que aniquila a todo aquel que cae en sus garras. -Sus ojos son rojizos, saltones y dan la impresión de querer salirse de su órbita.- Su lengua es viperina y no respeta a nada ni a nadie.— Babea al hablar y en ocasiones muerde de su propia lengua, y eso lo enfurece más.-

La Ira aniquila y enferma a aquellos que caen en sus garras, dejando a la persona por momentos, desprovista de toda protección, lo cual permite que la oscuridad tome de su envoltura, y de su cerebro. Es por lo que, después de un ataque de ira, la persona se siente cansada.-

La Ira no respeta nada ni a nadie.- De su lengua viperina salen los más horrendos insultos, y de sus fauces, la más negra suciedad.— Habla incoherencias; no coordina sus ideas, puesto que no sabe cómo hacerlo; grita, vocifera para hacerse escuchar. -Al no obtener lo que desea, crece más al grado de cambiar las facciones de aquellos que han sufrido, o sufren sus ataques.-

Les podría decir más acerca de la ira, pero creo que con esto es más que suficiente para que se alejen de ella.- No la provoquen, aléjense de ella y de todos aquellos que la quieren provocar, o despertar. -Aléjense lo más lejos posible; ya que es la más traicionera y la encargada de retenerlos en su evolución espiritual. -En ese sentido, la ira es la más poderosa; su misión, es hacerlos que se queden atados a la tierra el más tiempo posible. De ustedes depende que la misión de la ira fracase, de ustedes depende, el alejarla por completo de ustedes, y del mundo.

LA VANIDAD
Lunes12 de diciembre de 1994

La vanidad, el orgullo personificado, feo, desagradable y horrendo por dentro, pero que en su vanidad se creé lo más hermoso. Presume de todo y por todo, llegando hasta la exageración; exagera lo que tiene y la forma en que lo obtuvo. La vanidad no mide los medios ni piensa en las consecuencias, sólo quiere presumir.-

La vanidad crece con las alabanzas, y mientras más se le alabe, más crece.- Ese monstruo se va alimentando de las alabanzas; mientras más lo alaben, más se alimenta, al grado de apoderarse del corazón, alma, mente y cuerpo de aquellos que se han dejado poseer por él.- Una vez ya poseído, ese ser no recapacita, no entiende ni escucha; dejándose así atrapar más y más, por el monstruo de la vanidad.-

Si ese ser desencarnó, murió en esa situación, los sufrimientos serán horrendos e interminables.- Necesitará de muchas vidas, o de una en la que sufra siendo lo contrario de lo que fue. —O sea, que vendrá sufriendo enfermedades que destrozarán su rostro, cuerpo etc., carecerá de lo más indispensable para vivir, bienes materiales, salud, alimentos.-

A este punto, ya todos ustedes comprenden sobre la reencarnación y su proceso. Por lo tanto, ya entienden que esa alma tardará bastante tiempo, tal vez siglos en reencarnar, y de hacerlo, vendrá en la forma que les he explicado.-

¿Existe otra forma de *vanidad*?-

Esta respuesta es para ti Espiritualista Trinitario Mariano, o para todo aquel que cree que cura o hace milagros, cuando en realidad, sólo está usando el don que nuestro Padre le ha entregado.- Mientras no comprenda y acepte, que únicamente somos los instrumentos escogidos por Él para hacer Su voluntad, estará atribuyéndose algo que no le corresponde; por lo tanto, sólo hablará su ego y su vanidad.-

LA AVARICIA
Jueves15 de diciembre de 1994

La avaricia, reptil repugnante de largas garras, que destroza el alma y la aniquila, hundiéndola en el más profundo abismo. -L*a avaricia,* va minando, va acabando con el espíritu hasta aniquilarlo por completo.-

La avaricia se representa como un ser repugnante, lánguido, esquelético. Sus uñas son enormes y con ellas quiere abarcar todo. -No consume nada para sí mismo por temor a perder lo que ha obtenido. -Nunca tiene lo suficiente, siempre quiere más y más, al grado de olvidarse de sí mismo; ya no digamos de los demás.- Este ser repugnante, es capaz de matar por la más mínima pertenencia que le sea arrebatada.- No tiene a nadie, es solitario, ya que no comparte nada, ni su tiempo.- El tiempo para él, es oro del que no puede desprenderse; mientras más tiene, más quiere.-

La avaricia, es una de las faltas que - nuestro Dios Padre no perdona fácilmente.- Toma siglos y siglos para que esa alma recapacite sobre su estado y salga de ese abismo.-

¿Quieres tú ser, *ese ser repugnante?*- ¿Quieres pasar siglos y siglos en el abismo?- *–Piénsalo bien y analízate a ti mismo, y date cuenta si no estás cayendo en el profundo abismo de la avaricia.-*

Nuestro Padre nos ha dicho una y otra vez: *"Pídeme, que Yo tengo más que darte que tú que pedirme".* -Todos lo hemos escuchado, así es que no es malo pedirle más.- Pero recuerda, que Él se está refiriendo a lo espiritual, no a lo material. En lo material, no pidas ni quieras tener en exceso; recuerda, que no debes - atesorar los valores de la tierra sino los de las Alturas. -Existen hermanos que se matan por obtener las cosas materiales que ya tienen;- *sólo que quieren más.* -Cuida -tus pasos, analízalos a cada instante para que puedas darte cuenta, en donde empieza la avaricia, y termina la voluntad de nuestro Padre.

LOS APEGOS, O ATADURAS MATERIALES
Jueves15 de diciembre de 1994

Las ataduras o apegos materiales representan todo lo que te "ata" a este mundo. -Pueden ser tus bienes materiales, tus hijos, tu familia, o todo aquello que "adores" en este mundo. -Recuerda: "sólo se adora a Dios".–

El monstruo de los apegos es un pulpo de múltiples tentáculos los cuales, lo ayudan a aferrarse a toda posesión terrenal.- No se mueve, ya que el peso de los tentáculos es mucho; está como sembrado a la tierra, sus raíces alcanzan grandes profundidades, lo que le permite permanecer inmóvil. -Se apega a todo y a todos sin querer dejar nada ni a nadie. -No muere; ya que por siglos sigue atado a todo y a todos.-

Para deshacerse de él, se necesita la ayuda de todos los que conocieron al que ha caído en sus garras; ya que únicamente ellos pueden cortar esas raíces y dejarlo escapar, elevarse, evolucionar. La ayuda concite en:

Primero: de ser posible, incinerar el cuerpo para que ese espíritu no tenga nada a que aferrarse.

Segundo: Deshacerse de toda pertenencia por la que haya tenido un apego muy especial, quemándola; en el caso que se pueda hacer.- De no ser así, entonces, hacerle una especie de exorcismo, el cual será efectuado únicamente por un experto.-

La familia puede contribuir a alejar a ese espíritu de la tierra, pidiendo la luz para él y orando en todo momento por esa alma. Pero no mal entiendan esto, ya que existe una gran diferencia entre rezar u orar, a la de estarlo llamando constantemente, al llorar o al renegar por su muerte.- Recuerden: No deben llorarlo, evocarlo y mucho menos, maldecir su muerte.-

---

Mientras los que aquí hayan quedado no logren controlar sus emociones, deben quitar, o guardar todo aquello que se los recuerde, como retratos y pertenencias personales.- De esa forma evitarán traerlos a sus pensamientos, y a sus mentes.

Llegará el tiempo en que lo podrán hacer; podrán ver sus retratos y tocar sus pertenencias. Para ese tiempo, es posible que ese espíritu ya haya encontrado el camino, desprendiéndose así de este mundo.

¡Ayúdenlos a desprenderse! ¡Ayúdenlos a quitarse a ese monstruo de múltiples tentáculos!- ¡Ayúdenlos! a encontrar el camino *que los llevará a niveles más elevados, y de ahí a las mansiones prometidas.- El hacerlo les llevará algunas reencarnaciones, pero con la ayuda de los que aquí dejaron, lo lograrán en menos tiempo.*

LA LUJURIA
Lunes 19 de diciembre de 1994

La lujuria, ser despreciable, aniquilador de todo sentimiento, de todo razonamiento;- permitiendo así, que el alma descienda al nivel animal. -Su deseo es insaciable, sin fin, no encuentra satisfacción en nada ni en nadie. -Es tan despreciable, que pierde completamente al alma, hasta hacerla perder la razón.-

La lujuria, atrapa a sus víctimas por medio del placer, multiplicándolo y haciéndolos adictos a él.- El placer lujurioso, no está únicamente en lo sexual, sino en todo en lo que se encuentre placer.- El asesino encuentra placer matando, el ladrón, robando, el que miente, mintiendo, etc.- Aquel que cae en las garras de la avaricia, es posible que de ahí pase a la lujuria, ya que la avaricia, es la parte superlativa de la lujuria, la cúspide, o utilizando el término correcto: lo último.- Toda alma que cae en alguna de las bajas pasiones y no logra dominarlas, caerá en la faceta final..._la lujuria.–

La lujuria, al igual que las anteriores, es difícil deshacerse de ella una vez que se ha desencarnado, o muerto. -Esa alma, tendrá que reconocer, recapacitar y arrepentirse aquí en este mundo.- Pero tiene que ser un arrepentimiento completo; un arrepentimiento de alma, corazón, mente y cuerpo para que pueda limpiar todo, o parte del daño ocasionado por la lujuria. -De no ser así, esa alma tardaría siglos y siglos en reconocer su falta y otros tantos, en volver a tomar materia, o sea, reencarnar.-

La lujuria se parece mucho a la avaricia, ya que ambas, representan el exceso. Cuando el hombre no sabe lo que es normal en su relación sexual, ya está cayendo en la lujuria. Cuando no sabe cuándo parar de adquirir bienes materiales, -está cayendo en la avaricia. -Recuerda: "cuida de los "excesos" para que no te lleven a los "extremos". – Cuiden las bajas pasiones, que. en sí, son perjudiciales a su alma; aún más, si estas llegan a alcanzar el grado lujurioso_ *Reconozcan sus excesos para que las dominen y no lleguen a los extremos.*

LA ENVIDIA
Martes 20 de agosto de 2013

En este día el Maestro agregó la *envidia* a las *bajas pasiones*. Esto es lo que me explicó sobre la envidia:

La envidia, una vela de doble puntas encendidas. -La envidia, es capaz de destruir ambos extremos, destruye a la persona que sufre de envidia, así como a la persona a la que se le tiene envidia. ¡Por favor, no se ponga en ninguna de sus puntas!

MÁS SOBRE LA ENVIDIA
Miércoles 21 de agosto de 2013

La envidia, cáncer terrible y destructor, que destruye de adentro hacia afuera; destruye a ambas personas. -La envidia, es igual de mortal que las otras bajas pasiones.- -Las bajas pasiones, son cosas que se hacen, pero la envidia, es un sentimiento; es algo que se siente, que se proyecta a los demás.- -Es lo que la gente llama: "Malas vibraciones".

―――

-Bien, ya tienes una idea de lo que son *las bajas pasiones*. Así es que, trabaja en ellas para extirparlas, y logres caminar la senda que conduce a una *Unificación Perfecta con Dios*.- Aprende a reconocerlas. -Si aprendes a llevarlas en tu mente, alma, y corazón, te darás cuenta del momento en que estás cayendo en una de ellas o en todas ellas.-

Así es que, analízate periódicamente *a la luz y a la verdad,* sé sincero contigo mismo y acepta, si es que estás cayendo en alguna, o en todas las bajas pasiones. -Acepta, y enmienda lo mal caminado.- Alba tras alba trabaja en ellas hasta que las domines, y no ellas a ti.- Entonces, Dios se enamorará de ti en tal manera, que no podrá quitar Sus - manos de ti; no podrá separarse de ti, ni de día ni de noche.- Llegarás a ser uno con Él, un cuerpo, un alma, una mente y un corazón. -*Tú llegarás a ser Dios y Dios llegará a ser tú.*- Ese día podrás estar frente a Él y le dirás: "Yo soy Tú y Tú eres yo. -Yo no tengo miedo de mí, porque no tengo miedo de Tí. Porque yo soy Tú y Tu eres yo." Es aquí cuando se llega al *Nivel Alma*. –

¿Qué es "El Nivel Alma?"-

Es el nivel en donde empiezas a conocer a Dios en verdad; empiezas a conocer *la verdad absoluta,* dejando atrás *la verdad relativa* y emprendes el vuelo hacia *el Infinito*.- Recuerda que Él, es el Infinito y nosotros el límite. -A ese nivel dejamos de ser el límite y en pos vamos del *Infinito; en* pos vamos de Él.- Aquí aprendes lo que Él quiere decir cuando Él nos llama Sus hijos. Aprendes, que no somos hombres ni mujeres, y que somos hombres y mujeres porque somos almas y el alma no tiene sexo. A este nivel, empiezas tu ascenso a esa *Unificación Perfecta con Dios*.-

PERFECCIÓN

Se- sabe que desde el principio se nos dijo, que no era posible alcanzar la *Unificación Perfecta con Dios.* -Por lo tanto, daré respuesta a tu pregunta:-

¿Es posible alcanzar *"La Perfección?*-

Sí. Nuestro Padre tiene un nivel de perfección, un nivel en que Él considera la perfección en el hombre. -

¿Cómo se llega a ese nivel de perfección? -

Entregándose al estudio de la espiritualidad, en *cuerpo, alma, corazón y mente;* en otras palabras: en un todo.

¿Cómo llega a entregarse en un todo?-

Desprendiéndose de toda materialidad.-

¿Cómo se desprende de toda materialidad? -

Despojándote de *las bajas pasiones.-*

¿Cuáles son *las bajas pasiones?-*

La ira, la vanidad, la avaricia, las ataduras o apegos, la lujuria y la envidia.

¿Cómo puedo trabajar en *las bajas pasiones?-*

Aprendiendo a reconocerlas, analizándolas constantemente para no caer en ellas.- Ya te las expliqué, Te las describí, Te dije lo que cada una de ellas significa, y lo que pueden hacer en contra de ti, y en contra de tu evolución espiritual. -De ti depende que las estudies, las analices, y las tengas muy en cuenta, de ti depende, que periódicamente te hagas un examen *a la luz y a la verdad.* -Recuerda: *No excusas,* y si así lo hicieres, pronto podrás decir: ¡Lo logré! Logré *la Unificación Perfecta* con *Dios,* ya soy como *Dios...* ¡Perfecto!-

Como te has podido dar cuenta, las enseñanzas que hasta este momento te he entregado, son las que te van a ayudar a llegar hasta ese lugar; al lugar al que quieres llegar: *La Unificación Perfecta con Dios y de ahí al Infinito.- -*Recuerda, que *Dios es el Infinito, y que tú eres el límite*; no te límites, ni lo límites a Él en lo que tiene para entregarte; simplemente sigue todas y cada una de las indicaciones que te voy entregando, sigue todas y cada una de las lecciones, estúdialas, analízalas y ponlas a la práctica; y buen viaje hacia tu Unificación Perfecta con Dios.

LOS PASOS A SEGUIR

Una vez ya emprendido el camino hacia tu *Unificación Perfecta con Dios*, a través de la espiritualidad debes reconocer tus faltas y aceptarlas y, sobre todo, enmendarlas. Son tres los pasos a seguir para alcanzar esa p*erfección*.

En el primero, no se reconoce la falta, sino que se da la *excusa* para cometerla, y se culpa a los demás de haberla cometido. -La niegas; los demás la pueden ver, menos tú.

En el segundo, reconoces la falta, pero la sigues cometiendo. Ya no la niegas, ya no culpas a los demás; la aceptas sin excusas, pero no haces nada para para arrancarla de ti.-

En el tercero, reconoces la falta, y trabajas arduamente para enmendarla.- Una vez logrado esto, y si ya no la cometes, quedas libre; y es cuando empiezas tu ascenso hacia una *Unificación Perfecta con Dios: R*egresar a la desnudez del *Jardín del Edén*.

1. *Excusas, Negación, Faltas.*
2. *Reconoces la faltа pero no haces nada para enmendarla.*
3. *Empiezas a caminar hacia tu evolución espiritual: A tu Unificación__ Perfecta con Dios. -*

Hay un dicho que dice: "*Es de humanos cometer la falta y de sabios, reconocerla*". Pero los Maestros agregan, que es *de privilegiados el enmendarla*".

———

Quiere decir, que se requiere de mucho amor hacia nuestro Padre, de mucha entrega, y de mucha devoción, para poder enmendarlas. -Pero una vez aceptada la *Unificación Perfecta con Dios* se debe de ser, esa *Unificación Perfecta con Dios.–* Se te ha dicho, que la *Unificación Perfecta con Dios* no acepta las *excusas*, los pretextos, porque de lo contrario, sería *imperfección*.

———

En *Unificación Perfecta con Dios,* se aprende a ser Dios, sé es Dios, se -piensa como Dios y se comporta como Dios. Ya que Dios no miente... no mentirás; ya que Dios no roba... no robarás; ya que Dios es amor... amarás. -Al mismo tiempo aprendes a ver las cosas por lo que son, y no por lo que quieres que sean: Al pan le llamas pan, y al vino le llamas vino.– O sea, *te conviertes en la verdad absoluta; la verdad que no admite excusas; la verdad que es la verdad, y nada más que la verdad, y caminarás por el mundo siendo: Verdad absoluta.*

En *Unificación Perfecta con Dios,* se es, o no se es, se es perfecto, o no se es. Aquel que sea p*erfecto,* tendrá la *Unificación Perfecta con Dios,* y aquel que no; no la tendrá.– En *Unificación Perfecta con Dios,* no se puede jugar, porque *el Dios de la Perfección* no admite juegos. -Él no juega, y no permite que jueguen con Él.– Si eres recibido por Él, es que lograste la *Unificación Perfecta con Dios*; de otra forma, no estarías ante Su Presencia.– Porque sólo aquel que sea *Perfecto,* podrá estar frente a Él, sólo así, no existe otra forma.

EL ALMA PERFECTA
Jueves 22 de mayo de 1997 6:00 p. m.

Ahora te voy a explicar en qué te conviertes cuando alcanzas la *Unificación Perfecta con Dios:* Te conviertes en un <u>alma perfecta</u>.

- ❖ El alma perfecta es aquella alma, que ha encontrado, que ha logrado la *Unificación Perfecta con Dios.–* He aquí las leyes para todo aquel que logra alcanzar *la perfección.* -Los iniciados del 6to nivel, nivel alma, nivel, donde se inicia el camino hacia la Perfección.

- ❖ El alma perfecta no debe usar alcohol, tabaco, drogas, juegos de azahar, ni ser en alguna forma glotones.

- ❖ No a*lma perfecta debe* existir al nivel animal. -Es un líder y debe poner una atención muy especial, para colocarse a un nivel más elevado que el de la psicología del bruto.

❖ El alma perfecta no debe hablar vanidades, imposturas, o infelicidad. -No debe criticar las acciones de otros o culpar a los demás de sus faltas. -No debe reñir, pelear o herir.– Todo el tiempo debe de ser respetuoso y cortés con sus hermanos, y mostrar gran compasión y felicidad.

❖ El alma perfecta debe ser humilde, amoroso y libres de todo apego material, de toda materialidad. -Debe ser símbolo de fe, y estar libre de todo Karma o depuración. Debe tener amor para toda la gente, y para todas las criaturas de Dios.

❖ El alma perfecta debe predicar el mensaje del Espíritu Santo todo el tiempo. -Debe probar al mundo, que es un ejemplo de pureza y felicidad. Debe mostrar disciplina en su cuerpo y junto con los Maestros espirituales, debe tener un maestro físico.–

Feb.6, 1997.– En este día, los Maestros agregaron más conocimiento sobre el alma perfecta:

❖ El alma perfecta, no descansa, no reposa, no duerme.-

❖ *El alma perfecta* sigue su labor hasta que la ve terminada, luego prosigue hacía adelante, con más labores que atender.-

❖ *El alma perfecta* que desea progresar, lo hace; no se detiene ante nada, o por nada. -

❖ El alma perfecta, calla y atiende.-

❖ El alma perfecta no tiene opinión, aunque puede dar su opinión.- Porque recuerden que el alma perfecta, no es un robot, no es un muñeco, sólo que el alma perfecta escucha, reflexiona y atiende.

❖ *El alma perfecta*, no se deja llevar por las emociones; las emociones no existen en un alma perfecta. -Esto puede ocasionar que ante el mundo, parezca duro e inflexible; pero únicamente estará haciendo lo que es la voluntad de Dios, y poniendo en práctica las enseñanzas recibidas por su Maestro.

❖ *El alma perfecta* va a sufrir los desengaños del mundo; va a sufrir el desprecio de los propios, y de los que no son propios.

❖ *El alma perfecta* lleva por todos los medios las enseñanzas divinas; conoce a Dios, y se ha convertido en Él.-

El alma perfecta es el camino para llegar a Dios; sin duda alguna, una <u>alma perfecta</u> puede decir: "Yo soy el camino, todo aquel que viene a mí, a través de mí llega al Padre". El mundo negará sus enseñanzas, sobre todo, que diga: "Yo soy el camino". *Ya que espiritualmente hablando, el mundo no ha progresado, el mundo no se ha espiritualizado. -El mundo todavía ve y cree en todas las viejas enseñanzas, sin ponerse a meditar por un instante, en que lo que lee, es el pasado y que él puede escribir el presente y el futuro.-*

❖ El alma perfecta no ayuna por ayunar.- El alma perfecta- le ofrece ese ayuno a su Creador, con amor y respeto. <u>Una alma perfecta</u> ayuna por amor, y lo entrega a Aquel,- que lo ha puesto en ese lugar.

❖ El a*lma perfecta* - ya no es puesta a prueba de fe; ha demostrado que tiene fe, y ha sido aceptado.-

❖ *El alma perfecta* se entrega de lleno y no a medias; ya no existen los "medios" en él, sabe lo que es entregarse en un todo, y simplemente, lo hace.

❖ *El alma perfecta* -no puede y no debe mentir, no puede, y no debe robar; no puede, y no debe -hablar de su prójimo.

❖ *El alma perfecta* debe de ser sumiso y obediente como un cordero, pero astuto y cuidadoso como una serpiente, porque habrá quienes quieran aprovecharse de sus virtudes y sus gracias; pero él estará alerta.-

❖ *El alma perfecta* dará, entregará lo que tiene que entregar, y nada más.-

❖ *El alma perfecta* deberá ser cauteloso con los Dones obtenidos del Padre; sabrá cómo, dónde y con quien usarlos.-

❖ *El alma perfecta*- no va por el mundo mal usando los Dones obtenidos, ni usándolos en vanidad.-

❖ *El alma perfecta* sabe y conoce *las leyes del karma; s*abe que ha pagado su deuda al Universo, y que podrá ayudar a otros a que logren lo mismo.

❖ *El alma perfecta* no estornuda si no lo tiene que hacer; eso quiere decir, que no forzará nada que salga de su boca, de sus labios; estará siempre en contacto directo con *El Espíritu Santo* y Él será quien lo guíe; *sabrá cuando hablar, y cuando callar.-*

❖ *El alma perfecta*- no habla lo que no tienen que hablar, ni dice lo que no tiene que decir.

Ahora, presta atención a las siguientes enseñanzas, que al igual que las anteriores te van a servir de escalón para elevarte espiritualmente.- Las enseñanzas que te he entregado son físico-espiritual, son para que logres dominar la materia, o cuerpo, y tu espíritu se libre de toda atadura, y pueda volar hacia el lugar que le corresponde. -No lo detengas. Deja que vuele, deja que llegue hasta esos *niveles* deseados. Deja que siga su rumbo y cumpla con la *misión* a la que vino a este mundo.— No seas tú el obstáculo en su evolución espiritual, no detengas más su llegada a la mansión deseada. Ayúdalo a llegar, ayúdalo a ser libre, tú lo puedes hacer, ayúdalo, ayúdalo, ayúdalo.

LA MESA
Miércoles 22 de junio de 1994

En algunas albas de servicio, nuestro Dios Padre nos hacía poner la mesa. -Se preparaba como para un banquete, con su mantel blanco y sobre ella, el vino y el pan. -En Junio 22, de 1994, se me entregó lo que significaba la mesa.-

¿Qué significa la mesa? -

La mesa significa la preparación, el lugar en donde se consumen los alimentos, el lugar en donde se pasan los alimentos. La mesa, es un recordatorio, de que debemos prepararnos para "tomar" los alimentos.-

¿Qué alimentos?-

Los alimentos espirituales.-

¿Qué son los alimentos espirituales?-

Los alimentos espirituales, son todas las enseñanzas, toda la preparación, todo con lo que el espíritu se sacia y se alimenta. -La *materia, o cuerpo* puede estar oyendo, pero el espíritu escucha, y de lo que escucha, se alimenta.

La *materia, o cuerpo* -notará ciertos cambios en su forma de ser, de actuar,- de comportarse y sobre todo, en la forma de expresarse.- Al entregar un consejo, notará la sabiduría que sale de sus labios; sabiduría que antes no tenía. -La razón, es que el espíritu se ha estado alimentando y por ende, pasa a su *envoltura, o cuerpo* - los conocimientos adquiridos. -Es por eso, que es de suma importancia el constante alimento espiritual.- La importancia es porque el cuerpo, o -materia, es reacia, y necesita el constante recordatorio de que el cuerpo, es solamente lo que transporta al espíritu.

Cuando los alimentos espirituales son escasos, la *materia tiende a olvidarse, y a dejarse llevar por senderos equivocados.-*. He ahí la importancia de dichos alimentos espirituales.-

"*Es despertar de la materia, es el resucitar del espíritu.*–

Si se logra una unificación de materia y espíritu, el avance espiritual es más rápido.- He ahí la importancia de limpiar la envoltura de toda tendencia material, y de tener sumo cuidado en hacerse periódicamente un auto examen *a la luz y a la verdad,* y así evitar que la materia vaya por caminos donde no es la voluntad de nuestro Creador.

Toma los alimentos espirituales con más frecuencia, y no permitas que la materia, o cuerpo te domine. -La frecuencia en que tomes los alimentos espirituales, en cierta forma te ayudará con los ataques de que eres objeto.-

Todos saben que si una materia, o cuerpo -se alimenta bien físicamente, tiene menos probabilidades de enfermarse. –Bien, un espíritu alimentado tiene mejores posibilidades de defenderse de los ataques del enemigo. Los ataques no disminuirán, sino que al contrario, se multiplicarán.- He ahí la importancia de alimentarse con más frecuencia.

COMER POR COMER

Muchos de mis hermanos comerán todos los días... sólo por comer, porque se diga que comieron.- Mas ese alimento no les servirá de nada, porque *comieron por comer*. Si comes, disfruta lo que comes, entiéndelo, lleva a cabo los ejemplos. -Ponte una meta en tu comer y una meta en lo que vas a hacer con lo que has comido. Acércate a la mesa con apetito, y dispuesto a disfrutar de dichos alimentos.-

¿Qué quiere decir esto?-

Quiere decir, que muchos de nuestros hermanos van a los templos, *sólo por ir*. No llevan en sí el deseo enorme de saciar su apetito, por lo tanto, *comen por comer*. No van con esa dedicación ni con esa entrega que se necesita para ser un *siervo de Dios*.- El siervo de Dios, come, y come todo lo que le es posible porque sabe, que sólo así podrá estar fuerte para cumplir la *misión* encomendada, y ser un fiel servidor de Dios.- Ya que al entregar a su hermano y semejante de la *fortaleza* que ha obtenido, glorificará y alabará a su Dios y Señor.-

"Aquel que se acerca a la mesa sin apetito, comerá por comer"

Ese alimento se echará a perder, y nadie saldrá beneficiado, ya que no podrá entregar lo que no tiene, ni podrá hablar de lo que no sabe; sobre todo, no podrá cumplir su *misión*.

Existen muchos de estos hermanos, que van a los templos para demostrar que son devotos, pero dentro de su alma no llevan ninguna dedicación, devoción ni entrega. -No han aprendido a entregarse en un todo; no han aprendido a dejar *el todo por el Todo*.- Es más, *no han aprendido, Qué, o Quién es el "Todo"*.-

Son los que vas a encontrar en los templos hablando por hablar, repitiendo como los loros lo que han escuchado, pero ni ellos mismos saben de lo que están hablando, mucho menos, dar una explicación.- ¡Aléjate de ellos!- No podrán hacer nada bueno por ti, pero si pueden causarte un daño irreparable. Son los que ocasionan que muchos de tus hermanos pierdan la fe, ya que con sus ejemplos dicen lo contrario de lo que hablan sus labios. -Te repito: Retírate de ellos lo más lejos posible.

CUIDADO Y NO LOS TIRES

Los alimentos son para disfrutarlos, y no para - tirarlos. <u>Aquel que tirando sea de dichos alimentos</u>, doble y triple será el hambre que pase, y tardará mucho tiempo para que logre recuperar dichos alimentos.

¿Qué es tirar los alimentos? -

Tirar los alimentos, es dar mal uso de las enseñanzas, negar dichas enseñanzas, y tratar de mezclar dos clases de alimentos. Así es que, cuida de tirar dichos alimentos.-

¿Qué es mezclar dos clases de alimentos?-

Es mezclar dos enseñanzas. —Si te has entregado a *la espiritualidad*, espiritualízate, analiza tu enseñanza a *nivel espiritual,* nunca a nivel físico.-

ENAMORATE DE DIOS Y TODO LO DEMÁS TE VENDRÁ POR AÑADIDURA

Toda enseñanza que nuestro Señor Jesucristo dejó <u>escrita</u>, debe analizarse a nivel espiritual, ya que Él nos dijo, *que "Su Reino no era de éste mundo".* -Eso nos indica que todo lo que Él nos dejó, debemos analizarlo a nivel espiritual para poder entenderlo, sólo así podremos encontrar y entender *el mensaje espiritual* que se nos dejara. -No trates de analizarlo a nivel físico, porque no lo vas a entender – Vas a confundirte, y a confundir a los demás.-

Te daré un ejemplo: Existen hermanos que niegan *la virginidad de nuestra Madre María después del parto.-* Se respaldan en el hecho, de que ella se casó con José, y dicen: *"No hizo nada malo, estaba casada".-* Esos hermanos, analizan todo a nivel físico sin darse cuenta, que a nivel espiritual no se necesita compañero, marido, esposa; esto por supuesto es a un grado superior, a un nivel muy avanzado de espiritualidad, y es lo que estoy tratando de que aprendas; y la a clave es…_amor.-

Conforme vas evolucionando y te entregas a nuestro Creador en *cuerpo, alma, corazón y mente,* - te vas *enamorando profundamente de Él,* y conforme te entregas a ese *amor,* vas a darte cuenta de muchas cosas. -Vas a reconocer, que Él lo es *Todo,* y que después de Él, no necesitas nada ni a nadie más. Pero no quiero que me malentiendas, no te estoy diciendo que no puedes casarte. No, lo que quiero decir, es que cuando te *enamoras de Dios,* el amor físico no tiene la misma importancia: -Aprendes a dominar tu *materia,* ya no dejas que la materia o cuerpo te diga que hacer, sino que tú le dices a ella lo que tiene que hacer. -Este es un proceso que se logra alcanzando un nivel superior en la espiritualidad. Te podría hablar tanto sobre éste tema, pero no quiero confundirte. -Como ya te dije: cuando evoluciones espiritualmente, vas a entender muchas cosas.

Ahora, vas a aprender a la luz y a la verdad lo que es dejar el todo por el Todo.-

DEJAR EL TODO POR EL TODO

Mis hijos no han comprendido lo que es dejar el todo por el Todo.- Dicen que se entregan en un todo, y tienen una mano en la tierra- y la otra en el mundo espiritual; ponen la excusa, el pretexto para no entregarse al Todo. -No han entendido que el Todo, exige el todo o el nada. -Ya se les ha explicado, que no existen los medios, no existen los titubeos, sólo un ¡sí!- O un ¡no!- Mas todavía no lo entienden, o no quieren entenderlo, por así convenir a su propia comodidad.– Se les han entregado ejemplos, ejemplos de los Grandes, de aquellos, que sí supieron dejar el todo por el Todo, aquellos que ofrendaron sus vidas sin pensarlo dos veces, aquellos, que sin impórtales nada de lo que pudiese pasarles, dejaron el todo por el Todo.-

Qué más quieren Mis niños, para entender, comprender y, sobre todo, aceptar, que Él, es el Todo.- Ya no lo pienses más, querido hermano, entrégate al Todo. Deja todo por el Todo, y la recompensa no se hará esperar. Analiza de una vez, pequeño, lo que es dejar el todo por el Todo.

<u>Dejar el todo</u>**:** Dejar todo lo material, todo lo que nos ate a la tierra. <u>Como</u> por ejemplo: familia, bienes materiales, tendencias materiales, etc. -No existe nada, cuando se da el todo,-

<u>Por el Todo</u>**: Po**r Nuestro Padre Omnipotente, Todopoderoso, y Eterno.- Dejar todo, por Su gracia divina.- Él es el *Todo*.- Si en verdad queremos estar con *el Todo*, tenemos que dejar todo.- Recuerden que Él dijo: *"Yo vengo como espada de doble filo a separar al esposo de la esposa, al padre del hijo, a la madre de la hija.–*

Muchos de mis hermanos no entienden esta parte.- Pero a lo que Él se refiere, es que todos tenemos el derecho de Buscarlo. -Si un miembro de la familia *encuentra a Dios* y quiere Seguirlo, tendrá la oposición de aquellos que todavía no lo encuentran, por lo tanto, tendrá que dejarlos si la causa así lo requiere.

DEJA QUE YO TE ENSEÑE

Éstas son otras de las enseñanzas que me entregó el Maestro Jesús:

Cuántas veces decimos: *"Padre quiero aprender".* -Pero en nuestra necedad creemos, que ya sabemos todo, y no permitimos que Él nos enseñe.- Es ahí cuando Él nos pregunta:

¿Vienes a aprender de Mí? *Deja que Yo te enseñe.-* **¿Vienes buscando la guíanza?**- *Deja que Yo sea tu Guía".* -**¿Cómo quieres que llegue a** *ti, si no me dejas mostrarte* - *el camino que te lleva a Mí?* **¿Cómo quieres que penetrando sea en-** *tu- corazón, si lo encuentro cerrado?* ¿**Cómo quieres que**

la guíanza te entregue, si no me dejas ser tu Guía?- **¿Cómo quieres que te deje pertenecer a Mi Rebaño, si no me dejas ser tu Pastor?** *Déjame llegar a ti, entrar en tu corazón, ser tu Guía, y tu - Pastor, y vida eterna tendremos los dos.- La vida eterna empieza en Mí; Yo soy la Vida Eterna; Sígueme, y lo comprobarás.-*

Hermano: Déjate guiar por Él, aprende a Recibirlo.- Deja la puerta de tu corazón abierta para que Él pueda entrar y darte la guíanza, la enseñanza, y la preparación que necesitas para elevarte a otros *niveles,* niveles que ahora mismo desconoces, niveles que te están esperando si tan sólo te dejas guiar por Él. -Recuerda que Él dijo:-

"Yo *soy el pan de vida; Yo soy la fuente de agua viva; todo el que viene a Mí, saciará su hambre. Yo soy la fuente de agua viva, todo el que viene a Mí saciará su sed. Venid a Mí el que tiene hambre, sed y frío, que Yo seré su pan, su agua y su abrigo. -Venid a Mí los confundidos, que Yo seré la Luz en sus entendimientos, Yo seré la Luz en los caminos de tinieblas.- Búscame, y Yo seré ese faro luminoso* que iluminando será tu sendero*. Pero búscame, que Yo estaré ahí esperando por ti".*

¿No está claro lo que te pide nuestro Jesús? ¿No está claro? -Él sólo quiere, que le des la oportunidad de guiarte, de enseñarte; sólo quiere que dejes de ser el necio, y le des la libertad de guiarte.-

Ahora quiero, que estudies detenidamente las lecciones siguientes, te van a ayudar a entender el porqué de muchas de las cosas que te suceden. Estúdialas con atención y sobre todo… con amor. Recuerda que *amor, es la clave para llegar a los cielos.-*

LA FUENTE DE LA VIDA Y DE LA GRACIA
Lunes 27 de junio de 1994

¿Qué es La Fuente de la Vida y de la Gracia?

Es nuestro Jesús de Nazaret, Él es la Fuente de la Sabiduría y la Vida Eterna. Quien bebe de ella, Sabiduría y Vida Eterna tendrá.
¿Cómo se puede beber de ella?

Aprovechando toda enseñanza, todo conocimiento, toda lección, y toda guianza de Los Maestros, y te estarás nutriendo de La Fuente de la Sabiduría, que significa la *Vida Eterna*.-

¿Qué es la *Vida Eterna*?-

El retorno a nuestro *Hogar*.

¿Cómo obtener la *Vida Eterna*? -

Espiritualizándote y entregando a Él en un TODO. La obtendrás, al retornar al lugar al que perteneces. Retornarás al comprender, que no perteneces a este haz terrenal. Recuerda que te estás preparando a *buen vivir*, después de que dejes este haz terrenal.'

PREPARATE A BIEN VIVIR

Hermano: ¡*No vivas para morir!* -¡Muere para vivir!-

Me imagino que has escuchado decir, *que están preparados para bien morir*. Pero yo te digo: ¡Prepárense a bien vivir!- Ya que sólo así encontrarán- la vida eterna en el Reino de Dios.- ¡Prepárense!- Empiecen a hacerlo aquí en el haz terrenal.– Cuántas veces has escuchado decir: "Ya se murió, ya está descansando en paz; ya está en los brazos de Dios" –¡Ya basta de falsas creencias!- ¡Ya basta de decir, que al morir se van a encontrar en los brazos de Dios! -Si no se preparan aquí en el haz terrenal, no descansarán en paz en los brazos de nuestro Padre Dios Todopoderoso, ni en ninguna otra parte.

Prepárate hermano, prepárate, porque no hay otro camino. Aprende, analiza y lleva dentro de tu corazón todas y cada una de las enseñanzas que aquí te entrego. -Estas enseñanzas, no son para que las leas y te las aprendas de memoria sino, para que las pongas dentro de tu corazón, y no dejes que nada ni nadie te las arrebate ni te haga olvidarlas. -¡Estas enseñanzas son tu salvación! ¡Apréndelas y utilízalas en contra de todo aquel que te quiera hacer caer de la gracia de Dios!

NEGAR ES IGNORANCIA
20 de mayo de 1994

Uno de los problemas a los que me enfrenté cuando entregaba éstas enseñanzas, fue el hecho de que mis hermanos las negaban.- Yo sabía, que era porque no las entendían. -Por lo tanto, el Padre me entregó lo siguiente para todos esos hermanos incrédulos: -

"Aquel que niega porque no entiende, se está negando así mismo el derecho de aprender".-

Así es que, no temas preguntar lo que ignoras, que del preguntar viene el conocimiento. No niegues lo que no entiendes ni comprendes; si no entiendes... pregunta, si no comprendes... pregunta, pero no niegues lo que no entiendes ni comprendes". Pregúntame, que Yo te contestaré, no me niegues el derecho de ser tu Maestro, pregúntame, que Yo te contestaré".

NEGAR LO QUE SE IGNORA ES EGO
20 de mayo de 1994

"No niegues lo que ignoras, que el ignorar y el negar van- de una mano, y el ignorar y el preguntar van - de la otra.

Pregunta lo que ignoras para que no sigas siendo el ignorante; que el no preguntar te mantendrá en la ignorancia eterna y en el estancamiento.- Ya te he dicho, que no te quiero el estancado sino el evolucionado.- Porque quiero ver que atravieses los límites de lo desconocido, los límites de todo aquello que ignoras, y te conviertas en sabio, sabio, que con sus conocimientos sacará a otros de la ignorancia, y los pondrá en los caminos de la verdad, y la evolución espiritual.

¿Por qué es ego negar lo que se ignora?-

Porque al hacerlo estás diciendo que tú sabes más, y que eso que niegas, no es verdad, porque no está dentro de lo que tú "supuestamente sabes. -Por lo tanto, los Maestros dicen:

Para que te refieres con desdén
De lo <u>que ignorando</u> eres.
Para que dejas ver a los demás
La espina que te hiere.

Abril 7, 1997- *Nunca niegues lo que no entiendes ni comprendes, que el negar es ignorancia, y el preguntar sabiduría.- No te quedes el necio al no preguntar lo que ignoras, <u>que,</u> al preguntar, en el sabio te convertirás. -Fubbi Quantz.-*

Ahora, creo que es hora de que me digas lo que estás buscando. A este punto, creo que sabes lo que quieres o no quieres. Ya sabes qué camino vas a seguir y cuál vas a dejar. Pero aun así nuestro Maestro Jesús, te pregunta:

DIME... ¿QUE BUSCAS?

"Dime, ¿qué buscas?"

-La Verdad.-

"**¿Tu verdad**, *o Mi Verdad?*"-

-Tu verdad, Señor de la Verdad Absoluta, y Amor Verdadero... Tu Verdad.-

"Atraviesa valles; escala montañas; desciende a los abismos; sube de nuevo a la montaña, para que encuentres... la Verdad".

Encontrar la verdad no es fácil, requiere de mucha entrega, y de mucho afán por encontrarla.- No desmayes ni un solo instante, y tu recompensa será... dar con ella. -Todos en la búsqueda de la verdad dejamos algo que nos impedía ir en su busca.– Algunos lo damos por hecho. –Pero aquellos que todavía no están seguros de sí mismos, de vez en cuando recuerdan lo que atrás ha quedado; eso los hace retroceder. Es por eso que los buscadores de la verdad, tienen que buscarla desde el fondo de su corazón, dejando toda tendencia material; sólo así la encontrarán.-

En repetidas ocasiones se ha dicho, que aquel que va en busca de la verdad, se encuentra en una lucha continua.- Sólo aquel que quiere llegar al fondo de la verdad, vence y logra la victoria.

La guerra es dura, la batalla más-
La victoria es dulce,-
Persevera, y la lograrás.

Yo soy la Verdad,-
Y quién conmigo está,
Verdad eterna será.

Lucha, lucha, lucha, persevera, persevera, persevera y alcanzarás la meta deseada: Encontrarás <u>la verdad absoluta</u>.- No te detengas en tu intento y sigue luchando; no te des por vencido, no te conformes con nada menos, que <u>la verdad absoluta</u>. -Entonces serás libre, libre, libre; ya nadie te atará a una verdad relativa, tendrás en tus manos <u>la verdad absoluta</u>. Esa será la espada con la que lucharás; esa será tu defensa, tu escudo,- tu estandarte, el estandarte de la verdad absoluta y <u>el amor verdadero</u>.

EL AMOR VERDADERO

¿El "Amor Verdadero?"   ¿Qué significa "El Amor Verdadero?"____

El Amor Verdadero, es lo que Cristo nos vino a enseñar. -Significa saber sufrir por amor, y lo que es entregarse en un todo a ese amor. Cristo nos dio el ejemplo cuando tomó Su cruz y murió en ella; así, con Su dolor, nos demostró Su verdadero amor, y nos enseñó, que el dolor, y el placer, van de la mano. Él sufrió el dolor, pero tuvo el placer, de demostrarnos lo mucho que nos amaba. -

Mis hermanos, van por el mundo repitiendo: "Dios es amor", pero no saben lo que eso significa. No conocen el verdadero amor, el amor que se demuestra entregándose en un todo, el amor que sabe, que el dolor es amor, y para demostrarlo, se debe sentir ese dolor.-

Cuántos de mis hermanos al sentir lo pesado de la prueba, dan marcha atrás; al sentir lo pesado de la cruz, la dejan a medianía del camino. *Esos son los que quieren "todo" de Dios, pero sin querer pagar por ello. El verdadero amor sabe, que es mejor dar, que recibir.*

¿Estás listo a demostrar ese amor? -¿Estás listo a tomar tu cruz y cargarla? ¿Estás listo a morir en ella? -¿Estás listo a morir por Dios, así como Él murió por ti? -Es más, ¿estás listo a vivir por Dios?- Porque recuerda: *"Es fácil morir por Dios, lo difícil, es vivir por Él.*

Ahora, te voy a hablar de la fe; vas a aprender lo que es la fe, y lo que es tener fe. -Estudia, analiza, discierne y avanza en espiritualidad, descubre dentro de ti mismo, todo aquello que te está estancando, y arráncalo de ti; arrójalo lo más lejos posible, y adelante; que te espera todo un Universo de sabiduría.

LA FE

La fe, es el poder más grande que todo ser debe tener.- Es tan grande, que atraviesa toda barrera, salta todo obstáculo y llega hacía el infinito.-

"La fe, es aquello que no ves, pero que sientes; aquello que no tocas, pero que presientes".-

Su poder es tan grande, que te pude haber dicho: *"Que si tu fe fuese del tamaño de un grano de mostaza, moverías montañas",* qué tan grande y poderosa no es, que basta que sea del tamaño de un grano de mostaza, para realizar lo que deseas.

¿Por qué dejas que tu fe decaiga por la duda y la confusión? -¿Por qué dejas que «El Ave de Rapiña» robe tu fe? -¿Por qué no la sabes cuidar como el más preciado tesoro que hayas tenido en tus manos? -*Con el poder de la fe puedes brincar todos los obstáculos, ganar todas las batallas, detener todos los ataques, limpiar todos los caminos y seguir adelante.-*

Me preguntas: ¿Pero fe en qué, o a qué, si todo es engaño y todo es falsedad? –

Yo te pregunto: ¿Es que acaso Yo soy engaño?- ¿Es que acaso Yo soy falsedad? -¿Es que acaso Yo te he mal guiado?- ¿No eres tú quien se ha querido engañar? -¿No eres tú quien ha querido encontrar falsedad en Mis Palabras, en Mis enseñanza?- ¿No eres tú quien ha hecho uso de su libre albedrío, y ha tomado caminos equivocados? – ¿Caminos que Yo no te señalé? ¿Caminos que no escogí para ti?- En ellos, has encontrado el dolor, la decepción, el llanto, y me has dicho: He perdido la fe. -Mas yo te digo, que la has dejado donde no te dije que la dejaras: en los caminos equivocados.-Recobra esa fe, da marcha atrás; recorre nuevamente tus pasos, y descubre por ti mismo, en donde la dejaste, y recobra esa fe pérdida.

El no tener fe, es el no entender.- Porque si te entregas de un limpio corazón, lleno de fe y de amor, todo lo entenderás, y lo que no entiendas ni comprendas, lo preguntarás.- Pero pregúntamelo a Mí, a tu Dios y Señor, si es que a los que he puesto frente a ti, Mis escogidos y preparados, no les quieres preguntar. Porque la fe me la debes de tener a Mí, y a lo que Yo te entrego alba tras alba.-

¿Por qué dejas que la duda y la confusión opaquen tu fe? Te he podido decir, que Te quiero fuerte como el roble, preparado como el soldado, y listo, como el siervo que Yo quiero ver en ti. No levantes de tu clamor y Me digas, que has perdido la fe, y me culpes a Mí, o culpes a Mis siervos. -Porque Yo no te la di para luego quitártela, y a Mis siervos, no los he preparado para dejarte sin ella. ¡Busca tu fe donde la has dejado, y recóbrala!-

Para qué quieres como Tomás-
Poner el dedo en la llaga para creer-
Mejor cree, sin la llaga ver.-

Para qué quieres para creer,-
El dedo en la llaga poner-
Mejor cree, sin la llaga ver".-

La duda, la confusión,
Son espinas que matan,
¡Sácalas de un jalón!-
Y permite, que -
La buena hierba nazca.

LAS GRANDES HAZAÑAS DE LA FE

Ya se ha dicho, que la fe mueve montañas; que la fe cura, que la fe salva. Dime, que es lo que no puedes vencer, que Yo te diré que con fe, lo podrás hacer. ¿Por qué la resistencia a la fe, si la fe todo lo puede? Con fe, todo somos, sin fe, no somos nada, con fe, la noche espera la salida del sol, con fe, en la noche más negra la luna brilla, con fe, la estrella más alta se puede alcanzar. Porqué entonces dudar, por qué no tener fe, sí con fe, todo se puede solucionar.

EL AYUNO

A continuación vas a aprender lo que significa el ayuno y por qué necesitamos ayunar. Es más, es algo que Dios Padre nos ordena practicar, como ayuda en nuestra *evolución espiritual*.

"El ayuno es abstinencia, la abstinencia te enseña disciplina, y la disciplina te ayudará en tu *evolución espiritual*". -Diferentes ayunos tendrás, variadas serán las disciplinas, pero cada una de ellas te dará la ayuda que vas necesitando en tu evolución; más evolución, más disciplina. -Disciplínate en el hablar, comer dormir, y hasta en tus labores cotidianas; en otras palabras: sé tú mismo una disciplina.-

EL AYUNO RELAJA TU MENTE -
Miércoles 03 de diciembre de 2014

El ayuno, te sirve para que relajes tu mente y eleves tu pensamiento hacia Mí, y a lo que Yo hice, estoy haciendo y seguiré haciendo por la humanidad.

El ayuno te pone cerca de Mí, eleva tu espíritu y lo deja descansar y elevarse al lugar al que pertenece: Junto a Mí.-

El ayuno, te hace meditar en el hecho de tener y no tener; de hacer y no hacer; desear y no desear. -Ya que te das cuenta que,- lo que tienes, es más de lo que realmente necesitas, y que se puede hacer, si pones toda tu voluntad y todo tu amor. Dicen en tu mundo, que "querer es poder", por lo tanto, si quieres, puedes hacerlo.- Todo está en que quieras. -¿Quieres a tu Dios y Señor? ¿Quieres obedecer? ¿Quieres obtener Sus gracias y dones? Sobre todo, ¿quieres evolucionar espiritualmente? —Para eso, el ayuno es lo mejor, ya que te acerca a Mí, y a todo lo Mío.-

En el ayuno, vas a meditar sobre muchas cosas, vas a recapacitar en otras y a darte cuenta, del amor que Yo te doy, y de lo que tú Me das a cambio. Empiezas a profundizar en tu vida, y en la Mía; tienes tiempo para hacerlo, tienes tiempo para estar Conmigo, y Yo contigo. -Los dos hablaremos de muchas cosas, y aclararemos otras más; hablaremos del amor que nos tenemos, y tenemos para todos los demás. -Será tanta nuestra intimidad, que no vas a querer estar lejos de Mí; vas a aprovechar cada instante para estar Conmigo.

El ayuno te hace ver lo que no has visto, o no querías ver, te hace reconocer lo que no has reconocido, o no querías reconocer, te hace comprender por lo que Yo pasé. Como ya te he dicho,- el ayuno te acerca a Mí, y a Mi Padre Todopoderoso, y nos da la oportunidad de estar todos juntos y hablar, hablar de tantas cosas; cosas tuyas, cosas Mías, cosas de Mi Padre, Nuestro Padre, y de Nuestro mundo, y de tu mundo.-

El ayuno, te hace dejar lo que creías necesitar, te das cuenta, que mucho de lo que tienes, no lo necesitas para llegar a Mí,- que, por el contrario, te detiene en tu largo caminar, porque te lo hace más pesado.-

El ayuno te hace ver todo eso y más: Te das cuenta que, <u>puedes vivir sin comer</u> pero, <u>no sin orar</u>. Aquí, empiezas a darle más importancia a la oración porque sabes, que es la música que llega a Mis oídos y a los oídos de Todos los que aquí te queremos.-

El ayuno, te hace darte cuenta del amor que te Tenemos y de todo lo que por ti hacemos.-

Como puedes darte cuenta: No es mucho lo que Te pido hacer, y sí, mucho lo que con ello vas a aprender. Yo quiero darte más, más de lo que imaginas; Quiero enseñarte muchas cosas, quiero que las aprendas Conmigo, Yo te enseñaré lo que no sabes, y lo que ya sabes, lo aprenderás mejor, porque podrás separar lo que sabes, de lo que vas a aprender Conmigo.— Conmigo, aprenderás la verdad: Mi verdad; esa que no has conocido en verdad; esa que han distorsionado para hacerla realidad.- Pero la realidad, es Mi verdad, y no lo que te han querido enseñar.— Pero primero, tienes que ayunar. Porque sólo así vas a comprender y a entender, lo que Yo te quiero enseñar.-

Ayuna, pequeño, ayuna, para que cerca de Mi puedas estar, y así podemos hablar de todo lo que Yo te quiero enseñar.-

El ayuno es abstinencia, abstinencia es disciplina, y la disciplina te ayuda en tu búsqueda de la verdad. -Ya que te tienes que disciplinar, para Yo poder enseñarte; de otra forma, no será.-

Recuerda que la oveja es sumisa y a cabra no.- Yo quiero que seas esa oveja, que entiende lo que Yo le digo.- No es mucho lo que te pido por todo lo que Yo te doy. -Lo hago, porque quiero que tengas esa evolución, que evoluciones en tu espiritualidad, que te des cuenta, que Yo quiero que llegues a Mí, y que juntos podamos estar.- Yo estaré contigo, y tú a Mi lados vendrás; eso, te lo puedo asegurar.- Pero tienes que ayunar, tienes que obedecer, que <u>en el obedecer, está el poder</u>. "El poder tendrás, si aprendes a obedecer.–

Lo que te he pedido que hagas, no es algo fuera de lo normal; es algo comprensible y normal. -Yo sé que lo puedes hacer, sólo tienes que obedecer, y en Mí creer.- Creer, que es verdad lo que te digo, y que por tu bien lo hago.- Lo hago por tu bien, y por el bien de todos los demás, ya que, una vez aprendida la lección, se la enseñarás a los demás, y <u>todos se van a beneficiar, cuando aprendan a ayunar</u>.- El ayunar los va a unir más, porque juntos van a aprender, lo que Yo les quiero enseñar. Amén.

Viernes 10 de enero de 2015 4:00 a. m. Después de desayunar y limpiar la cocina un poco, traté de hacer algo más, pero no me sentía tranquila, era, como que no sabía qué hacer a pesar de tener muchas cosas que hacer. -Fue cuando le pregunté al Padre: ¿Qué es lo que quieres que haga? Me dijo: "Escribe", y me recordó algo que años atrás me había entregado:–

Ayuno es abstinencia, abstinencia es disciplina, disciplina, es un espíritu fuerte y la cercanía a Dios. -Y cuando te acercas a tu Dios y Señor, Él se convierte en tu Tutor, tu Mentor, tu Maestro, tu Profesor, tu Guía espiritual, y empiezas a tener una mejor comunicación, y una relación más estrecha con Él.-

Existen varias clases de ayuno. -No todos los ayunos son abstinencia de comida, ya que algunos hermanos, ya sea por enfermedad, o por algún impedimento, no podrían -dejar de comer. Pero también existe la abstinencia en el hablar, ya que en el año 2013 me hablo de algo que Él llamó: *"El Ayuno del Silencio UNO"*. O sea, que por todo un día el hermano, o la hermana, se abstiene de hablar En ese día, únicamente estará en contacto con Él, todo el tiempo lo dedicará a hablar, y a escucharlo a Él. –Éste, es un buen ejercicio para obtener esa cercanía con Dios.

Abstinencia, es dejar de hacer, o de consumir algo que nos gusta. –Como, por ejemplo: Aquellos hermanos que fuman, pueden abstenerse de hacerlo por un periodo de tempo; si en verdad aman a Dios. Aquellos hermanos que consumen mucho café y hasta juran, que no podrían vivir sin él, también pueden hacerlo. Y así sucesivamente, dependiendo, qué es lo que más te gusta hacer, o comer. Todo está en cuanto amor le tienen a Dios y Señor y a Sus enseñanzas; ya que también te pueden querer obligar a hacer algo, que tú sabes que no está bien. Alguien me dijo, que no existía ese ayuno en donde se consume algo. -Entonces recordé, que Daniel no consumía los alimentos que el rey le ofrecía. Se negó y comía solamente aquello que no fuera una ofensa a las enseñanzas de Dios. (Aquí, el Padre me dijo, que les explicara las formas de ayuno):

Cuando un hermano, o hermana empieza a ayunar, debe empezar con el ayuno de las 24 horas, el cual significa, que ese hermano o hermana comerá cada 24 horas. –Si come a las 2:00pm, todos los días (Según el periodo de tiempo que se haya propuesto o se le haya indicado) comerá a esa misma hora. Luego viene el ayuno *uno-uno*; el cual permite, que se coma un día y el otro se ayuna. Después se puede ir aumentando el día del ayuno, pero no el día de comer. Como por ejemplo: Se ayuna dos, tres, cuatro días… etc., pero el día de comer sigue siendo uno.

Ejemplo: (UNO-UNO)

DOMINGO	LUNES	MARTES	MIÉRCOLES	JUEVES	VIERNES	SÁBADO
AYUNO	COME	AYUNO	COME	AYUNO	COME	AYUNO

Ejemplo: (DOS-UNO)

DOMINGO	LUNES	MARTES	MIÉRCOLES	JUEVES	VIERNES	SÁBADO
AYUNO	AYUNO	COME	AYUNO	AYUNO	COME	AYUNO

Ejemplo: (TRES-UNO)

DOMINGO	LUNES	MARTES	MIÉRCOLES	JUEVES	VIERNES	SÁBADO.
AYUNO	AYUNO	AYUNO	COME	AYUNO	AYUNO	AYUNO

Y así sucesivamente según el lapso que se hayan trazado o que se les haya indicado.

NOTA: Todos estos ayunos son ayunos completos. O sea, sin ninguna clase de comida; sólo agua. También hay ayunos en los cuales se consume sólo la clase de comida que se les indique.- Usualmente es fruta seca, almendras, dátiles y toda el agua necesaria. Estos ayunos pueden ser de 3, 7 o 21 días, dependiendo la causa de ese ayuno.-

Por experiencia propia les puedo decir, que todos estos ayunos tienen un propósito. Cuando Dios ordena un ayuno, Él sabe porque lo está ordenando y siempre es por algo muy importante, y de mucho beneficio para el hermano, o la hermana a la cual se le ha pedido ese ayuno.

Hace un año se me pidió que ayunara por 21 días. En esos 21 días, únicamente tenía que consumir almendra, dátiles y agua. -Yo no tenía ni la menor idea del porque se me estaba ordenando ese ayuno, pero obedecí, y al final me di cuenta del porqué.-

Resulta, que meses antes - había perdido algo de mucho valor para mí. -Yo sabía que había sido mi culpa y así lo acepté ante nuestro Dios y Señor. Recuerdo que me dijo: *"Así es, t*ú tuviste la culpa". Nada más eso me dijo, así es que me resigné, y acepté, que ya había perdido eso para siempre. -Recuerdo que los 21 días se cumplían un domingo en el cual, se tenía que llevar comida y compartirla con todos los hermanos de la Iglesia. -Así lo hice, llevé comida y hasta ayudé a repartirla. -Luego me fui a mi casa a esperar que llegara el lunes, día que ya podía comer de todo.–

Ese día me levanté y desayuné, pero a la hora del almuerzo encontré, lo que yo creía que <u>había</u> perdido para siempre. -Fue aquí en donde comprendí el porqué de mi ayuno.- El Padre sabía, que había sido mi culpa, pero me dio la oportunidad de recuperarlo, mas no sin antes hacerme pagar en algo, mi error.

Podría hablarte de mis experiencias personales con los ayunos, pero serían eso: <u>mis experiencias</u>, pero el Padre quiere, que empieces a tener tus propias experiencias. -Lo único que te puedo decir, es que van a ser unas experiencias inolvidables las cuales, nadie podrá decirte que no son verdad, ya que serán tus propias experiencias; tú las experimentaste, y nadie podrá decirles lo contrario.-

Una de esas experiencias, es que a través del ayuno vas a aprender, vas a ver y a meditar sobre muchas cosas. -Vas a realizar, que realmente no se necesita mucho para sobrevivir, y te vas a dar cuenta, que has sido programado, acondicionado para comer, que se te acondicionó para hacerlo.

Éste es el ejemplo que El Padre me entregó:

"Cuando nos encontramos trabajando, suena la campana para el café y salimos corriendo a tomarlo, o a comer algo.- Es posible que -en esos momentos, realmente no sintamos el deseo de tomar,- o comer algo, pero sonó la campana y tenemos que hacerlo. Dos horas más tarde, la campana suena de nuevo; es la hora del almuerzo; algunos todavía nos sentimos llenos con lo que consumimos a la hora del café, pero sonó la campana y tenemos que salir a comer. Unas cuantas horas más tarde, suena la campana para otro descanso, y que es lo que hacemos: Corremos a comer algo.- Llega la última campanada, es la hora de irse a casa, y en el camino, ya estamos pensando en lo que vamos a hacer de comer. Como puedes darte cuenta, en verdad estamos programados para comer; tengamos hambre o no".-

Otra de las cosas que se aprende cuando se ayuna, es que tenemos más tiempo para hablar con Él, ya que el tiempo que pasamos frente a la estufa preparando la comida; el tiempo que pasamos en la mesa consumiendo esos alimentos, lo utilizamos para entablar comunicación con Él, para estar más cerca de Él, para recibir Sus mensajes, alertas y enseñanzas.- En fin, para Conocerlo mejor. Todo esto se consigue, cuando se aprende <u>el arte de ayunar</u>. Pero lo que más aprendemos, es a experimentar en una forma muy, muy pequeña, lo que sintió nuestro Jesús en esos ayunos que Él realizaba.- Con un día podemos darnos cuenta por lo que Él pasó en esos 40 días. -¡Créanme!- Nos vamos a avergonzar, por estarnos quejando por un día de ayuno.

Tú puedes llegar a ser una persona bella y atraer la atención de Dios.– Dios llegará a enamorarse de ti de tal manera, que no podrá retirar sus manos de ti, ni un momento; Estará contigo a cada instante, y no podrá apartarse de ti.

¿Cómo? Simplemente... ayunando.-

¿Ayunando? –Sí, ayunando, podrás cuidar de tu cuerpo, corazón, mente y, sobre todo, de tu Alma. –
-¿Cómo puede ser posible?–

-Muy sencillo:-

- Si dejas de comer aquellos alimentos que sabes que no son de beneficio alguno para ti.-
- Si dejas de tener aquellos pensamientos negativos.-
- Si dejas de hacer cosas negativas, aquellas que **Él** dijo no hacer.-
- Si cambias tu odio por amor. -
- Si das envés de recibir.-
- Si aprendes a perdonar para que así mismo, seas perdonado.-
- Si te deshaces de todas "*las bajas pasiones: la ira, la vanidad, la lujuria, las ataduras, y la avaricia.-*

EL AYUNO DEL SILENCIO (UNO)
Domingo 08 de septiembre de 2013

El ayuno del silencio Uno, es estar todo el día con Él, como el mejor de tus amigos, un Amigo, al que no le importa si estás cocinando, limpiando, lavando los platos, o pasando la aspiradora. -El Amigo, que sólo quiere estar contigo sin importarle lo que estés haciendo; el Amigo, que quiere estar ahí cuando estés hablando de las cosas del diario vivir.-

Nuestro amado Jesús, quiere pasar un día así contigo; solos Tú y Él, Él y tú, todo el día.- Él quiere hacer los quehaceres contigo; Él quiere lavar platos contigo; Él quiere lavar la ropa contigo;- Él quiere pasar la aspiradora contigo, para que así poder hablar y hablar todo el día.- ¿Puedes darle a Él, a tu mejor amigo, a tu mejor compañero, al mejor amante, un día para recordar? ¿Todo el día? ¿Sólo Él y tú? ¿Tú y Él?-

LA RAZÓN DEL AYUNO DEL SILENCIO (UNO)
Lunes 09 de septiembre de 2013

Es un entrenamiento para empezar a aprender, y a realizar muchas cosas al mismo tiempo. Tienes que entrenar tu mente para hacer muchas cosas a la misma vez; muchas tareas al mismo tiempo.–

"Con tu fe y con su mente, puedes poner el mundo al revés." Rebazar Tarz

SIGNIFICADO DEL AYUNO DEL SILENCIO UNO
Viernes 09 de septiembre de 2013

"Significa, que vas a estar Conmigo todo el día; sólo tú y Yo, Yo y tú. Vamos a pasar todo el día junto. Yo voy a estar con contigo, no importa si estás haciendo tus tareas diarias, la rutina diaria. Yo quiero estar contigo cuando estés lavando los platos, cuando estés -trabajando -en tu patio, cuando estés trabajando -en tú carro, cuando estés lavando ropa; en otras palabras: en todo lo que haces. Todo el día sólo tú y Yo. Puedes estar lavando los platos y

platicar Conmigo como si fuera tu mejor amigo, que viene a estar contigo y no le importa lo que estés - haciendo; solo quiere estar ahí hablando contigo. -

Éste, es un buen entrenamiento porque empiezas a tener esa conexión Conmigo; empiezas a recibir Mis mensajes; y Mis ideas. -Así que por favor, Dame un día; podemos empezar con un día. Por favor, no Me prives la oportunidad de estar contigo; no te prives de Mi conocimiento. -Con esto vas a lograr más intuición, más revelaciones; y muchas más cosas bellas sobre El Reino de mi Padre, de Mi Reino, y de Todos lo que pertenecen al Reino Espiritual. Amén".

NOTA: Este ayuno puede ser completo, o sea, no consumir alimentos,- más la abstinencia en el hablar. -También, para aquellos que no puedan dejar de consumir alimentos por causas de salud, pueden hacer el ayuno del silencio, únicamente, dejando de hablar, y consumiendo un mínimo de alimentos.

GUÍAS

Esto es lo que se me entregó para todos *los guías espirituales:*---

"De los siervos me encargo Yo; tú encárgate *de preparar los pastos a donde allegándose serán".*-

¿Qué es la "Guía" o el "Guía?".–

Son cerebros preparados para *guia*r a los demás.- Una vez *rectificado el Don de Guía*, dicho cerebro debe prepararse a recibir las enseñanzas que lo ayudarán a preparar a los demás.–

El Guía debe entender, que está a cargo y cuidado de un pueblo del cual rendirá cuentas. -*"La Guía" está ahí para guiar; el Maestro para enseñar"*.

El Guía debe de estar preparado para *recibir las enseñanzas del Maestro*, y pasar dichas enseñanzas al pueblo, sin poner ni quitar nada.

El Guía debe estar listo, para recibir del Maestro las respuestas a las preguntas que haga el pueblo, sin poner ni quitar nada. -Si el Guía no recibe la respuesta, así lo hará saber al pueblo, pueblo y Guía esperarán a que sea la voluntad del Maestro entregar dicha respuesta.-

El Guía, pacientemente permitirá que el pueblo vaya aprendiendo, y así se dará cuenta de la *evolución espiritual* de cada uno, y los tratará conforme su evolución. 'Al que, es más, se le dará más, al que, es menos, se le dará menos, pero a todos se les dará. -Ya que, -no todos entenderán ciertas enseñanzas, y habrá que explicárselas de forma que las entiendan. -Habrá otros, que las entenderán de forma diferente, por lo tanto, habrá que explicárselas de manera, que entienda su verdadero significado.

¡Guía!- No pierdas la paciencia, que la paciencia, es virtud de Maestros.

En Julio 5 de 1994 me entregaron, el siguiente *recordatorio para los Guías*. -Dice así:

"*Apacentad, apacentad y prestad atención, que en bendita alba de gracia y por permisión divina, la Legión de Maestros te viene a traer de la leccioncilla; leccioncilla, que llevarás en tu entendimiento y en tu corazón; leccioncillas, que llevando serás y pondrás a la práctica una y otra vez, porque esa es Nuestra voluntad, y, esa es la voluntad de ese Padre de amor y misericordia; porque es Él, quien en bendita alba de gracia nos ha enviado a entregarte.*

Ya te hemos hablado de la fe, Te hemos hablado de la verdad, Te hemos podido entregar la leccioncilla sobre lo que debes de saber.- Mas hoy te venimos a pedir cumplimiento, mas hoy te venimos a pedir atención, mas hoy te venimos a pedir, que tomes en cuenta todas y cada una de las leccioncillas, que las analices en tu mente y en tu corazón, y que las pongas en efecto.-

La Legión de Maestros no quiere ver, que por un oído te entre la leccioncilla, y por el otro salga.- Porque así -das a entender, que estás tirando lo que se te está entregando.- *Leccioncilla entregada, leccioncilla que es analizada y leccioncilla que es llevada a la práctica.* -No te quedes nada más oyendo sin escuchar; escucha, atiende, analiza, discierne, y lleva a cabo la leccioncilla aprendida cada alba de gracia.- No son palabras tiradas; son enseñanzas que vienen desde *las Alturas* hacia a ti, como parte de tu aprendizaje, como parte de tu evolución: *la evolución espiritual*. -¿Cómo queréis evolucionar si no ponéis atención a la leccioncilla? -¿Cómo queréis evolucionar si no estás al tanto de cada una de ellas? -¿Cómo queréis alcanzar esas *mansiones* si no os preparáis?

La leccioncilla que se te entrega alba tras alba, es parte de esa evolución, parte de esa preparación, porque recuerda, que la misma tenéis que entregar, en cuerpo, alma, corazón y mente.- Esa es, la única manera, la única forma que llegando seas a tu meta. Escucha, analiza y lleva a cabo la leccioncilla. Se te entrega para tu uso, para que la entiendas, y para que la practiques; no para que la oigas y la olvides al dejar éstas cuatro paredes.-

¿Quieres la evolución? -Tienes que trabajar para lograrla.- ¿Quieres el adelanto? Tenéis que trabajar para lograrlo. -Alba tras alba se te entrega los pasos a seguir, alba tras alba se te entrega lo que tenéis que hacer; estudia, no dejes la leccioncilla tirada, empolvada; estúdiala, analízala y llévala a cabo en tu vida cotidiana, porque recuerda, que espíritu y *materia* se están preparando al mismo tiempo.- Cómo queréis encontrar ese adelanto, esa evolución, si vemos que la leccioncilla está arrumbada, -que no la habéis estudiado, que no la habéis analizado; cómo la podéis llevar a cabo, si al salir de estas cuatro paredes, ya la has olvidado.-

Es por eso que los Maestros te pedimos: Escucha, y lleva a la práctica las leccioncillas entregadas.- ¿O es que acaso no habéis entendido la *misión* que cada uno de vosotros tenéis?- Recuerda: Vosotros no sois pueblo. -Vosotros sois aquellos cerebros escogidos, privilegiados, preparados para guiar al que viene detrás de ti. -¿Cómo vais a entregar esa guianza, si no os preparáis?

Recuerda: Tú *misión* es diferente a la del *pueblo*, porque el *pueblo* está esperando que tú te prepares, para poder seguirte.-

Analiza lo que te entregamos en bendita alba de gracia y comprende, que sois *los privilegiados,* los escogidos, los preparados. -*El pueblo* sólo espera, a que tengas la preparación; espera, a que tengas la gracia de guiarlo para seguirte. Tu *misión* no es pequeña; tu *misión* es muy grande, no la tomes a la ligera. -Tu *misión* es importante, como importante es el *pueblo* que viene detrás de ti. Porque si no lo haces, cómo vas a estar preparado para guiar a ese *pueblo*. Tú no quieres ser esos ciegos, -que guiando son a otros ciegos, porque entonces, todos perecerían en el abismo.-

Se te ha entregado de diferentes maneras; se te ha dicho, que eres el Moisés de éste tercer tiempo, el guía de éste tercer tiempo. -Se te ha dicho, que un *pueblo* viene detrás de ti, que tienes que prepararte para recibirlo y guiarlo.-

¿Quién quitará esa venda de oscuridad de sus pupilas?-
¿Quién le quitará esa venda de duda y de confusión?-
¿Quién curará esa herida que han hecho en su corazón?-

A ti corresponde hacerlo. -Para eso son las leccioncillas que se te entregan; ellas son la llave, son la clave con la que vas a guiar a ese pueblo. -Son la clave con la que vas a quitarle su venda de oscuridad, su confusión, y su fanatismo.-

El fanatismo, es el arma que ha destruido al pueblo; es por eso que les pedimos preparación; pero para eso necesitas tener mucho amor para tu hermano y semejante. -Es por eso que te pedimos que el amor sea la base, la clave para prepararte; tienes que amarlos para poder ayudarlos.- Mira a tu diestra y mira a tu siniestra, ¡Cuánto dolor! -¡Cuánto engaño! -¡Cuánta falsedad! -¡Cuánta falta de preparación!-

A vosotros toca llevar la luz donde hay tinieblas, llevar el amor a donde está el odio, llevar la comprensión a donde no la hay. -No lo pienses más, el hoy es el que es importante, porque el hoy es cuando- debes prepararte, porque el mañana, tarde será. -Mañana vendrá ese pueblo a pedir la ayuda, a pedir la guianza, a pedir la preparación, ¿y dónde estarás tú para entregárselas? ¿Dónde estarás tú para darles lo que te vienen pidiendo? ¿Dónde estarás tú? ¿Te encontrarás confundido entre ellos? -Esa no es nuestra voluntad y esa no es la misión por la cual has descendido al haz terrenal.- Se te ha entregado a través de la revelación, se te ha entregado a través de la videncia, de tu clarividencia, de tu audífono, de tu sensibilidad, y Yo te digo: es la unificación de los Maestros; atiende lo que se te entrega, analiza, porque esos son los pasos a dar.- "No tomes a la ligera, lo que a la ligera no es" -¿Habéis comprendido?-

GUÍA
Mayo de 1994

Muchos vendrán a decirte que saben y querrán enseñarte, mas tú déjate guiar por el Espíritu Santo. Sigue las enseñanzas de tus Maestros espirituales, porque sólo ellos podrán aclarar tu entendimiento a la luz y a la verdad. -No dejes que la confusión llegue a ti y mucho menos, la duda, ya que esas serán las armas que utilizarán para apartarte del camino recto e iluminado que has emprendido.

La lucha se viene dura y más fuerte e intensa será, a medida que se vayan descubriendo las gracias y dones enviados desde el Infinito, a medida que más vendas de oscuridad vayan cayendo. Al enemigo no le conviene eso, por lo tanto, enviará a su ejército a atacarte de una forma y otra; física o espiritualmente. -Está en alerta constante; vela y ora, que <u>el dormir mata, y el no orar, aniquila</u>.

Ya has emprendido la lucha, no te quedes a medianía del camino, atraviesa el campo de batalla y enfréntate al enemigo; sólo así podrás vencerlo. -Se fuerte, domina, no te dejes dominar y la batalla será tuya. -No te digo que te será fácil, pero con fe, amor, paciencia, constancia y disciplina -lo lograrás. -Aún te quedan muchas barreras por atravesar; batalla por ganar; obstáculos por brincar, pero al final tu fe vencerá. -Que la Luz del Padre, del Hijo y la del Espíritu Santo te guíen ahora y siempre. -Así sea.

SUMISIÓN Y OBEDIENCIA
10 de julio de 1994

Recuerdo que en una ocasión, el Padre me ordenó hacer el ayuno 3-1. (Se ayuna 3 días y se come un día.) -Lo empecé a hacer, pero un día al hacer las cuentas me percaté, que el día que me tocaba comer caía en domingo. Ese día teníamos servicios y por lo regular se terminaba como a las 2:00 o 3:00 de la tarde. -Por lo tanto, *yo decidí* comer mediodía del sábado, para poder comer mediodía del domingo y así compensar el hecho de no comer el domingo por la mañana. -Esa misma noche me contemplé de rodillas en el patio de mi casa, pidiendo al Padre, que no me permitiera sentarme en *los Sitiales* si veía que no estaba preparada. Y así fue; ese día no me permitió *"trabajar"*, y me entregó lo siguiente:-

¿Qué son la *Sumisión y la Obediencia?*--

Sumisión y Obediencia, palabras que vas -repitiendo una y otra vez sin saber realmente lo que significan.- Las repites al cansancio, mas no las llevas a cabo. ¿Por qué?- Porque desconoces su significado.- ¿Es que acaso eres sumisa y obediente a lo que Mi Padre te ordena? -¿Eres sumisa y obediente a lo que los Maestros te pedimos? -- ¡No!- Mas sin embargo, te llenas de orgullo repitiendo sumisión y obediencia, pidiendo en otros esa sumisión y esa obediencia.- Mas, ¿por qué no la empleas en ti misma? -- ¿Por qué no eres el ejemplo de la sumisión y la obediencia? -¿Por qué no permites que los demás aprendan a través de tu propia sumisión y obediencia?- ¿Por qué exiges a otros lo que tú no llevas a cabo?- ¿Es que acaso quieres en otros lo que no quieres en ti misma? ¿Es que acaso tú misma no has aprendido lo que significa ser sumisa y obediente?

Pues, te lo diré: Sumisión y Obediencia significa, entregarte en cuerpo, alma, corazón y mente a lo que se te ordena hacer; sin trabas, sin excusas, en otras palabras, sin peros.-

¿Puso la excusa tu "Maestro Jesús al saber la misión encomendada? -¿Es que acaso lo contemplaste poner la excusa, el pretexto, los peros a lo que contemplaba le iba a pasar? -- ¡No! Sólo dijo: "Hágase Padre Tu voluntad". ¿Es que acaso María de Israel puso la excusa, el pretexto cuando le fue

comunicado que daría a luz?– *Aun siendo doncella jamás tocada por varón alguno, sólo dijo: "Hágase Señor Tu voluntad".- Hay más ejemplos que puedo darte para ilustrar el significado de la sumisión y la obediencia, pero creo, que estos son los más importantes y lo bastante claros para que los entiendas, y no lleves la confusión, sobre lo que es entregarse en un todo a lo que Mi Padre ordena.-*

Si Mi Padre te ordena ayuno… ayuna. –Si Mi Padre te ordena abstinencia… abstente. –Si Mi Padre te ordena subir a la montaña… súbela.– ¿Has comprendido lo que significa ser sumiso y obediente?– Mi Padre es el Todo, no sólo la mitad sino el Todo.- Si Él te ordena todo, entrégate a Él en un todo, no- a medias, no pongas la excusa, el pretexto de que Mi Padre va a entender que hagas a medias lo que Él te ha ordenado hagas en un todo. -¡No!- Lo que Mi Padre ordena, se hace en un todo, o en un nada, no a medias, no pretextos, no con dudas sino en un todo; sin detenerte a pensar, sin preguntar, sólo obedeciendo en un todo, lo que se te ha ordenado.–

Para que quieres después sufrir las consecuencias de tu desobediencia, lamentarte, rechinar los dientes y jalar de cabellos. –Para qué tu llanto, si lo pudiste haber evitado.- ¿Cómo?- Entregándote con sumisión y obediencia a lo que mi padre ordena.- Ahora paga la consecuencia de tu desobediencia y sufre en carne propia el dolor de ser desobediente.-

¿Ahora ya sabes lo que significa ser sumiso y obediente?- ¿Ahora ya sabes lo que es la sumisión y la obediencia?- Espero que hayas aprendido la lección y no la vuelvas a repetir, porque Mi Padre es paciente, pero tiene límites; no cruces esos límites.

-Cómo puedes darte cuenta, no se pueden contradecir las ordenanzas de nuestro Padre. -Tienes que recordar lo que significa ser *sumiso y obediente*, tienes que recordar lo que significa ser un *siervo del Señor*, tienes que recordar que Él, es el *Todo* y nosotros la nada.- Tienes que recordad, que tienes que hacer única y exclusivamente lo que El Padre ordena. -Tienes que saber, que el "yo" no significa nada cuando te entregas a *la espiritualidad*. Que al ser un siervo del Señor nuestro Dios, no tienes ni voz ni voto en lo que Él ordena.

LA PAZ

En una ocasión se presentó al templo un hermano, que venía un poco desarmonizado; no traía paz en su corazón. -Al Padre, que nada se le escapa, le habló de la siguiente manera:-

"¿*Qué es la paz?*–

La paz, es encontrarte en bien con Dios, contigo mismo y con la humanidad.–

¿*Por qué se busca la paz?*–

Porque encontrando la paz, encontrarás a Dios. -Pon en paz tus pensamientos, tus ideas, pon en paz tu corazón, tu mente. —Cuántas veces contemplo, que llevas la guerra en tus pensamientos, en tus ideas, en tu mente.- Deja la guerra, pon la paz, arregla esos pensamientos, encamínalos hacia la paz… hacia Dios. Recuerda: "Yo todo lo sé, todo lo contemplo, todo lo escucho".— Yo escucho hasta el más leve suspiro que de ti sale, hasta el más leve pensamiento Yo lo veo, y en este instante te digo: No es de Mi voluntad contemplarte en guerra contigo mismo. -Contemplo, como luchas con tus pensamientos, con tus ideas; mas Yo te digo, que llevas la duda, y- <u>la duda, es falta de fe</u>.— Te he dicho, cree sin mirar, cree desde el fondo de tu corazón, de tu alma y de tu mente; ya no dudes, para que haya paz en ti, en tu alma, en tu corazón y en tu mente".

———

-Al terminar de entregar el mensaje el hermano me dijo, que en realidad venía muy alterado, que no traía paz en su corazón ni en su mente, tenía muchas dudas acerca de *la verdadera espiritualidad*, pues había recorrido muchos caminos y en ninguno había encontrado la verdad que venía buscando. -Había conocido tantas verdades, <u>que al encontrarla</u>, estaba confundido y no sabía que pensar; es por eso que no había paz en su corazón ni en su mente.–

Queridos hermanos, cuando una *materia* se prepara *a la luz y a la verdad*, puede entregar toda clase de mensajes a sus hermanos, y ayudarlos en su *evolución espiritual*.— Es por eso, que la Guía o el Guía, deben -prepararse y saber preparar a sus *materias*, para que éstas trabajen *a la luz y a la verdad*.

RESPONSABILIDAD

"¿Acaso no has aprendido sobre tu responsabilidad? ¿Acaso no has aprendido sobre la responsabilidad que tienes para todo un pueblo? Un pueblo que gime, que pide, que súplica la ayuda.– Entonces, qué esperas para aceptar tú responsabilidad.–– ¿Acaso no eres responsable del bienestar de un pueblo? ¿No eres la guianza que esperan, la luz que buscan? -Entonces, ¿qué esperas para aceptar tú responsabilidad? ¡Responsabilízate! -Ya es tiempo que tomando conciencia vayas de lo que es tu responsabilidad; acepta tu misión para que no perezcas y no pereciendo sea el pueblo que esperando está por ti. -Eleva tu plegaria y di:-

"Soy verdad, porque Él es verdad, soy amor porque Él es amor. -En un todo me entrego, porque Él es el Todo, que todo entrega, en un todo me doy, porque Él, es un Todo, que todo da,_" -¡Acéptalo en un todo!-

EL TRIUNFO

¿Qué se necesita para triunfar? ––

El deseo de triunfar.

¿Por qué se tiene que tener el deseo de triunfar, para poder hacerlo? ––

Porque para hacerlo, es necesaria la preparación; y la preparación requiere disciplina. –Si no tienes el deseo de triunfar, cómo vas a disciplinarte.––

¿Qué otra cosa me puede llevar a desear el triunfo?

El premio, o los premios, porque depende que tanto deseas obtener ese premio, es la disciplina y empeño que pondrás en prepararte; eso, es lo que te hará obtener *El Triunfo*.

TENACIDAD
Miércoles 02 de julio de 1997 12:30 a. m.

TENAZ: Que resiste a la ruptura o a la deformación: (metal tenaz). -Difícil de suprimir; perjuicios tenaces.
Firme: Perseverante. Persona tenaz.
Firmeza: Perseverancia, obstinación
TENACIDAD: Calidad de tenaz.
PERSEVERANTE: Que persevera.
PERSEVERAR: Mantenerse constante en un propósito, o en la prosecución de lo comenzado.-

"¿Te has dado cuenta de lo que significa ser perseverante? ¿Lo has entendido? ¿O es que necesitas más explicación?– Lee y vuelve a leer lo que se te ha indicado, analízate a ti misma y date cuenta, si es que eres perseverante, si eres tenaz.- La tenacidad es lo que te va a llevar a la victoria.– Si no eres perseverante, eso te llevará a la derrota. -Lo que empiezas, siempre termínalo; no- lo dejes -a medias. -Recuerda que Mi Padre no deja nada a medias.- Cuando Mi Padre entrega algo, siempre es en un todo, nunca a medias. Cuando Mi Padre pide algo, siempre pide el todo, no el medio.-

La lucha, se ha desatado en todo se apogeo en contra de todo aquel que cree en Mí. Yo soy lo que "ellos" quieren derrotar, Yo soy lo que "ellos" quieren terminar. Cómo quieren lograrlo: Derrotándote a ti que eres lo más preciado que Yo tengo, a ti, que eres una parte muy importante en esta lucha; tú que eres el eje de todo este movimiento, tú que eres lo que Yo más amo por haberte ganado con Mi Sangre. -Con ello Te demostré Mi Amor, con ello Te Dije, cuanto Te amaba, con ello Empecé a prepararte para ésta misión. -No Me dejes solo en ésta lucha, no Me dejes solo en el camino; ven a caminarlo Conmigo, ven y Déjame llevarte de la mano, ven que juntos lograremos la victoria, ven, que Juntos llegaremos a la meta final, la meta deseada, la meta esperada, la meta que has deseado conquistar desde el principio de los tiempos.

Yo quiero que seas perseverante en todo lo que empiezas; si lo empiezas, termínalo, no lo dejes a medias. La victoria ya está muy cerca, no la dejes escapar.- La victoria ya es tuya, persevera, que sólo así la lograrás. La victoria es para aquel que persevera, para aquel que no se deja dominar por lo que no debe dejarse dominar, para aquel que se deja dominar por el amor, y ese amor, lo lleva hasta donde él quiere llegar.-

"Sin amor no hay victoria.-
Sin amor no podrás perseverar-
Cómo podrás hacerlo,-
Si no tienes paciencia-
Para esperar".

Persevera, persevera, persevera, que sólo así lograrás llegar a la meta tan esperada, tan deseada. -No dejes que la frustración por no saber lo que el mañana te repara, te haga claudicar. Recuerda que el hoy es el mañana, y el mañana será el hoy. Hoy es cuando tienes que luchar, hoy es cuando tienes que ser perseverante. Recuerda, que cada mañana es el hoy; y el hoy es cada mañana. Fubbi Quantz.

LA MALDAD
28 de diciembre de 1994

La maldad no cesará en su intento de hacerte caer; si tú se lo permites. -La misión de la maldad,- es la de hacer que tropieces para atraerte a sus dominios. La misión de <u>los Maestros</u>, es la de prepararte, y darte las armas necesarias, para defenderte de la maldad.-

La maldad no descansa, trabaja todo el tiempo; entonces ¿por qué tú te tomas el descanso?- ¿Por qué permites que se te adelante? -¿Por qué le das la tregua? ¡No descanses! -Trabaja incansablemente, y defiende lo que es tuyo, lo que te pertenece desde antes de la Creación, aquello que permitiste que te fuera arrebatado, por darle la tregua a la maldad, por descansar y permitir, que el Ave de Rapiña te robará lo que era tuyo. -Ahora para recuperarlo, tendrás que trabajar lo doble; estar en alerta constante, para no permitir que te lo arrebate de nuevo.-

La maldad te va poniendo obstáculos los cuales, si no te encuentras preparado y fuerte en tu fe, te harán caer una y otra vez.- Lo importante, no está en la caída, sino en poderte levantar y seguir adelante.- Si tienes fe, eso te levantará una y otra vez hasta que aprendas a no caer más. -Si lo logras, habrás vencido a la maldad, saliendo con bien de todos sus ataques y elevándote a un nivel en el cual ya <u>no</u> podrá verte, mucho menos atacar tu espíritu.- Podrá ver tu materia, pero no tu espíritu. Mas seguirá en su intento de hacerte caer atacando a tu materia: Perderás bienes y salud, pero tu alma será fortificada con tu fe.- Ya no podrá hacerte nada porque tu fe será fuerte como el roble. -Si logras mantenerte firme en tu fe y prácticas todo lo aprendido, mantienes tu envoltura limpia de toda falta, podrás llegar a una Unificación Perfecta con Dios. -No te será fácil, pero si lo intentas y lo deseas con toda tu fe, lo lograrás.

Aleja la maldad del haz terrenal; la maldad tiene que desaparecer del haz terrenal.- Tú puedes ayudar a alejarla con el buen palabrerío, los buenos pensamientos y tus obras. -Ya que la maldad se irá debilitando al escuchar el buen palabrerío, al observar los buenos pensamientos, y al darse cuenta de tus buenas obras.- Habla siempre con amor, con la verdad, con misericordia; habla de las cosas del Dios de la Vida, del Dios del amor verdadero y el Dios de la verdad absoluta. Siempre ten pensamientos de amor, perdón, misericordia; pensamientos de luz, de verdad, que tus obras sean siempre de bondad, buena conducta, de piedad y misericordia, que todos encuentren en ti la gracia de saber perdonar, que viene siendo, la gracia de no guardar rencores.

PREPARACIÓN PARA LOS SITIALES

Nuestro Padre prepara *Sus Vasos Escogidos,* para comunicar de Su voluntad. Todo *vaso escogido* siempre debe encontrarse en una preparación, porque no sabe si va a ser el *escogido* para trasportar la Palabra de Las Divinidades. Todo *vaso escogido* recibe la preparación de diferente manera. Hay quienes la reciben a través de la *"videncia, clarividencia, intuición, revelación, o sueños.* No importa la forma en que la reciba, pero todo el tiempo debe ir a la Casa de Oración, listo para *trabajar.-*

Los *guiadores* deben estar preparados para recibir las indicaciones de quienes fueron los *escogidos* del Padre para *trabajar.* Así mismo, los *escogidos* darán sus testimonios de lo que fue la voluntad del Padre. Dirán, como fueron preparados, o cómo recibieron el aviso de que iban a *trabajar.* Dicho testimonio, debe coincidir con lo recibido por los *guiadores.* Los *guiadores* también deben dejarse guiar por los *videntes, clarividentes o por las revelaciones* recibidas.

Los *videntes, clarividentes, y facultades,* deben ser los primeros en llegar a La Casa de oración y ponerse en preparación, para *recibir,* quienes van a *trabajar.* Deben entregar su *videncia* de 5 a 10 minutos antes de empezar el servicio, para que así mismo, los *guiadores* den el lugar correspondiente a cada escogido, y así, siempre se haga la voluntad del Padre. Amén.—

ENSEÑANZA SOBRE LA DISCIPLINA

Las Divinidades y los serles de Alta Luz, vienen en "Sumisión y Obediencia". ¿Cómo es posible que las materias no lleven esa disciplina? La disciplina debe empezar con la materia, para que así mismo se vaya unificando, primero, con su propio espíritu y después con su *protector.* Las tendencias materiales deben desaparecer; es por eso que los *guiadores* de las Casas de Oración deben estar preparados para ver y disciplinar a las materias con tendencias materiales. Las materias no debes saltar, brincar, dar cabezazos, movimientos bruscos u otra clase de tendencias.

El *guiador* debe hablar con el espíritu *protector* de la materia y pedirle con mucho amor, que no maltrate a la envoltura por la cual se está comunicando. Le pedirá que la masajeé con amor. Luego ya en *vigilia*, hablará con la materia y le corregirá dichas tendencias. Así se irán unificando materia y espíritu. –Ésta enseñanza se les dará a todos por igual. Sobre todo a los que empiezan a amasajar su cerebro para tomar protector, para que así, vayan unificándose con su espíritu y ambos lleven- la enseñanza.

DISCIPLINA EN LOS PEDESTALES Y RUISEÑORES

Los pedestales y ruiseñores deben de tener más disciplina cuando se refiere a *tomar esencias*. Ya que, de no hacerlo, pueden llevar el desorden y la confusión al pueblo; esa no es la voluntad del Padre porque Su Obra es cristalina como el más fino cristal, y no debe ser manchada ni opacada con la confusión.–

La materia (hermano, hermana), -debe tener disciplina y respeto para La Casa de Oración en donde se encuentra. Sí el *guiador* da una orden, debe ser obedecida. Ya que el Señor dijo: *"Dejadme la causa a Mí"* Siempre tratar de unificarse con el Señor y pedir, que se haga Su voluntad, y la de nadie más. Así se mantendrán unificados y verán los testimonios del Señor".-

No deben tomar *esencias* sin ser esa la ordenanza y menos, si se encuentra en los *sitiales* que no son de esas *esencias*, porque llevaran la confusión al pueblo y a sus propios hermanos. Pero si ya terminaron con lo ordenado y sienten que *otro ser de luz (Roque Rojas, Manuel Martínez, el Arcángel Miguel etc.)* quiere manifestarse, podrán tomar esa *fuerza*; ya se encargaran los *videntes* de confirmar lo ocurrido, sí esa es la voluntad del Señor.-

Pedestales, lleven esa disciplina a las Casas de Oración de mi Padre y sean los espejos de las multitudes, como el Señor se los ha ordenado. Si se encuentran de *visita* en alguna Casa de Oración y sienten la *fuerza*, si se les ordena *trabajar*, lo harán. Pero si no reciben la ordenanza, pedirán perdón al Señor y a las *Divinidades* que los hayan *tocado* y ellos comprenderán, y ustedes no formaran el desorden y la confusión. Eso será de beneficio para el pueblo.

No jalen Divinidades sólo para demostrar que ustedes son mejores. Al Señor no le tienen que demostrar nada; Él lo sabe todo, pero si le pueden demostrar amor, al no permitir la confusión en ningún momento. Amén.-

PORQUE SE DEBEN CUBRIR LOS SITIALES CON EL VELO
Domingo 04 de noviembre de 1990

La casa de Dios es Sagrada, pero los *sitiales* son más Sagrados. Cuando las cortinas se quitan, quedan las cortinas espirituales para cubrir lo sagrado de los *sitiales*. Cuando una persona se acerca al Señor, siente la *fuerza*; es porque han entrado al sagrado recinto, al sagrado templo, que es el recinto de Dios. Amén.-

LA IMPORTANCIA DE LA BUENA PREPARACIÓN
11 de julio de 1994

"__Muchos son los llamados y pocos los escogidos.- Entre los escogidos están los privilegiados, aquellos que entregando serán la enseñanza a los escogidos; luego, los escogidos la pasarán a los llamados.- Tanto el uno como el otro, necesita prepararse, pero con una preparación a la luz y a la verdad.- No errores, no dudas, no confusiones, no quitando ni poniendo, porque eso, será lo que pases a los demás.- Si el que está recibiendo la preparación para pasarla a los demás lleva la duda, comete el error, la falta, eso entregará y eso entregará el que detrás de él viene; así se irá derramando la falsa semilla, la falsa enseñanza.-

Es así como empezó todo: Hubo alguien que no se preparó a la luz y a la verdad, recibió equivocadamente una enseñanza; enseñanza que pasó a los demás y los demás a los demás. Ya es tiempo de reparar dicho error, y de enderezar la barca hacia tierras firmes, preparadas, que al desembarcar encuentre la fertilidad para que los frutos sean buenos, deliciosos al paladar y quiera llevar esa semilla a su tierra, a su hogar.–

La preparación empieza contigo mismo: Debes dejar toda tendencia material, debes examinarte periódicamente para estar seguro de que dichas tendencias van disminuyendo, y no aumentando. Presta atención a los pequeños detalles, a las pequeñas faltas, y los Maestros nos encargaremos de las grandes.- Cuando recibas una orden del Maestro, de tu guía, que a su vez- ya la recibió del Maestro… atiéndela, especialmente en lo que concierne a tu preparación, porque de ahí viene tu adelanto, tu evolución espiritual.–

"Ser el sumiso y obediente trae grandes recompensas; no serlo, trae grandes consecuencias".

PREPARACIÓN PARA UN BUEN DESARROLLO Y UNA BUENA ELEVACIÓN

Esfuérzate hermano a salir a nuestro encuentro, recuerda, que a medianía del camino te encontraremos. -Sube tú hacia Nosotros y Nosotros bajaremos hacia ti. -Haz un esfuerzo, hermano querido. Limpia tu mentecilla de todo problemita material, concentra tu atención, en entregar las claves para elevarte hasta Nosotros, entrégate completamente, relaja tu envoltura, tu mentecilla, tu corazón. En estos instantes, tu mente debe estar en blanco, ni un solo pensamiento material debe perturbarte. Aleja todo pensamiento con las claves que se te han entregado, elévate, trata de salir del haz terrenal al encuentro de la Esencia.- Recuerda: elévate hacia la Esencia para que la Esencia descienda hasta ti.- Controla tu envoltura; en estos instantes, tu única preocupación es salir a nuestro encuentro: Al encuentro de la Esencia.-

No vengas hermano querido y ocupes un banquillo por ocuparlo; ven a trabajar. Cada alba bendita de gracia, el trabajo será más pesado; no lo dejes acumular, hermano querido. -Tienes que sentarte en la postura correcta, relajar tu mente y tu cuerpo y permitir que tu alma salga hacia el encuentro de la Esencia. Recuerda, que en este instante el cuerpo no te pertenece, tu mente no te pertenece, le pertenece al Dios de la verdad absoluta y amor verdadero, no *la llenes con pensamiento, con problemas, con preocupaciones materiales. -Te entrego ésta clave para tu preparación, tienes que hacerla al momento de tomar el banquillo y junto con las claves que se te han entregado, harás ésta otra: "Tómame Señor, Dios verdadero, que te pertenezco en cuerpo, alma, corazón y mente. -Te pertenezco, **hágase Tú voluntad en mí,** que haciendo seré Tú voluntad. -Así sea".- La repetirás cuantas veces te sea posible, hasta que encuentres la elevación, hasta que llegues al encuentro de esa Esencia. Piérdete en el sopor de la elevación, déjate llevar. Recuerda: vienes a trabajar, no ocupes un banquillo por ocuparlo. -Trabaja, entrégate, que es la única manera en que recibirás la recompensa, la recompensa, de encontrarte a medianía del camino con la Esencia.-*

Los Maestros, no quieren contemplarte con pensamientos físicos. Entrégate en un lleno, deja tus pensamientos materiales fuera de ésta choza, elévate, trata de obtener la energía, siente tu elevación, siente la unificación con la Esencia.-Abre los canales de comunicación para que llegue la Esencia, trabaja.- Nuevamente te digo: No ocupando seas un banquillo por ocuparlo, recuerda que has dado un sí, que has dado un paso al frente, que has dicho: Presente. ——Entonces, preséntate a trabajar, a prepararte.- Ya no es tiempo de dormitar, es tiempo de trabajar, recuerda todas y cada una de las claves que se te han entregado, familiarízate con tu envoltura, dale a tu envoltura la elevación, dale lo que necesita.- De nuevo te digo: Limpia tu mente de todo pensamiento material, de todo lo que no corresponde a ésta choza. Fuera de ésta choza quedarán tus problemas; dentro de ésta choza quedará la Esencia, la Esencia que vienes a encontrar, la preparación que vienes buscando, la comunicación que quieres tener con tus Maestros, tu Maestro, con tu Dios y Señor, tu Cristo Jesús de Nazaret.-

Se te dijo, que no era fácil, aun <u>así</u> diste un paso al frente y dijiste presente; bendiciones tienes del Creador.- Pero ahora trabaja, prepárate, entrégate en un lleno, en un todo – Abre esos canales de comunicación, recibe el mensaje que te entregan los Ángeles que están ahí para guiarte, que están ahí para ayudarte y elevarte – Pediste la evolución, la evolución tendrás que ganártela; trabaja para tu evolución. -Cada alba bendita de gracia al tomar de tu banquillo,- en tu mentecilla, en tu corazón, elevarás ésta clave a ese Dios de la verdad absoluta y amor verdadero:-

"Aquí estoy una vez más Padre querido, Dios de la verdad absoluta y amor verdadero; he venido, he llegado a mi cumplimiento. Padre, aquí está mi mano, tómala, elévame a la luz y a la verdad, permite que Tú Espíritu tomando sea de mi espíritu y elevándolo sea a la luz y a la verdad. Padre Bendito, me encuentro nuevamente en Tu choza, Padre, nuevamente me encuentro pidiéndote, suplicándote la ayuda, porque quiero la evolución Padre".-

Así le hablarás, tomarás el banquillo con tu mentecilla en blanco y puesta en esa evolución, puesta a recibir las enseñanzas, y la preparación. ––Ya es tiempo hermano querido, que recibas la comunicación de tus Maestros, de los Ángeles que están listos para ayudarte, para prepararte. –No podremos ayudarte hermano querido, si no encontramos la comunicación completa.– Aprende a Escucharnos, aprende a Sentirnos, aprende a recibir de Nuestra esencia y presencia.–

Cuando te encuentres en tu choza, (casa) a la hora de tu descanso,- te elevarás y nuevamente pedirás que el Espíritu del Dios de la verdad absoluta y amor verdadero, tome tu espíritu y lo eleve a la luz y a la verdad. –Elevarás una plegaria a los Maestros que cuidan El Arcano de la Sabiduría, -Les solicitarás que te eleven a esos arcanos, y te entreguen la sabiduría que vas necesitando.–

Todo lo que se te entrega, es para que lo hagáis con fe, con amor y devoción. No tires lo que se te entrega a la medianía del camino y te olvides de las palabras que los Maestros han venido a entregarte.-

¿Quieres la evolución hermano querido?- Gánatela, prepárate.- Ante ti, y por misericordia divina de ese Padre de amor, tienes a una Legión de Maestros a tu servicio, pero recuerda: No podemos forzarnos a ti.- Tienes que Recibirnos, Aceptarnos voluntariamente, de lo contrario, daremos marcha atrás y te dejaremos a que sigas tu libre albedrío.-

Traemos los conocimientos, la sabiduría, los sabios consejos para tu adelanto, mas si no los aceptas, sellaremos Nuestros labios y no te los entregaremos.– Si contemplamos que tu corazón está listo, preparado para -recibir la enseñanza, la enseñanza te entregaremos. –Mas ábrenos tu corazón, ábrenos tu mente y tendrás un universo de sabiduría, y de preparación. -Ya se te ha entregado, hermano querido, <u>que</u>, si sigues las enseñanzas y la preparación de tus Maestros, *asombrando serás al universo, asombrando serás al mundo, porque lo que el mundo contemple en ti, será luz, enseñanza, sabiduría, preparación y se preguntará: ¿De dónde obtienen esa enseñanza? -¿De dónde emana esa luz?- ¿De dónde obtiene esos conocimientos, esa preparación? -Tú hermano querido, junto con tus Maestros sabremos de donde la obtienes, y te sentirás preparado, listo.*

*Hermano querido, prepárate, haz un esfuerzo, entrégate.—— El*ías el *Pastor Incansable, se encuentra listo para darte la mano, el mundo espiritual de luz, se encuentra listo y preparado para ayudarte; déjate ayudar,- hermano querido y, adelante.- Es lo que te dice tu Maestro y guardián de El Arcano de los Libros.*

*"A través del sueño, de tu descanso tocaré de tu frontal; al que Me reciba, le revelaré los secretos y le daré Mis enseñanzas; el que cerrando sea de su puerta, el ignorante se quedará. Yo no forzaré Mi entrega; el -que Me reciba, obtendrá". -Am*én. *-Fubbi Quantz.-*

LA PREPARACIÓN DEL VIDENTE

En esta lección vas a encontrar, lo que se necesita para ser un buen *vidente*.- Si tú eres *vidente*, estudia, analiza lo que a continuación te voy a entregar, para que así mismo te prepares y seas el buen ejemplo de todos tus hermanos.

¿Qué es el *vidente o clarividente?*——

Son profetas que a través de su v*idencia* nos alertan de lo que está pasando, y de lo que puede pasar.- Es por eso que el *vidente* debe prepararse a *la luz y a la verdad, y*a que es, el más atacado por *la oscuridad;* de él depende la comunicación del *Mundo Espiritual* para darnos los alertas.- Si el *vidente* no se prepara como es debido, *la oscurida*d lo usará para intercalar falsas profecías, o alertas y así mismo, entregar la falsa enseñanza.-

El *vidente* debe quitar de su envoltura todo pensamiento negativo, toda materialidad; no debe existir en él nada más que amor para todos sus hermanos, sobre todo, un gran amor a su Dios y Señor y a la *Obra Bendita.*

El *vidente* debe *reconocer* el papel que juega dentro de la *Obra Bendita; ya* que sobre él, se entregan las enseñanzas y el progreso de cada uno de los *componentes, a*sí como el progreso y adelanto de sí mismo.

El *vidente,* al igual que los demás *componentes*, debe estar entregado en cuerpo, alma, corazón y mente; es decir, en un todo a la *Obra Bendita*. -Nada debe turbar su mente en el momento de prepararse para *recibir el mensaje*.- Si el *vidente* no se siente seguro de sí mismo por problemas personales, debe abstenerse de tomar banquillo y, sobre todo, de entregar *videncia*.

Los *videntes,* al igual que los demás *componentes*, deben seguir paso a paso las instrucciones para una *buena preparación*.- El *vidente* debe entregarse sin dudas al cumplimiento de su misión.-

El *vidente,* es el que menos debe dudar, ya que en él está la confirmación de lo que escuchan los demás. Sólo una mala preparación hará al *vidente* dudar, ya que habrá permitido que *la oscuridad* se filtrará en su *videncia* y pusiera la duda.

Así es que, *vidente,* -prepárate a la *luz y a la verdad* a cada instante y momento, para que la duda no lleves en ti mismo, y la duda no lleves a los demás. Recuerda, tu causa es más grande que la de aquel que no es *vidente, p*orque tú eres el profeta y como tal, vas a responder a Mi Padre.

LA REENCARNACIÓN Y EL KARMA
Dic. 06, 08, 09,1994

¿Qué es la reencarnación? --

La reencarnación es la acción de misericordia de Dios, para que sus hijos paguen aquí en el haz terrenal lo que adeudan al Universo.-

¿Qué es la deuda con el Universo? --

Se le conocer como Karma, o depuración; algunos en su ignorancia, le llaman mala suerte.

¿Qué es el Karma?

Es la ley del Universo.- O sea, que Dios te perdona, pero el universo no, y a ese universo le tienes que pagar; el universo no perdona.

"Toda acción tiene por consecuencia la misma reacción".-

O sea, que lo que se hace se paga.- El Karma, es el resultado de nuestras acciones las cuales venimos a pagar o a cobrar. Cuando el alma va por la vida haciendo lo que no es la voluntad del Padre Eterno, esa alma tiene que pagar todas las acciones que haya hecho. Algunas pagan en su reencarnación actual, otras tienen que regresar para seguir pagando. La Biblia lo pone como: "Lo que siembres, vas a cosechar".-

¿Cuántas veces reencarna el Alma?--

Las que sean necesarias para saldar su deuda, y así poder regresar a la mansión que nuestro Dios Padre tiene preparada a todos sus hijos. -Sólo con el corazón limpio, sencillo de un niño, con la inocencia y la blancura de un niño, se puede llegar al lugar preparado; sólo así se podrá estar ante la presencia del Todopoderoso y Omnipotente Dios de la verdad absoluta y amor verdadero.—

Yo sé, que esto no es lo que has aprendido, no es lo que te han dicho. - A ti te han dicho, que ya todo está pagado, que nuestro Señor Jesucristo ya pagó por todos nosotros.- Esto, es algo difícil de explicar y a la vez, muy simple, pero para ello tienes que entregarte a la verdadera espiritualidad y permitir, que sea el Espíritu Santo quien se encargue de explicarte, entonces, lo vas a comprender; vas a comprender eso y mucho, mucho más, de lo que hasta ahora no has entendido ni comprendido. Es por eso que te digo: ¡Entrégate a la verdadera espiritualidad! ––¡Entrégate al estudio de la espiritualidad, y todo lo demás te vendrá por añadidura! ––

Mientras -no aceptes en un todo la Reencarnación y el Karma, te va a ser difícil entender estas enseñanzas; sobre todo, entregarte a la disciplina de esta preparación. -Ya que tienes que aprender porque, al ver a una persona, o niño con un defecto físico, no debes decir: "Pobrecito, por qué Dios lo tendrá así", sino que al contrario, debes decir: "Bendito sea el Señor Dios, que le ha permitido venir a dar un buen abono, o a pagar lo que debe, en esta reencarnación, para que así, ya no tenga que regresar a este valle de lágrimas nunca más; al menos que sea por una gran causa y de ayuda al haz terrenal.

Para poder alcanzar la perfección, debes entender lo que es la reencarnación y el porqué del Karma. Este tema es muy intenso y a la vez no lo es, porque una vez que se ha comprendido, que se ha aceptado, lo demás es fácil. -Todo lo que necesitas,- es hacer todo lo posible por pagar las deudas y salir de una vez por todas de este haz Terrenal. -Porque recuerda, que una vez pagado el Karma, lograda la perfección, ya no hay más reencarnaciones; excepto, si hay que regresar por una gran causa, o una gran misión.–

Karma: Resultado de tus propias acciones; buenas o malas.
Karma bueno: Evolución.
Karma malo: Depuración.
Reencarnación: Oportunidad para pagar tu *Karma;* mismo espíritu, diferente *materia*.
Resurrección: Mismo espíritu, misma *materia*.

Debes aceptar el karma y la reencarnación como algo natural, como aceptar el sueño a la hora de tu descanso, como aceptar el agua cuando tienes sed, y la comida cuando tienes hambre.

Karma: "Lo que se hace se regresa". "Se cosecha lo que se siembra". "Toda acción tiene una misma reacción". Ya sabemos, que karma es el producto de nuestras acciones, buenas o malas. Ya sabemos que la reencarnación, es la oportunidad de venir a pagar el karma, o en algunas ocasiones, a formarte más.

"Que poco sabes del karma, de tu karma, y dices que lo sabes todo. No te confundas, una cosa es karma y la otra es depuración".

Depuración, es el sufrimiento, problemas vicisitudes que te ayudan en tu evolución, o crecimiento espiritual; acepta ambas: Una con amor y resignación, y la otra, con amor y alegría. Acepta que ambas te están entregando la oportunidad de evolucionar, de crecer, para así mismo prepararte, y evitar de una vez por todas del ciclo de la reencarnación. -No menosprecies la una ni la otra; recibe ambas con amor y aceptación.-

Dichoso tú que has aprendido lo que significa la una y la otra, sobre todo, el porqué de ellas. -Porque ya has abierto los ojos y has despertado de tu largo letargo, de tu sueño, en otras palabras: "Has nacido a la vida de la gracia". Triste aquel que muerto se encuentra, y no ha querido resucitar a la Vida Eterna. Amén.-

¿CÓMO SE OBTIENE BUEN KARMA?

La mejor forma, es entregándose al estudio de la espiritualidad en la forma ya mencionada. No únicamente obtendrás buen karma sino también la oportunidad de pagar tu mala karma, y así llegar a terminar ese ciclo de las reencarnaciones; tomando en cuenta que todas tus acciones se encaminen hacia el bien.-

Mala karma se obtiene hasta con tener malos pensamientos; ya no se diga si es que llegas a ejecutarlos. Toda mala acción obtiene mala karma. -El primer paso para lograr un buen karma es saber, qué es Dios, y quien es Dios.- ¿Puedes decir a la luz y a la verdad que amas a Dios? ¿Qué crees *en Dios?- Antes de contestar esas preguntas, primero tienes que saber qué es Dios y lo qué Dios representa. -Dios es amor, verdad, caridad, compasión, piedad, misericordia, perdón; Dios es amor, y amor, es Dios dentro de ti mismo.*

El estudio de la espiritualidad es el principio, pero nunca el fin. Ya que dicho por uno de los Maestros: "Que todo principio tiene un fin, pero el fin, es sin fin".-Con esto te quiere decir, que nunca terminas de aprender; siempre habrá algo más. Luego, es aprender a conocerte y a aceptarte a ti mismo. Para ello, te tienes que quitar la venda de tus ojos acerca de muchas cosas, que hasta ahora has hecho pensando que estaban bien, o las habías aprendido de una forma incorrecta.-

Por ejemplo: Todos hemos escuchado acerca de las mentiras piadosas, mentiras por amor, mentiras por compasión, por caridad, etc.- Ya todos sabemos que Dios es la verdad, es amor, compasión, caridad; Él es todo eso y más, y que "el otro", el enemigo, es lo contrario; él es mentira. -Entonces, yo te pregunto: ¿Quién inventó esa clase de mentiras? ¿Ya lo entendiste?

Te das cuenta, que por siglos nosotros mismos hemos tolerado esa clase de mentiras; es más, se las hemos enseñado a nuestros hijos, cuando le decimos al niño: "Si perengana o perengano habla, diles que no estoy".- Así, estamos contribuyendo a que el niño empiece a mentir y lo vea normal.- Luego nos preguntamos, ¿por qué nuestros hijos mienten?-

Si Dios es la verdad y el "otro" es la mentira. ¿Cómo se puede mentir por amor, compasión y caridad?- Recuerda que el Maestro dijo: "Que se es caliente o se es frío; nunca tibio". "Se es blanco, o se es negro nunca gris". No existen los medios, no hay nada en medio.- Entonces, simple y sencillamente aprende a no mentir, si es que quieres trabajar con el Dios de la verdad absoluta y amor verdadero. Amén.-

A este tiempo, ya tienes que haberte dado cuenta que estas enseñanzas son las que van a ayudarte en tu ascenso, en -tu viaje hacia ese Infinito, hacia esa sabiduría, hacia esos conocimientos. -Ya no serás el ignorante; serás el sabio que con sus conocimientos guiará a las multitudes.-

Llegado el momento, únicamente se quedarán atrás los necios, los sordos, los ciegos y los mudos. Ya que el que tenga ojos verá, el que tenga oídos, escuchará, el que tenga lengua hablará, y el que tenga entendimiento, entenderá que sólo hay un Camino; un Camino recto hasta el Infinito. —De todas clases, -de toda enseñanza seguirán un sólo Camino: El Camino hacia el Infinito, el Camino hacia Dios." Amén.- Sigue leyendo para que sigas obteniendo buen karma.

LA LEALTAD
Lunes 12 de diciembre de 1994

¿Qué es la lealtad, y a que debemos de ser leales?——

La lealtad, es ser fiel y leal a algo, o a alguien. -En este caso, fiel y leal a tus Maestros y a Sus enseñanzas, leal a tu Dios y Señor; no permitir ni con el pensamiento, dejarte influenciar por otras que no sean las de tus Maestros. -Te hemos dicho: "Vendrán y te dirán que saben y querrán enseñarte", pero tú debes ser fiel y leal a las enseñanzas recibidas por los Maestros y sobre todo, por El Maestro de Maestros, Cristo Jesús de Nazaret.— Qué más quieres encontrar, sí ya se te ha dicho que tenemos más que darte que tú que Pedirnos. Vendrán más y más enseñanzas; sólo déjate guiar por el Espíritu Santo, aprende a Recibirlo y a escuchar Sus enseñanzas, Sus consejos; y, sobre todo, Sus ¡alertas!-

Los alertas son para tomarse en cuenta, son para prepararte y guiarte.- Ya que si por alguna razón alguno va equivocando el camino, ahí estaremos los Maestros, el Espíritu Santo, para hacérselo comprender, dándole el ¡alerta!- Si el hermano no está ciego en su vanidad, podrá recibirlo, acatarlo y enderezar su caminar.- De no ser así, se ira alejando más y más del sendero recto hasta perderse, y será muy poco en lo que Nosotros podremos ayudarlo. Dicho hermano, tiene que por sí mismo encontrar nuevamente el camino, o sea, reconocer que se había tomado el sendero equivocado.- Lo que no se sabe, es cuánto tiempo pasará para que eso suceda.-

Quiero que sepas, que Yo estoy aquí para ayudarte, para consolarte, haciéndote ver tus faltas y tus errores; **más no puedo hacer, más no puedo darte;** *- Yo sólo te señalaré el camino y te enseñaré a caminarlo; Te enseñaré la senda recta, mas no podré obligarte a seguirla; Te enseñaré los peligros, pero no podré* *librarte de ellos; te enseñaré a reconocer las bajadas y las subidas, mas no podré obligarte a subir ni podré evitar que bajes.* - Recuerda: *"El Maestro enseña, el estudiante aprende lo que él quiere aprender." -No te forzaré, no te atormentaré a que sigas Mis huellas;* **sólo te señalaré el camino a seguir** *para que puedas Encontrarme. El que quiera Encontrarme, el camino señalado seguirá; el que no quiera Encontrarme, tomando será la senda equivocada, y se perderá.*

LA AMISTAD
1994

La amistad, es el más noble de los sentimientos, y siempre el más humilde. Crece al amparo del desinterés, se nutre brindando, y florece cada día con la comprensión. -Su sitio está junto al amor, porque ella, es también amor, y únicamente los honrados pueden tener amigos.- Porque a la amistad, el más ligero de los cálculos la lesiona. -Como es algo reservado para los elegidos, resulta ser el sentimiento más incomprendido, y el peor interpretado. No admite sombras ni dobleces, rusticidades ni renunciamientos; en cambio exige sacrificio: y valor, comprensión y verdad. ¡Verdad por sobre todas las cosas! ─

-Lo que a continuación vas a leer, son las enseñanzas que *Las Divinidades* entregaron a través de mi envoltura, materia, o cuerpo. '*Todo esto salió de mí, pero no por* **mí**, sino por Ellos. Yo sólo presté y preparé mi materia (cuerpo), para que Ellos lo utilizaran: ──

ENSEÑANZAS DEL MAESTRO JESÚS— HOY VENGO COMO JUEZ
Domingo 11 de septiembre de 1994

Gloria a Dios en las Alturas y paz en la Tierra al hombre de buena voluntad. Gloria a Dios en las Alturas y pasar de mi espíritu de- Perfección a la- escala de Jacob, y de ahí, hacia un entendimiento preparado por la voluntad de Mi Padre, y por Mi propia Voluntad, para descender hacia ti, pueblo de Israel, nuevamente de Mi Esencia, de Mi Palabra y de Mi Alerta.

Oh, pueblo de Israel que te encuentras dormido. - Oh, pueblo de Israel que has decido no poner atención, que has decidido no despertar, pueblo bendito de Israel. Oh pueblo bendito, la necedad ha entrado en tu corazón, ha entrado en tu entendimiento, y no queréis escuchar, no queréis ver más allá de tus pestañas, como te lo he indicado: No queréis despertar.- Pueblo de Israel, en bendita alba de gracia tu Jesús de Nazaret, nuevamente desciende hasta ti para traerte el alerta, para traerte el despertar.—

Hoy vengo como Juez; como un juez al que no has conocido, pueblo de Israel. Has conocido a tu Jesús de Nazaret como Maestro de Maestros, Señor de Señores, Doctor de Doctores, mas hoy vengo como tú no lo conoces: Vengo como Juez, pueblo bendito de Israel, vengo a hacerte la pregunta, vengo a entregarte la reflexión:—

Pueblo bendito de Israel, ¿qué más quieres para despertar? ¿Qué más quieres para entender Mis súplicas,- Mi entrega,- Mi alerta, pueblo de Israel? ¿Es que acaso quieres los ayees del dolor cuando ya no sea tiempo? —¿Es que acaso quieres despertar en medio del caos que se espera? Oh, pueblo de Israel, por qué no quieres despertar cuando aún hay tiempo, cuando aún es tiempo de que te prepares para recorrer ese camino e ir en busca de lo que Mi Padre tienen para ti.—

Pueblo de Israel, ¿por qué te encuentro aletargado?- ¿Por qué te encuentro confundido? -¿Por qué no quieres entender la lección que alba tras alba se te entrega? Pueblo de Israel, ¿por qué no quieres aceptar la verdad? -¿Es que ya te has puesto cómodo con las viejas enseñanzas? Cómodo con los puntos y comas que Mis hijos han quitado de las Escrituras, dándoles nuevo significado a ellas, pero que a ti te placen. -Pueblo de Israel, te encuentras cómodo, y no deseas el despertar a nuevas enseñanzas, a nuevas entregas; crees que ya has comprendido, que ya has aprendido lo suficiente, y niegas—— las nuevas enseñanzas, niegas la nueva entrega.- ¿Por qué pueblo de Israel? Es que no has escuchado a tu Jesús de Nazaret, alba tras alba desde los Tiempos venir previniéndote, diciéndote: prepara, prepara, prepara tu entendimiento para las nuevas enseñanzas. ¿Es que no Me escuchaste? ¿Es que no Me has escuchado alba tras alba traerte la alerta?– ¿Es que tus pupilas no te han entregado la realidad a través de tu videncia? -¿No te he entregado la alerta a través de tu revelación o sueño como les llamas? –¿Qué más quieres pueblo bendito de Israel? Estoy haciendo un esfuerzo por despertarte.—

Tu Jesús de Nazaret, ha suplicado a Su Padre, a Mi Padre Sacrosanto y Bendito, una tregua, la cual Me ha concedido, pueblo de Israel.- Pero Te he dicho, que la tregua no es grande, es corta, pueblo bendito de Israel, es una tregua de prueba, porque Mi Padre viene a recoger Su esencia, viene a pedirte cuenta de los dones que te ha entregado, viene a pedirte cuenta de lo que habéis hecho con esos dones, y viene a recompensar al que entregue la mejor cosecha. -Pero también viene a entregar el juicio al que no entregue cosecha alguna.-

Te he hablado en tus palabras, He descendido para -hablar a tu entendimiento, a tu corazón; mas el dormido Te encuentro;- mas contemplo la roca en tu corazón, y no Me permites entrar.- Contemplo, que todo tú te has convertido en una roca, porque te has encerrado en ti mismo, pueblo bendito de Israel, y no quieres escuchar ni entender más que a ti mismo.- ¿Cómo puede tu Cristo Jesús de Nazaret penetrar esa roca, si tú no Me permites hacerlo?- ¿Cómo puedo venir a entregarte más conocimientos, más sabiduría, -si no has querido aprender la primera lección?-

Pueblo de Israel, ¿cómo puedo entregarte?–¿Es que acaso no Me has escuchado desde los Tiempos, diciéndote, -que Yo tengo más que entregarte que tú que Pedirme?- Oh, pueblo de Israel, ¿es que acaso no has analizado Mis

Palabras?- ¿Es que acaso no has analizado Mi entrega? ¿Es que acaso no has comprendido lo que Te he querido decir? -Pueblo bendito de Israel, ¡Cuánto conocimiento! -¡Cuánta sabiduría Tengo para ti! -Pero te has limitado, porque Yo te he dicho que tú eres el límite, y Yo soy el Infinito.- Pueblo bendito de Israel, ¿por qué te limitas para obtener los conocimientos, la sabiduría y los secretos para una vida espiritual mejor?-

Pueblo bendito de Israel, quieres el adelanto, quieres la evolución, mas no te encuentro listo, preparado para ganarla, no Te encuentro listo ni preparado para escuchar las lecciones que alba tras alba traigo para ti. -Quieres el adelanto, y quieres progresar; cómo lo puedes hacer si encuentro la roca dura en tu corazón, en tu entendimiento. -Encuentro, que no analizas Mi palabra, Mi entrega. -Encuentro que no escuchas a los Maestros que hemos puesto para entregarte la enseñanza y la preparación. Ellos también tienen tanto que entregarte; Tienen la sabiduría del Universo Espiritual para ti, Tienen los Grandes Secretos para una evolución espiritual mayor; ya que es eso lo que vas pidiendo. -Mas no encuentro que quieras trabajar para ganártela.

Encuentro, pueblo bendito de Israel, que con mucho trabajo subes un peldaño, pero con mucha facilidad desciendes dos, tres.- Es porque llevas la duda, la confusión, pueblo bendito de Israel; deja esa duda, deja esa confusión, y entrégate, porque recuerda que Te he dicho, que la duda, y- la confusión_, -son falta de fe.

Oh, pueblo bendito de Israel, por qué no tienes fe, si a cada instante Te he entregado razones para que esa fe crezca.- Mas comprendo y entiendo, que no la quieres oh, pueblo bendito de Israel, porque sigues llevando la duda, la confusión y no te veo con esa fe, con esa entrega.- Un día Me dices: "Padre, quiero progresar, quiero salir adelante, quiero encontrar esos niveles, quiero conocer la realidad de Dios, quiero conocerte, oh, Padre". Mas al otro día Te encuentro dudoso, confundido, poniendo atención al mal- palabrerío, poniendo atención a aquel que más confundido que tú se puede encontrar; permitiendo que la duda, y- la confusión ponga en ti.— ¿Cómo queréis progresar, pueblo bendito de Israel, si no te encuentro firme? Encuentro, que- no te has fijado una meta a seguir, ni Te veo seguirla paso a paso; Veo que vas dudoso en el *camino, y como ya Te he dicho: encuentro que das un paso al frente, pueblo bendito, y das tres, cuatro, cinco hacia atrás.-*

¿Cuándo vas a encontrar esa perfección?" –– ¿Cuándo vas a encontrar La Realización de Mi Padre? –– ¿Cuándo lo vas a conocer a Él en verdad? ¿Cuándo vas a saber lo que significa ser El Eterno? –– ¿Cuándo vas a conocer Su sabiduría, si no te entregas, pueblo bendito de Israel?– No te entregas con firmeza, no te entregas con fe, ¿cómo quieres progresar, pueblo?- ¿Cómo quieres ese progreso si no te lo ganas?-

Cuántas veces contemplo, que sales de Casa Bendita de Oración, regocijado, contento, lleno, mas cuánto te dura, pueblo bendito, cuánto te dura ese regocijo, cuánto te dura ese lleno; si saliendo escuchas el mal palabrerío, escuchas al que está más confundido que tú, y permites que el Ave de Rapiña se lleve tu gozo, tu satisfacción; todo lo que habéis recibido. -Comprendes porque Te digo, que con mucho esfuerzo logras subir un peldaño, mas con cuanta facilidad desciendes tres, cuatro. Pueblo bendito, analiza, analiza, analiza de tu caminar, analiza de la fe que tienes a tu Dios y Señor, analiza, cuánto deseas, cuánta es realmente tu voluntad de conocer a Dios en verdad.-

Caminas, caminas y caminas, mas a medianía del camino te encuentro cansado y das la vuelta, y en vez- de pedir la fuerza, la fortaleza para seguir firme hacia adelante, Contemplo que retrocedes.- Pueblo bendito de Israel, fórmate una meta, toma una decisión firme y consérvala, síguela.- Ya no quiere tu Cristo Jesús de Nazaret, contemplar que vas descendiendo los peldaños; Quiero contemplar, que con firmeza, con fe, con decisión, vas subiéndolos uno a uno. Con esfuerzo sí, pero con la ayuda de tu Dios y Señor, haciéndote más fácil ese subir, ese escalar.

¿Por qué no tienes fe, pueblo bendito de Israel? En albas pasadas Te he podido decir: Busca esa fe dónde la has dejado, analiza tu caminar, analízate, pueblo, y comprende, que tu Dios y Señor, no te ha arrebatado esa fe, que has sido tú, quien ha permitido al Ave de Rapiña quitarte esa fe; menguar esa fe, debilitarla, para que así, sea más fácil tu caer, tu descender. Se firme.-

Te he dicho, que en Mi Obra quiero soldados fuertes y firmes.- Te alzas como soldado de Jesús, mas tu Jesús contempla, que a la primera batalla das vuelta.

Qué clase de soldado eres en Mi ejército; pueblo, cuando contemplo, que a la primera batalla huyes y te entregas al enemigo. ¿Quieres Servirme a la luz y a la verdad? -Analízate y entrégate a la luz y a la verdad, prepárate a la luz y a la verdad; analízate alba tras alba; pregúntate, si es que realmente estás trabajando en la Obra sacrosanta y bendita a la luz y a la verdad.-

Aprende de las cualidades de tu Dios y Señor, llévalas en tu mente, en tu corazón, en tu cuerpo, en tu alma para que así mismo, a cada instante las analices y analices de tu caminar; poniendo las cualidades de tu Dios y Señor en tu diario vivir, en tu largo caminar. Si esas cualidades no se encuentran en ti, entonces, retrocede, porque no vas por el camino correcto; vas por el camino que no es de Mi voluntad.-

Andabas en la búsqueda; te decías el buscador de la verdad; contempla que hoy has encontrado la verdad; tú búsqueda ha terminado, ¿Porque dudas? Porque contemplo, que retrocedes y sigues buscando lo que ya has encontrado, exponiéndote a perder lo que ya tienes en tus manos.-

Mi Padre ha venido a escuchar, a contemplar lo que has hecho con Sus dones; ha descendido para recoger Su esencia, y tengas de Su presencia. Cuando te encuentres ante Su presencia, ¿qué le vas a hacer presente? ¿De qué lado te vas a encontrar? Vas a estar recibiendo de Su mano, la que viene llena de gracias y dones; recompensas para aquel que ha seguido rectamente Su camino, y ha hecho lo que es de Su voluntad. O vas a encontrarte del lado de la mano que va a entregar el juicio, que va a quitar dones, que va a dictar sentencia para aquellos que no han hecho de Su voluntad, aquellos que no han seguido Su camino, aquellos que a medianía del camino regresaron, porque se les hizo dura la batalla.-

En alba bendita de gracia, tu Cristo Jesús de Nazaret, te pregunta: ¿De qué lado te vas a encontrar cuando Mi Padre descienda al haz terrenal a pedir cuentas? Analiza, analiza, analiza, y pon en tu corazón ese gran deseo: Estar del lado de la recompensa y la gratificación. Trabaja, trabaja, trabaja firmemente, para quitarte del lado dónde te pueda venir el juicio; para quitarte del lado dónde pueda venir el dictado de conciencia, porque entonces, vas a llorar, vas a rechinar los dientes, y vas a jalar tus cabellos. Pero ya será tarde si no despiertas, si no escuchas los alertas que Hemos venido a traerte, tarde será tu lamentar.-

¿Por qué *no analizas?* – ¿Por qué *no piensas en lo pasado?* –¿Por qué no recuerdas cuando Noé? –¿Porque no recuerdas -todos los ejemplos que te hemos dejado en las Escrituras? –Ya pasó, pueblo bendito; prometido fue y hecho y cumplido fue. -¿Por qué *entonces,* dudas de la promesa que ha hecho Mi Padre? -Porque no te contemplo fervientemente trabajando para lograr esas gracias y dones, para ser merecedor y estar del lado que va a entregar las gracias, los dones y las recompensas. ¿Por qué *te encuentro dudoso, confundido?-* ¿Por qué encuentro, que caminas un paso hacia el frente y tres cuatro hacía atrás? -Se firme en lo que deseas, se firme en lo que es, en lo que vas creyendo.

Ya no dudes más, porque ahora, no es el tiempo para la duda; es el tiempo de trabajar, de prepararte a la luz y a la verdad, para recibir lo que Mi Padre ha prometido. -Recuerda, en aquellos tiempos Él prometió a aquellos grandes hombres, grandes cosas, y hecho y efectivo fue. -¿Por qué entonces dudas, que en este tercer tiempo sea verdad lo que ha venido prometiendo? He puesto en tu pupila la verdad, Te he entregado la verdad a través de tu sueño, tu revelación.- ¿Por qué *la duda?* Ya no dudes, ya no es el tiempo de la duda, es el tiempo de la reflexión, de entender, de despertar, de ponerte la alerta y de ponerte a trabajar; ponerte a trabajar aquellas tierras que tenías descuidadas. Contempla y entrégate al trabajo; ya no dudes, ya no es el tiempo de la duda.

ENSEÑANZAS DEL MAESTRO JESÚS
ÁMAME, COMO YO TE AMO A TI, RESPÉTAME, COMO YO TE RESPETO A TI
18 de diciembre de 1994

Gloria a Dios en las Alturas y paz en la Tierra a todo hombre de buena voluntad. Gloria a Dios en las Alturas y paz en la Tierra a todo hombre de buena voluntad. Gloria a Dios en las Alturas y paz en la Tierra a todo hombre de buena voluntad. He aquí una vez más de Mi Espíritu Divino, que desciende de la Escala de Perfección hacia la de Jacob, y de ahí, hacia un entendimiento preparado por la divina voluntad de Mi Padre Eterno, y Mi voluntad, hasta ti, pueblo de Israel, tu Maestro de Maestros, tu Señor de Señores, tu Rey de Reyes, ante tu presencia se puede encontrar.

Pueblo bendito de Israel, nuevamente tenéis a tu Jesús ante tu presencia tenéis a tu Maestro, a tu Padre; como vos queréis llamarme, tenéis al Doctor de Doctores, al Amigo, al Compañero, al Hermano, pueblo de Israel, de la forma que vos queréis Recibirme, de esa manera Me encuentro ante tu presencia. Para aquellos que Me reciben en su corazón, que Me reciben en su entendimiento, en su envoltura, en su alma, para todos y cada uno de vosotros tengo y traigo Mi Amor.

Oh, pueblo de Israel: En bendita alba de gracia vengo como Padre de Amor, vengo como Padre de Amor, porque la satisfacción encuentra su Jesús, al encontrar corazones limpios, dispuestos a recibir del amor de su Jesús de Nazaret, dispuestos a recibir la entrega que Jesús de Nazaret trae para cada uno de vosotros.

En bendita alba de gracia os traigo de Mi amor, de Mi súplica, de Mi enseñanza; la enseñanza que tu Jesús de Nazaret te trae en alba de gracia: Es amor. Si queréis parecerte a tu Jesús de Nazaret, tenéis que ser amor, si queréis seguir los pasos de tu Jesús de Nazaret, tenéis que ser amor, si queréis la entrega de tu Jesús de Nazaret, tenéis que ser amor, conviértete en amor, y te convertirás en tu Jesús de Nazaret. Yo soy amor, aquel que Me siga, tiene que ser amor. No hay otra forma de hacerlo, no hay otra manera de seguir a tu Jesús de Nazaret; Sígueme por amor, que por amor Me encuentro entre *vosotros, que por amor entregué Mi vida, Mi sangre, que por amor, desciendo alba tras alba a entregarte de Mi amor. ¿Quieres seguirme? Sígueme por amor, sígueme con amor, sígueme con respeto. Cómo queréis que os crea que Me amas, si no te respetas, ni respetando eres a tu Jesús de Nazaret.*

Lo que Yo te entrego alba tras alba, es amor y es verdad. Cómo voy a creer que Me amas, si no te entregas en amor y en verdad a tu Jesús de Nazaret. Cómo voy a creer que el agradecido te encuentras por los dones recibidos, si no veo en ti el amor, si no contemplo en ti el respeto. Ámame, Ámame de la misma forma en que Yo te amo, y te convertirás en el Salvador; te convertirás en tu Jesús de Nazaret, te convertirás en la luz del Universo, en la luz del mundo, te convertirás en el pastor de pastores, te convertirás en el guía de guías, y serás el amor de los amores. Yo exijo amor, Yo exijo respeto, porque Yo soy amor, Yo soy respeto. Yo te pido que llegues a Mí, por amor, y con amor.

Pequeño Mío: Yo no te forzo a que Me ames, a que Me sigas, te he entregado el libre albedrío, y te dejo usarlo. Si en tu libre albedrío está el Amarme, bendito, alabado y glorificado seas, porque en recompensa tendrás el amor de tu Jesús. No forzando seré al uno, ni forzando seré al otro, porque entonces, quebrantaría las Leyes de mi Padre, quebrantaría lo que Él ha entregado, y que es, el libre albedrío. Mas por tu propia voluntad: Ámame, que Yo ya Te amo a ti. En espera estoy, de encontrar la respuesta a ese amor que Yo te entrego, de encontrar el amor para tu Jesús de Nazaret.

Ámame, *pero Ámame de un limpio corazón, con una entrega total, con un amor limpio, y puro; como el amor limpio y puro que Yo te ofrezco. Ámame, entrégate a Mí en cuerpo, alma, corazón y mente, y unamos esos dos amores; hagamos un solo amor, un solo respeto, un solo Jesús de Nazaret, un solo Salvador. Como puedes ver, pequeño Mío, no es mucho lo que Te pido y sí, es mucho lo que Te entrego. Sólo Te pido, que Me ames con la fuerza, con la entrega, con la rectitud y con el respeto, con que Yo te amo.*

Oh, pequeños Míos: Siglos y siglos que tu Jesús de Nazaret contempla, como Me faltan al respeto, siglos y siglos contemplando, como le faltan al respeto a Mi Madre Santísima María, lo cual no es de Mi voluntad, porque Yo les vine a entregar respeto, Yo les vine a entregar amor, y es lo que les pido a cambio:

Respeto y amor. ¿Cómo podéis faltarle al respeto a Mi Madre purísima? ¿Cómo podéis faltarle al respeto a la Reina, a la Reina del Universo? ¿Cómo podéis faltarle al respeto a Aquella, que tuvo la gracia de engendrar al Hijo del Padre, al Hijo de Dios? Cuando le faltas al respeto a Mi Madre, le estás faltando al respeto a Mi Padre, porque le estás diciendo a Mi Padre, que se equivocó al escoger a la mujer limpia y pura para que fuera la Madre de su Hijo; Mi Padre es sabiduría, Mi Padre no se equivoca. Recuerda: Respeta a Mi Madre y así mismo, me estarás respetando a Mí; y estarás respetando al Señor de Señores, al Creador del Universo, al Dios Todopoderoso.

He venido, sí, a traerte amor, pero también he venido a traerte la leccioncita: No pidas amor, si amor no entregas, no exijas respeto, si respeto no entregas. Ama, recuerda la ley de los Maestros: Que hay más felicidad en el dar, que en el recibir; aprende a dar, pequeño pueblo de Israel, que cuando recibas, la satisfacción será enorme. Pero no podrás recibir si antes no aprendéis a dar. Ama, ama a tu hermano y semejante como a vos mismo; Te lo pude haber dejado desde tiempo A.

Oh, pequeños Míos, ya no es Mi voluntad el contemplar, que no amando eres a tu hermano y semejante, el contemplar, que vais diciendo que Me amas, mas no contemplo el amor del que me hablas; Ámame de un limpio corazón, y de esa misma manera, estarás amando a tu hermano y semejante.

En bendita alba de gracia, tu Jesús de Nazaret vino con amor a hacerte el recordatorio: Yo soy amor; aquel que me siga, tiene que ser amor, Yo soy respeto; aquel que me siga, tiene que ser respeto. Aprendan, para que a la luz y a la verdad recibiendo sean ese amor de todos y cada uno de Nosotros. Adiós pequeños Míos, os los deja su Jesús de Nazaret para que analizando sean de Mi palabra, de Mi entrega y de Mi enseñanza. Sobre todo, para que aprendan a amar a su Jesús de Nazaret. Pueblo de Israel: Ámame, de la misma forma en que Yo te amo a ti; Respétame, de la misma manera que Yo te respeto a ti.

Hasta otra bendita alba de gracia – te quedas con las bendiciones de tu Jesús de Nazaret, que nuevamente He descendido hasta tu nivel, Te he hablado en tu idioma; le He hablado a tu entendimiento, He usado del palabrerío que podéis entender, para que no lleves la duda. Pueblo bendito de Israel: He hablado y He descendido a tu nivel por amor, y por amor, asciende tú al Mío. Adiós, se despide, tu Jesús de Nazaret. Hasta otra bendita alba de gracia, pueblo de Israel, adiós.

ENSEÑANZAS DEL MAESTRO JESÚS CELEBRAN MI NACIMIENTO
1994

Bien venido seas pueblo de Israel, te habla tu Maestro de Maestros, Jesús de Nazaret, que en bendita alba de gracia te viene a traer la reflexión; reflexión, que así mismo seas a entregar a tu hermano y semejante, aquel, que equivocadamente va celebrando lo que llama Mi Natalicio, aquel, que equivocadamente va celebrando una ocasión, cuando no lo hace de corazón. Van celebrando Mi Natalicio, tomándolo de pretexto para hacer de su libre albedrío, para hacer su voluntad. En Mi nombre, han hecho festividades; festividades materiales que no son de Mi voluntad. Los contemplo celebrar en Mi Nombre, los contemplo, embriagados pronunciar Mi nombre, y brindar por "ese día".

Oh, pequeños bien amados: ¡Cuan equivocada se encuentra la humanidad! ¡Cuánta oscuridad puedo encontrar en sus entendimientos! ¡Cómo es posible, que olvidando hayan sido la Ley de Mi Padre! ¡Cómo es posible, que olvidando hayan sido aquellos Mandamientos que **Él les entregó! Han tomado Mi nombre** *en vano, lo han utilizado para hacer lo que no es de Mi voluntad.*

Celebran Mi Natalicio, celebran Mi Natalicio aquellos que He contemplado, que es sus clínicas, hospitales han dado muerte a Mis pequeños. Celebran Mi Natalicio aquellos, que he contemplado, que han cortado de su existencia, que les han prohibido venir a evolucionar; venir a pagar sus deudas. Pero los contemplo celebrando Mi Natalicio, celebrando el Natalicio del Niño Jesús, cuando contemplo, que son miles a los que no les han permitido su nacimiento. Oh, pueblo de Israel: ¡Cuanta ceguedad lleváis! Oh pueblo de Israel: ¡Cuanta oscuridad, cuanta ignorancia puedo contemplar! Como pueden celebrar Mi Nacimiento, cuando los contemplo quitar la existencia a Mis pequeños, cuando prohíben el nacimiento de aquellas almas, almas que se han ganado el derecho a evolucionar.

Oh, pueblo de Israel: Contemplo al uno, y al otro narrar el Natalicio del Niño Jesús, los contemplo embriagados, contar la Historia de Jerusalén, los contemplo con la embriaguez y completamente drogados, contar la historia de Jesús de

Nazaret. Oh, pueblo de Israel, ¡cuánta ignorancia puedo contemplar! ¡Cómo es posible, cómo es posible que se hayan olvidado de los Mandamientos de Mi Padre: "No tomarás el Nombre de Dios en vano!" ¡Cómo es posible, que vayan olvidando Su entrega, Su enseñanza, Sus Leyes! Oh, pueblo bendito de Israel: Celebran Mi Nacimiento, mas Yo los contemplo muertos.

Oh pueblo bendito de Israel, con que euforia celebran, con que satisfacción esperan la fecha; fecha que el mundo ha puesto a Mi Nacimiento. Pero no contemplo el amor en sus corazones; no contemplo en sus corazones, el verdadero significado que han querido dar a esa fecha; no lo contemplo. Oh pueblo bendito de Israel, cuánta ignorancia, cuánta oscuridad puedo contemplar.

Con tristeza contemplo, que así mismo, van enseñando a sus vástagos a hacer lo mismo, no van cumpliendo la ley del Padre, la misión encomendada en esos vástagos, la misión de enseñarles el camino hacia su Jesús de Nazaret. Contemplo, que Mi niñez no sabe lo que significa el Natalicio de Jesús, Contemplo, que lo único que esperan son los presentes, Contemplo, que no saben más allá de recibir, Contemplo, que no saben nada. Se han olvidado de la ley más grande que pueda existir en el universo, la ley que dice, que es mejor dar, que recibir; la ley que les permite entrar a La Unificación Perfecta con Dios.

Contemplan Mis pequeños, contemplan porque la humanidad no se puede encontrar en perfección. Porque no saben la ley más simple que pueda encontrarse, no saben dar; simplemente saben recibir. Confunden una cosa con la otra; confunden a Jesús de Nazaret, con lo que no se le debe confundir.

El Nacimiento de Jesús vino a traer a la humanidad amor, vino a traerles la redención, la salvación. No contemplo en ellos ni el amor ni la piedad ni la salvación. Es que se han olvidado del porqué de Mi Nacimiento, del porqué Mi Padre envió a Su Hijo en la imagen de hombre para salvar al hombre. Se concentran únicamente en sus actividades materiales; festividades en las cuales, no es de Mi Voluntad que alabando sean Mi Nombre, porque esa, no fue la Misión encomendada, no fue la razón por la cual, Yo vine a este haz terrenal en forma aparente.

Oh, pueblo de Israel, ¡cuánta ignorancia; Oh, pueblo de Israel, ¡cuánta oscuridad Contemplo; !Oh, Mis hijos bien amados; !Oh, aquellos que Me han seguido; !Oh, aquellos que Me conocen; !Oh, aquellos que saben la Historia y la llevan en su corazón; !Oh, aquellos de Mis preparados, de Mis escogidos! ¡Oh, aquellas de Mis Novias en preparación! A ustedes toca quitar esa ignorancia, esa oscuridad que se encuentra en haz terrenal.

Oh, Novias del alma, oh, cuerpos celestiales, hagan feliz a su Esposo, a su Prometido, hagan feliz a Aquel que quiere hacerlas felices. Sean esa luz, sean esa antorcha, sean esa Novia Perfecta que Jesús de Nazaret espera en la sala presidencial, en la sala, dónde se espera a la Novia amada, *a la que está preparada, a la que está lista a entregar su pureza, su integridad al Novio, al Esposo prometido. Ahí las espero, ahí aguardo al uno y al otro en perfección, en perfección, en Unificación Perfecta con Dios, la que Mi Padre ha entregado al haz terrenal, al cuerpo celestial de la Novia de Jesús de Nazaret.*

Pueblo de Israel, Te dejo con estas reflexiones, analiza las palabras que se te han entregado, trata de quitar la venda de oscuridad. Empieza con los que se encuentran a tu lado, háblales del amor de Jesús de Nazaret, háblales del porqué de Mi Nacimiento, *háblales de porqué de Mi Muerte,* háblales, *del porqué de Mi Ascensión a las Alturas, para ir a sentarme a la diestra del Padre. A ti toca, que la historia de Jesús de Nazaret, desde Su nacimiento hasta Su ascenso a la Gloria de Mi Padre, no se pierda, no se olvide. A ti toca enseñar al uno y al otro lo que han olvidado, o lo que no saben. Es tu misión, oh, Novia bien amada, prometida querida, es tu misión, el no permitir que la Historia de Jesús de Nazaret pase al olvido, o que pase equivocadamente; esa no es de Mi voluntad. Tú conoces la Historia, tú sabes el porqué, tú tienes que contar la historia de Jesús de Nazaret.*

Adiós oh pueblo bendito de Israel, adiós *Mis Novias bien amadas.* Cumplan la misión encomendada, que su Amado Esposo, espera por vosotras. Adiós *Mis amadas esposas,* adiós.

ENSEÑANZAS DEL MAESTRO JESÚS
EL GRAN MOMENTO

Los cielos lloran, los cielos gimen al contemplar la voluntad de Jehová acercarse cada día más y más. Se cumplirá en los cielos, en la tierra y en todo lugar. Ay de aquel que se encuentre fuera del lugar que le corresponde. En los cielos y en la tierra Su ley se cumplirá; Su ley se escuchará. Ángeles, Querubines y Serafines, en espera se encuentran del Gran Momento. Él, sufre la congoja de contemplar a los dormidos, a los que no han querido despertar, a los que no han querido escuchar, a los que no han querido estar en el alerta. El alerta se ha entregado en el cielo, en la tierra y en todo lugar. Ay de aquel que no escuchando es el alerta, porque llorando se quedará. Jehová no escuchará de su llanto, de su clamor, de su pena, porque ya será tarde. Vendrá con Su Vara de Justicia a reclamar lo que le pertenece, y a entregar lo que a cada uno le pertenece.

No temas alma que vela por el amor a tu Jehová; teme el momento que dormido te encuentres, y tu Jehová llegue. Oh, alma que caminas en la oscuridad, oh, alma que no quieres salir de dónde te encuentras. Ayes de dolor, jalar de cabellos tu Jehová contemplará, mas tarde será. Oh alma que te encuentras en la oscuridad, salte de ella, recibe el mensaje, recibe el alerta, entrégate a la luz que se te ofrece, que sólo la luz te llevará por el sendero por dónde debes de caminar.

Alma, que en la aflicción te puedas encontrar, encuentra consuelo en tu Jehová. Alma, que la pena llevas, entrégale esa pena a tu Jehová. Los Ejércitos de Jehová se encuentran listos, preparados; en espera están del momento en que la señal entregue con Su mano; una simple señal, y Su ejército estará a cumplir la voluntad de su Jehová.

Despierta, despierta, despierta alma dormida, despierta, despierta, despierta, que éste, es el alerta de tu Jehová: Ya no es el tiempo de dormir, ya no es el tiempo de divagar, ya no es el tiempo de asombrarte de lo que contemplas, de lo que escuchas; es el tiempo de la verdad, es el tiempo de escuchar, de entender, de analizar y de aceptar. Es el tiempo en que decidas alma que dudas, el camino a tomar, recuerda, que a dos amos no puedes servir. Decide a cual amo vas a servir y entrégate a la enseñanza, entrégate a la preparación, recibe los alertas que se te entregan en todo momento, y, ya no duermas. Despierta, contempla el amanecer, que estás en la era del nuevo día, del nuevo amanecer, de la nueva esperanza, estás en la era de la Nueva Enseñanza.

¿Qué esperas para entender? ¿Qué esperas para comprender lo que te he entregado? ¿Es que acaso no te he entregado el raciocinio para que analices lo que te entrego? ¿Es que acaso no he puesto de la mentecilla en ti? ¿Y te he entregado tu libre albedrío para que analizando seas de las lecciones que recibes?

Alma, que dudas de la entrega, de la enseñanza, prepárate, porque Mi Padre, estará dudando de ti, y hasta puede que te desconozca. Porque Te he dicho: "Aquel que Negándome sea en el haz terrenal, negándolo Seré delante de Jehová de los Ejércitos".

Qué más quieres, alma pérdida, si Te he entregado la oportunidad de que redimiendo seas tus faltas. Si te he entregado la oportunidad de tomar Mi mano y dejarte guiar, ¿por qué sueltas de Mi mano? ¿Por qué sigues tu libre albedrío? ¿Por qué no entiendes los mensajes? ¿Por qué no entiendes los alertas? ¿Por qué no entiendes que lo que Te entrego, *sale de Mi Corazón, porque Te amo?*

¿Por qué dudas alma pérdida? Si te he abierto Mis brazos y te he dicho, ven, que Yo te guiaré, que Yo te enseñaré, que Yo te haré estar Conmigo, porque me abandonas a mitad del camino, porque pones la duda en tu mentecilla, en tu corazón, cuando no es de Mi voluntad. Porque dices que sí con tus labios, cuando contemplo tu corazón vacío, a medio entregar. ¿Por qué no te entregas completamente? ¿Por qué no dices adiós a todo lo que no representa a tu Dios y Señor, *y le das la bienvenida a tu Jesús de Nazaret?* Alma pérdida, que llevando eres la oportunidad de encontrar el camino, ¿por qué apagas la luz? ¿Por qué no dejas esa lámpara encendida? ¿Por qué quieres encontrarte en la oscuridad, cuando no es de Mi Voluntad?

Por amor os encontráis en el haz terrenal, por amor os se te ha entregado la tregua, por amor os se te está entregando la preparación, por amor os se te está entregando la oportunidad de redimirte, de saldar tu deuda al Universo; todo por amor. Pero recuerda, que Aquel que todo lo sabe, que todo lo hizo, que *todo lo contempla, y que todo lo ve, ha puesto fecha para entregar de Su amor. Llegará el momento que el sorprendido quedarás, al contemplar un rostro de Jehová, al contemplar un rostro de Jesús, al contemplar un rostro de los Ángeles, Arcángeles, Querubines y Serafines, desconocido hasta este momento para ti. Has conocido el Amor…conocerás la Justicia.*

Alma que te encuentras en la pena, en la aflicción, alma que no sabes qué camino tomar, tiempo es que tomando seas la decisión, tiempo es que sepáis que hacer, qué camino tomar, que camino elegir y que decisión tomar. Ya no es tiempo de la duda, ya no es el tiempo de la confusión, ya no es el tiempo de pensar, en que si será, o no será; es el tiempo de lo que es, de lo que viene, de lo que sucederá. Porque la palabra de Jehová se ha dicho, se ha entregado; y una vez salida de Sus labios, es Ley. Jehová es ley, y la Ley de Jehová se cumple.

Tiempo es de tomar la decisión, tiempo es de entregarse en cuerpo, alma, corazón y mente, tiempo es de dejar las dudas, la confusión, los engaños. Tienes ante ti la oportunidad de redimirte, Te lo pude haber dicho, la oportunidad de pagarle al Universo lo que le adeudas; utiliza esa oportunidad, porque no sabes si habrá otra. Has dado un <u>Sí</u> a tu Dios y Señor; aprende a saber, qué es lo que significa dar un <u>Sí</u> a tu Dios y Señor. Te he hablado de la promesa; aprende y analiza la promesa que le habéis hecho a tu Dios y Señor; analízala, y comprende, si es que estás cumpliendo esa promesa a la luz y a la verdad.

Ya no dudes alma Mía, ya no dudes; entrégate en un todo, en cuerpo, alma, corazón y mente y di: "Hoy y siempre, hágase la voluntad de mi Dios y Señor, hoy y siempre, la voluntad de Jehová se hará, y desde hoy y siempre, la voluntad de Jehová será mi voluntad; **hágase la voluntad de Jehová, hágase la voluntad de los** *cielos,* **hágase la voluntad del** *Hijo,* **hágase la voluntad de la Divina Trinidad**". *Es el grito que alzarás para cumplir la promesa que habéis hecho a tu Dios y Señor. Así sea.*

ENSEÑANZAS DEL MAESTRO JESÚS
TOMA TU CRUZ Y SÍGUEME

Pequeños bien amados: Han escuchado las palabras de Mi Padre en bendita de gracia, en esta alba de gracia, dónde es llegando a todo aquel al que ha entregado dones y gracia. Para en alba de gracia recibir la cosecha de todo lo que hicieron en esas trecientas sesenta y cinco albas. Con tristeza, Jesús de Nazaret contempla; y escuchó, que Mi Padre Sacrosanto contemplaba muy poca cosecha, muy poca multiplicación en lo que había entregado lustros atrás. Israel bendito, Jesús de Nazaret te dice: Tienes otra oportunidad de poder rendir a Mi Padre una gran cosecha, de poder llevar ante Su presencia, las manos llenas de la multiplicación del Don que te ha entregado.

Israel bendito: Ya no dejes los Dones empolvarse. Porque has tenido la confirmación de que llegado el momento, Mi Padre llega y pide cuentas por aquel don, por aquella gracia que ha entregado. Israel bendito, no atesores lo que no te corresponde, no entierres lo que no es tuyo. Recuerda, que se te entregó para que al entregarlo a tu hermano y semejante, lo multiplicarás. Entrega, entrega, entrega y multiplica ese don entrega, entrega, entrega y multiplica las gracias que has recibido.

Oh Israel bendito, eres el agraciado, el afortunado, porque Mi Padre Sacrosanto, te ha entregado multiplicación en la cosecha que pudiste hacerle presente. Jehová de los Ejércitos, nuevamente ha extendido de Su Mano Generosa y ha entregado de la multiplicación, pero también espera más cosecha en albas venideras. En lustros venideros, Él espera contemplar la multiplicación en esos dones; espera contemplarlos trabajando, laborando arduamente alba tras alba sin desmayar, sin descansar.

Oh, Israel bendito, no te puedes imaginar la recompensa que tendrá para aquellos, que alba tras alba van acatando Su Ley, Su Ordenanza y que se ponen a trabajar arduamente. Oh, Israel bendito, asombrado quedarás cuando recibiendo seas. Israel bendito, el Padre ha sido generoso más de lo que podéis imaginarte, más de lo que podéis creer. Tu Jesús de Nazaret te dice, que en albas futuras contemplarás la multiplicación en lo que le pudiste haber hecho presente y te asombrarás, te asombrarás; pero será mucho más si sigues *trabajando arduamente, si sigues entregando, si sigues utilizando el don que te pudo haber entregado.*

Muchos son los Llamados, pocos son los Escogidos, entre los Escogidos saliste tú, pueblo de Israel, pueblo de privilegiados. Tal vez los llamados, los escogidos tengan el descanso, se tomen el descanso, mas tú, pueblo privilegiado, no tienes esa opción; a ti se te ha entregado trabajar arduamente alba tras alba. Se te ha dicho, que no duermas, se te ha pedido que estés en el alerta en todo momento. Tu Jesús de Nazaret le dijo al Padre, que estoy preparando a Sus Privilegiados para que Me ayuden en la labor, de hacer regresar del camino equivocado a todos aquellos que Me han dado la espalda. Pueblo de Israel, como habéis podido escuchar, ya se lo he entregado a Mi Padre. Ahora entiendes, ahora sabes, que tendrás que colaborar Conmigo en esta tarea, en esta empresa, que juntos, tendremos que hacer regresar a todos aquellos que el camino equivocado llevan.

Pueblo de Israel, juntos lo haremos; tu Jesús de Nazaret, y los Privilegiados, que sois vosotros, alba tras alba encontrarán más difícil su labor. Habrá aquellos que a medianía del camino se cansen y quieran regresar. Mas en bendita alba de gracia tú Jesús de Nazaret te dice: No tú, pueblo de privilegiados, no tú, porque tú llevas la consigna, la ordenanza, de traer a aquellos que se encuentran extraviados, que están en la confusión y llevando el camino equivocado. Por lo tanto, a ti no te toca descansar, ni regresarte; a ti toca seguir hacia adelante, y alba tras alba, trabajar arduamente contra todos los obstáculos que te irá poniendo el enemigo, que no quiere que cumplas la misión ordenada por Nuestro Padre Eterno.

El enemigo, no descansará en su empeño de hacerte fracasar, de hacerte caer, te lo dice tu Jesús de Nazaret. Incrementará los ataques para todos y cada uno de ustedes, incrementará más y más los ataques, pondrá en tu camino más y más obstáculos para que así, cada alba de gracia te sea más difícil cumplir la ordenanza recibida.

Pueblo de Israel, estás recibiendo el alerta para que así, estés preparado para reconocer sus ataques, sus asechanzas y sus trampas, pueblo bendito de Israel; ya no serás ciego y sabrás qué y quién te está atacando. En tus manos, tienes las armas más poderosas que te He entregado y que son: La oración y la fe, utilízalas, y defiéndete, defiende lo que te corresponde porque te lo has ganado. Ni por un momento permita que te haga dudar, te haga caer o te haga titubear, porque entonces estarías perdido, pueblo de Israel. Eso es lo que el enemigo está buscando, tu titubeo, tu falta de fe, no le entregues esa satisfacción, pueblo de privilegiados, no le entregues esa satisfacción.

En bendita alba de gracia, tu Jesús de Nazaret te viene a entregar el alerta, la preparación. Viene a prepararte y a decirte, de qué y de quién cuidarte para que no lleguen a ti sus ataques, sus trampas, sus obstáculos. No desmayes, pueblo de Israel, siempre lleva la historia de tu Jesús de Nazaret, lleva Mis ejemplos, Mí caminar – recuerda que subí al cadalso y cargué la cruz. Pueblo de Israel, recuerda, que hiciste la promesa de Seguirme, de hacer lo que Yo hice, y de pasar por lo que Yo pasé, entonces… toma tu cruz y sígueme.

En bendita alba de gracia, nuevamente Te hago el recordatorio, que tomes tu cruz y sigas a tu Jesús de Nazaret. Pueblo de Privilegiados, unidos haremos la fuerza, porque ustedes son los Moisés, los Elías que ayudarán a Jesús en su labor: Sacar del desierto a todos aquellos que en él *se encuentren. Ayúdenme, y ayúdense, porque recuerden que mientras más hagan, más se estarán acercando a la herencia, herencia, que desde los Tiempos está reservada para todos y cada uno de vosotros.*

Pueblo bendito de Israel, te dejo Mis bendiciones. En estos instantes, tu Jesús de Nazaret, también recibe lo que Me haces presente. Recibo tu esperanza, de la plegaria de amor que elevas, de la plegaria de esperanza, de fe y de confianza en el nuevo lustro, y Te digo pueblo bendito de Israel, tú puedes hacer realidad lo que Me pides. *Si sigues paso a paso lo que tu Jesús te ha indicado, tendrás la buena venturanza, pero la buena venturanza espiritual, que es la que estás deseando desde el principio de los tiempos.*

Me haces presente tus faltas del año que se ha retirado y acepto la promesa que Me haces, de enmendarlas en el año que hoy empieza. Mas tu Jesús de Nazaret te dice: Alerta, que una promesa hecha a tu Jesús de Nazaret, hecha y efectiva debe ser, ya que entonces, llevarás la penitencia de tu acción. Analiza, piensa en lo que le vas a hacer presente a tu Jesús de Nazaret, lo que vas a prometerle, porque recuerda, que tienes cumplir la promesa que de esos labios, de ese corazón salga para tu Jesús de Nazaret, porque llegará el momento que tendrás que hacerlo. ¿Será en ésta alba de gracia? ¿Será en ésta reencarnación? ¿O Tendremos que esperar? Pero llegará el momento en que tendrás que cumplir la promesa que le habéis hecho a tu Jesús de Nazaret.

Pueblo de Israel, recuerda que lo que sale de tus labios, hecho y efectivo es, y lo que sale de los labios de Jesús de Nazaret, hecho y efectivo será por la eternidad. Pueblo de Israel, te entrego Mis bendiciones y recibo todo lo que Me has pedido, lo que me has entregado, y me llevo todas las promesas que me has hecho, y te digo pueblo de Israel, que estés en el alerta, lleva todas y cada una de Mis enseñanzas, y prepárate a cumplir lo que Me has prometido, de lo contrario, te encontrarás bajo la Mano del Juicio de Mi Padre Eterno.

Adiós pueblo de Israel. Me llevo todos y cada uno de tus pensamientos. Analiza, analiza, analiza lo que has hecho presente a tu Jesús de Nazaret, y lo que le has pedido, que hecho y efectivo será, porque ha salido de tus labios, y ha llegado a tu Jesús de Nazaret. Adiós pueblo de Israel. Adiós.

ENSEÑANZAS DEL MAESTRO JESÚS
PREPÁRATE, PORQUE EL PUEBLO TÉ ESPERA
Miércoles 16 de noviembre de 1994

Gloria a Dios en las Alturas y paz en la Tierra a todo hombre de buena voluntad. Gloria a Dios en las Alturas y pasar de Mi Espíritu de perfección, hasta la *Escala de Jacob,* y de ahí, hacia un entendimiento preparado por la voluntad divina de Mi Padre Eterno, y por Mi propia voluntad; llegando hacia ti, pueblo de Israel, pueblo de Escogidos, Preparados, Privilegiados, que en bendita alba de gracia habéis escuchado el llamado, y te habéis presentado a *Casa Bendita de Oración,* a escuchar el mensaje de tus *Maestros,* el mensaje de tu *Maestro de Maestros.* Bendito, alabado y glorificado seas pueblo de Privilegiados, que el sordo, que el ciego no te hacéis al llamado. Alabado y glorificados sean, Preparados, que el camino es largo, que el camino está angosto, que el camino está alto todavía.

Pueblo de Israel: Tenéis que encontrar la preparación, tenéis que prepararte, porque el *pueblo* te espera. Contempla la oscuridad que se encuentra en el *haz terrenal,* contempla como se encuentran ciegos, como están sordos, que no quieren entender, que no quieren escuchar. Tenéis que prepararte, pueblo de *Privilegiados,* de *Preparados,* vos sois la esperanza para ese *pueblo* que en la oscuridad se encuentra; sois la antorcha que iluminando será su sendero, su caminos, vos sois la campana; sois la campana que será dando el alerta a ese pueblo que se encuentra dormido, a ese pueblo que no quiere entender, que no quiere escuchar. Vos sois la única esperanza que ese pueblo tiene, vos tenéis que prepararte a *la luz y a la verdad,* vos tenéis que alcanzar ese nivel de *Unificación Perfecta con Dios,* para que en *Unificación Perfecta con Dios,* puedas entregar a ese pueblo, para que en *Unificación Perfecta con Dios,* seas esa antorcha, esa luz que ilumine a ese pueblo que en la oscuridad se encuentra.

Prepárate, prepárate, prepárate, pueblo de *Privilegiados.* Prepárate, y no toméis a la ligera los mensajes, las lecciones, y todo lo que en cada alba bendita se te viene a entregar, lleva a cabo cada una de las lecciones que se te entregan; practícalas pueblo de *Privilegiados, pueblo bendito, pregúntate a ti mismo, pregúntate,* si es que te encuentras preparado para ir a preparar a ese pueblo, pregúntate, si eres la luz limpia, pura y cristalina que contemplando será ese pueblo, pregúntate, si eres el espejo limpio y claro dónde se reflejará ese pueblo; hazte la preguntilla, pueblo de Preparados. Porque de ti depende la limpidez, la limpidez que entregarás al pueblo que detrás de ti se encuentra, ese pueblo que está esperando una luz; ese pueblo que está esperando una esperanza; ese pueblo que quiere, pero no sabe qué es lo que quiere. Vosotros sois lo que tenéis que decirle, qué es lo que espera, y qué es lo que quiere. Vosotros, con sus ejemplos, con su preparación, con sus enseñanzas, sabiduría y conocimientos, podrán guiar a ese pueblo que se encuentra ciego, podrán sacarlo de la confusión, podrán sacarlos de la duda. Mas, como podéis hacerlo, pueblo de *Privilegiados*, si no acatáis la lección, si no te preparáis *a la luz y a la verdad, si* estáis echando en saco roto todo lo que se está entregando, todo lo que se está diciendo. Al momento, al escuchar las lecciones dices: "*Sí la entiendo, que perfecta y que bien está*". Mas sales de estas cuatro paredes, y qué pasa, *Privilegiados*, las olvidas, olvidas la lección del día, olvidas que viene otra lección, y no has practicado la primera.

Pueblo de Preparados, cómo os vais a preparar, cómo vais a recibir a ese pueblo que está en espera de esa enseñanza, de esa preparación, que está en espera de ser guiado, de ser preparado. Cómo lo vais a hacer, pueblo bendito de *Preparados*, de *Privilegiados*, si no os preparáis, si no tenéis en cuenta cada lección que os se te entrega. Tenéis a tus órdenes al *mundo espiritual de luz, t*oda una *Legión de Maestros* está a tu servicio para prepararte, para entregarte la enseñanza, la preparación, la sabiduría y los conocimientos que vos vais a necesitar, para impartir a ese pueblo que está en espera de vos.

Alba tras alba, se te ha entregado, que no tenéis que perder el tiempo, porque ya no tenéis el tiempo para perder. Alba tras alba se te ha indicado, que es el alba del despertar, y que no tenéis que estar dormido al igual que ese pueblo, que tenéis que estar despierto, porque el pueblo es el que está dormido. Despierta, despierta, despierta, y presta atención a cada una de las lecciones que se te entregan, presta atención a todo lo que se te va diciendo, a todo lo que se te va indicando, graba las lecciones en tu entendimiento, en tu mentecilla, porque recuerda, que las tenéis que tener listas para entregarlas a ese pueblo que está esperando. Prepárate, prepárate, prepárate, *Privilegiado,* porque ese es el privilegio que tenéis, que tenéis que ser la luz, la esperanza, la guianza de ese pueblo, no eches en saco roto lo que las lecciones te vienen a entregar; y lo que te dicen.

Analízate, analízate, analízate a cada momento, y hazte la preguntilla, como te pude haber indicado: ¿Me siento el preparado? ¿Estoy listo a recibir a un pueblo? ¿Estoy listo a tomarlos de la mano para guiarlos y sacarlos de la oscuridad, o estoy ciego al igual que ellos? Recuerda, pueblo bendito, *que el ciego no puede guiar a otro ciego, recuerda que dos dormidos no pueden despertarse a sí mismo. Despierta tú, para que despiertes al que se encuentra dormido.* Ya es tiempo, ya es tiempo pueblo de Preparados, de que escuchéis.

Prepárate, prepárate, prepárate a *la luz y a la verdad*, estudia, analiza, lleva a cabo cada uno de los consejos, las enseñanzas y de la preparación que se te entrega, recuerda lo que se te ha dicho. Los Maestros han venido a decírtelo una y otra vez; recuerda, que Ellos son los que saben, y tú, eres el que está recibiendo esa enseñanza. En estos momentos no te pongas al nivel de querer saber más que Ellos, pueblo bendito. La forma en que lo haces, es negar las enseñanzas, o haciendo caso omiso de las ellas; en esos momentos les estás diciendo, que tú sabes más que Ellos, que tú tienen más preparación que la preparación que *Ellos* te vienen a entregar, y que tú puedes hacer uso de tu libre albedrío, porque tú sabes más que Ellos.

Analiza, analiza, analiza de mis palabras, y comprende, pueblo de privilegiados, que tenéis a una *Legión de Maestros*, puestos por Nuestro Padre Eterno para ayudar a prepararte. Si Mi Padre los ha puesto a tu disposición, si Yo, tu Maestro de Maestros Jesús de Nazaret, estoy aquí con Ellos para entregarte la preparación y la enseñanza, es porque Sabemos que la necesitas, porque Sabemos, que necesitas esa preparación, esa enseñanza, esos conocimientos. Recuerda, que es Nuestra voluntad que alcanzando seas esa preparación, esa *Perfección*. Recuerda que sólo preparado, sólo perfeccionado podrás ayudar a ese pueblo que ciego se encuentra.

Pueblo bendito de Israel, Mis hijos amados: Escuchen las enseñanzas que alba tras alba les son entregadas por *los Maestros*, o por los encargados de *Casa Bendita de Oración*, que han sido puestos, no por su voluntad, sino por la voluntad de Mi Padre, y por Mi propia voluntad, para entregárselas, y entregarles la preparación. No echéis en saco roto lo que alba tras alba se te enseña, se te prepara, se te dice, y se te indica. Analiza, analiza, analiza de todo lo que se entrega, analiza de tu *videncia*, de tu *revelación; a*nalízala, analízala a cada paso, porque recuerda, que veinticuatro horas tienen el día, mas tú trabajáis más que esas horas: *Tú trabajas todo el tiempo.*

Pueblo de Israel, pueblo de Preparados, de Privilegiados, recuerda, que el paso has dado a l*a espiritualidad,* a la enseñanza, a la preparación, a la sabiduría, y tenéis que estar listo, preparado en todo momento para recibir esas enseñanzas, esa preparación y de esos conocimientos. Analiza, analiza, analiza, la palabra *privilegiados*, analiza, analiza, analiza, la palabra *Privilegio* y comprende, que eso eres vos, que eso es éste pueblo de Preparados. Y como ya se te ha entregado: Eres esa antorcha que guiando será a ese pueblo, la antorcha que los sacará de la oscuridad, de la duda, la confusión, y de las falsas enseñanzas.

No eches en saco roto lo que se te dice, acepta lo que se te ha entregado. Porque no ha sido lo voluntad de los encargados de *Casa Bendita de Oración* el decirte, que sois *los Preparados, los Privilegiados* sino, que ha sido la voluntad de Mi Padre, y así ha sido desde antes de la creación, que fueses *los Preparados, los Escogidos.* Entiende y acepta, que no eres de éste tercer tiempo, que vos sois desde el primero, segundo y este tercer tiempo, y llevas la misma misión, misión que no has terminado, que no has cumplido, y que es la voluntad de Mi Padre, y Mi propia voluntad, que seas a terminarla, pueblo bendito de Israel.

Pueblo de Privilegiados: Ya no es de Mi voluntad que el reencarnado te puedas encontrar, analiza, analiza y prepárate, para que dé una vez partas hacia ese lugar que Mi Padre ha preparado para vos, hacia esas Mansiones. Ya es de Mi voluntad, pueblo de *preparados*, el tenerte junto a Mí, junto con Mi Padre, gozando de las glorias de Su Reino, gozando de las glorias del Reino del Padre de amor, bondad y misericordia. Pueblo bendito de Israel, ya es de Mi Voluntad, que el despierto te encuentres, porque el dormido no te quiero encontrar.

Analiza, analiza, analiza de mis palabras, llévalas en tu mentecilla y ponlas en tu corazón, no las tires, no las dejes botadas a la vuelta de la esquina. Recuerda, que de ti depende la salvación de un pueblo que se encuentra en la oscuridad, para que pueda encontrar esa salvación a través de cada uno de vosotros, a través de ti, pueblo bendito de Israel. Pueblo de *Privilegiados, no sería un privilegio, no sería un privilegio que a través de vosotros, a través de su enseñanza y su sabiduría, un pueblo encontrara la salvación.*

NO ENCONTRARÁS LA PUERTA ABIERTA

Pueblo bendito: Analiza, analiza, analiza lo que frente a ti espera. Es duro el camino, es difícil, pero recuerda lo que tú eres: el *privilegiado*, y con ese privilegio cumpliéndolo a la luz y *a la verdad*, entrarás al Reino de Mi Padre. Pero recuerda, l*as puertas encontrarás cerradas si no has terminado tu misión; si no te has preparado a la luz y a la verdad, no encontrarás las puertas abiertas.* Abre esas puertas, abre las puertas y entra como a tu casa, porque es tu casa. Pero prepárate a abrirlas, y a dejarlas abiertas para que entrando y saliendo seas a voluntad, porque serás el hijo privilegiado que regresa a casa, el hijo ausente que ha regresado. Pero que regresa preparado, regresa con dones y gracias, regresa con la frente en alto, para hacerse presente al Padre, y decirle: "*Heme aquí Padre, he regresado al lugar que me pertenece*". Bendito, alabado y glorificado seas, pueblo de *privilegiados*, que logres llegar y estar ante la presencia de Nuestro Padre con tu frontal muy en alto, Saludándolo, y diciéndole: "*Ya estoy nuevamente en mi hogar*". Escucha Mis palabras, llévalas en tu mentecilla, y en tu corazón, y no echéis en saco roto lo que te he entregado, pueblo bendito.

Pueblo de *privilegiados*: Prepárate a recibir, al Maestro Yaubl Sacabi que viene a entregarles su mensaje. Su Maestro Jesús de Nazaret, se retira, se despide de todos, dejándolos con el *Maestro Yaubl Sacabi*, recíbanlo: (Su mensaje lo encontrarás en: Enseñanzas del Maestro Yaubl Sacabi)

ENSEÑANZAS DEL MAESTRO JESÚS
MI DESPERTAR - MI RESURRECCIÓN
Sábado de gloria, 04 de abril de 2015 3:37 a. m.

Ésta, es una conversación que tuve con el Maestro Jesús, acerca de Su Resurrección:

-"*Yo te levanté, Yo te desperté, porque quiero que escribas. No dejes de escribir, que tengo mucho que contarte, mucho que decirte sobre lo que va a pasar, y sobre otras muchas cosas.* (Aquí pensé, y le dije, que era lo mismo, que yo quería algo nuevo, quería enseñanza, que quería algo más que aprender, para poder llevarles a mis hermanos. Que la profecía era la misma; era sobre qué les va a pasar a los que escuchen, y a los que no escuchen; a los que aprendan, y a los que no aprendan). Y entonces, Él, me contestó:

YO TOMÉ LA CRUZ DE TODOS

-*Tú piensas que es lo mismo, pequeña, pero no lo es, parece lo mismo, pero no lo es. Tú escribe y te darás cuenta, que todo lo que Te he dicho, tiene sus variantes. Deja que pase el tiempo para que te des cuenta de muchas cosas. Te has dado cuenta que cada vez que regresa y lees lo recibido, encuentras algo diferente. Pero en esta ocasión verás más, y más cosas que debes aprender, para que puedas enseñar.*

-*Ya aprendiste lo que significa la Cruz en donde dejé Mi vida; ya lo aprendiste, y te regocijas al reconocer, que es verdad, que Yo tomé la cruz de todos, y puse sus faltas detrás de Mí, separándolas de ustedes. Yo me puse en medio, sus faltas quedaron a Mi espalda, y ustedes frente a Mí. Cuando Yo te lo dije, te conmoviste, y aceptaste la realidad, realidad que empezaste a contar con la certeza, de que es así como sucedió. Como te das cuenta, ya ves que no es lo mismo; esa es otra enseñanza para ti, y para tus hermanos, Mis hijos.*

ME LEVANTÉ DE LA TUMBA Y VI EL NUEVO AMANECER

-*Ahora te diré algo más:* *(Aquí está hablando del día en que se levantó de la tumba).

-*Ese día Me levanté de la tumba y vi el nuevo amanecer; era hermoso, y a pesar de lo que habían hecho, Yo contemplé la ciudad en silencio, todo estaba en calma, como si nada hubiese pasado. Era un amanecer esplendoroso, con un cielo lleno de colores, colores hermosos, colores que representaban Mi muerte, y Mi despertar. Sí, Mi despertar: ¡La victoria en contra de aquel, que Me quiso desaparecer! Creyó, que con Mi muerte todo acabaría, pero no sabía, que sólo era el principio, el comenzar de un nuevo día.* (En ese momento, escuché a un gallo cantar y Él me dijo):

EL GALLO SABÍA QUE ERA UN DÍA MUY ESPECIAL

-*Así como estas escuchando al gallo cantar, así lo escuché Yo esa mañana de Mi despertar. Era hermoso poder escucharlo, era como si Me estaba dando la bienvenida, como celebrando Mi despertar. Así lo sentí, y así era, el gallo sabía, que era un día fuera de lo común, era un día muy especial: Era el día de Mi Resurrección, el día de la resurrección de la humanidad. Ese día resucitó la verdad, ese día resucité Yo, Yo era esa verdad, Yo sigo siendo y seguiré siendo: la verdad. Sí pequeña, Soy la verdad; y en verdad se convertirá todo lo que Yo te he dicho, sólo espera, que el tiempo nada olvida, y el tiempo llega, y entrega a cada cual lo merecido.* (Aquí le dije algo personal y esto es lo que me contestó):

TÚ ERES MI SIERVA, MI ANTENA, MI TRASMISOR, MI PROFETA MENSAJERO

-Yo lo sé, pequeña, Yo sé lo que pediste, Yo sé lo que deseas, y el por qué lo haces. Yo sé, que sientes temor de que sea tu vanidad, y tu orgullo lo que te lleve a pensar lo que piensas. Hay un poco de ello, pero es bueno, porque en ello Me dices, que todo lo que Yo te diga, sea la verdad para así mismo, entregarla a tus hermanos y saber, que no eres tú la que la dice, sino Yo. Sientes orgullo de lo que recibes, sientes orgullo de saber, que eres Mi vaso escogido para recibir lo que recibes. Pero al mismo tiempo te dices una, y otra vez, que no eres más que Mi sierva, Mi antena, Mi trasmisor, Mi profeta mensajero; aquel que llevará al mundo Mi verdad, y que les dejará escrita esa verdad.

YO TE HABÍA FORMADO

-No, tu orgullo no es malo, es una satisfacción dentro de ti al darte cuenta de la gracia que tienes, de la gracia que Yo te di cuando Yo te engendré. Sí, Yo te engendré, Yo puse en ti lo que eres. Mucho antes que la creación existiera, tú ya existías en Mi corazón, Yo ya te había formado, y Yo he esperado mucho tiempo para volver a tenerte a Mí lado – sé que ya pronto llegará ese momento.

-Ves Señor, eso es lo que me pone triste: Saber que ya pronto dejaré este planeta. Padre, no me asusta eso; lo que siento, es irme, y no dejar huella alguna, no haber cumplido la misión que me encomendaste, eso es lo que temo, eso es lo que me duele cada vez que pienso en el tiempo que he perdido; eso Padre, eso es lo que me duele, el estar frente a Ti con mis manos vacías, frente a Ti, y no tener nada que Entregarte; eso es lo que me duele. Tú sabes, qué sé, y que acepto, que la muerte es mi amiga, la amiga que me llevará a Tu presencia. Señor, pero al estar ante Tú presencia, qué Te voy a hacer presente, qué Te voy a llevar como regalo: ¿Mis manos vacías? Padre, ese es mi temor, no a la muerte misma, no a dejar este mundo, sino estar frente a Ti, y no poder mirarte a los ojos. Ese, ese es mi temor Padre mío.

ESTÁS CUMPLIENDO TU MISIÓN

-Pequeña, pequeña Mía, Yo sé de tu temor, Yo sé qué piensas, que no has cumplido tu misión, Yo sé que piensa, que por falta de tiempo no la vas a cumplirla. Mi niña, la cumplirás, es más, ante Mí ya la has cumplido, ya has hecho lo que tenías que hacer: Cada vez que te sientas a escribir Mi mensaje, estás cumpliendo tu misión, cada vez que dejas por escrito Mi verdad, estás cumpliendo tu misión. Porque eso es lo tuyo: escribir, escribir, escribir, dejar constancia que Yo soy verdad, que Yo estoy aquí, porque Yo resurgí de la muerte, que la sepultura no acabó Conmigo, constancia de que ese, fue el principio para la humanidad.

TODOS SALIERON GANANDO

-La humanidad ya tenía la verdad: Que Yo era el Hijo de Dios; el Mesías que estaban esperando, el Mesías que frente a ellos tuvieron, y no vieron. Ahora saben que lo que Yo dije fue, y lo que Yo digo, será. La humanidad ya tuvo a Quien pedir; a Quien acudir en ayuda. Unos con arrepentimiento por no haberme conocido cuando frente a ellos Yo estuve. Otros, con la alegría de saber, que ellos tuvieron el privilegio de estar Conmigo, de disfrutar Mis momentos, Mis tristezas, y Mis alegrías. Como ves, todos salieron ganando: Tuvieron la verdad frente a ellos. Ahora te das cuenta de la alegría de Mi despertar, y de saber, que había cumplido Mi misión, la misión de entregar al mundo... Mi verdad.

TODOS TIENEN DERECHO A ESA VIDA Y A ESA GRACIA

-Siento tristeza al ver, que mucha de Mí verdad ha sido escondida, alterada, modificada, y esa, es parte de tu misión, y la de muchos de Mis Escogidos: Hacer que esa verdad vuelva a surgir; vuelva a aparecer como Yo la escribí, como Yo la dejé. Esa verdad absoluta tendrá que aparecer, resurgir, para que las generaciones por venir se den cuenta de la verdad, y de Mí resucitar a la Vida de la Gracia; vida y gracia que Yo les dejé a todos, todos tienen derecho a esa Vida y a esa Gracia, porque Yo la dejé para todos Mis hijos, para que todos se beneficiaran de ella.

AMARSE LOS UNOS A LOS OTROS COMO YO LOS AMÉ

-Ese fue Mi amanecer, esa mañana en que Resurgí de la muerte, esa mañana cuando salí de Mi tumba y contemplé el amanecer, contemplé, los colores de la libertad, la libertad que Yo vine a entregar, la libertad de saber, que sus faltas estaban pagadas, y que ahora, sólo tenían que seguir haciendo lo que Yo les dije hacer: Amarse los unos a los otros, como Yo los amé, y los amo a todos ustedes, Obedecerme, y obedecer a Mi Padre; Amarnos y Respetarnos, y seguir Nuestras enseñanzas.

NADA PODRÁ DETENERLOS EN SU ASCENSO HACIA MI PADRE

-Enseñanzas, que fueron dejadas para su bienestar; para su ayuda, y ascenso en su espiritualidad, para poder llegar ante la presencia de Mi Padre en Mí imagen y semejanza. No son enseñanzas difíciles de seguir; sólo Ténganos en su corazón, y todo será más fácil. Con ese amor podrán cruzar todas las barreras que frente a ustedes ponga el enemigo. Nada podrá detenerlos en su ascenso hacia Mi Padre, ustedes lo harán si en verdad Nos aman, si en verdad quieren venir a gozar de Nuestra presencia, y de Nuestro Reino.

¡LA MUERTE NO HABÍA PODIDO ACABAR CONMIGO!

-Te seguiré diciendo sobre Mi Despertar: Ese amanecer fue bello para Mí, ahí estaba Yo, contemplando, admirando sus bellos colores; dándome cuenta, que lo había hecho: ¡Había triunfado sobre la muerte! ¡La muerte no había podido acabar Conmigo! Ahí estaba Yo, disfrutando de ese bello amanecer, ahí estaba Yo, escuchando a los gallos cantar, a los burros rebuznar, a los pájaros piar; parecía, que todos ellos Me estaban dando la bienvenida, que todos ellos, estaban felices de Mi Resurrección, de Mi despertar a Mi nuevo amanecer.

ELLOS CONOCERÁN LA VERDAD

-Padre, como ves, todo esto que me dices, es hermoso, y lo primero que pienso, es en entregarlo a mis hermanos, para que también ellos gocen de estas cosas tan hermosas que me entregas. Pero luego, la tristeza viene a mí al ver, que sus oídos cierran a la verdad, que están tan convencidos de "su verdad", que no han dejado espacio a Tú verdad.

-Lo sé pequeña, lo sé, Yo sé cómo te sientes y lo que sientes. Sé que eso llena tu corazón de tristeza y piensas que todo lo que Yo te he dicho, en la nada quedará, porque no podrás entregarlo a tus hermanos, y eso te entristece. Pero pequeña, eso no es así, ellos la conocerán, conocerán la verdad que Yo te he entregado, podrán ver, y leer todo lo que a ti te ha causado tanta alegría. Podrán ver la verdad de todo, de ellos será como tomarla, como aceptarla, y qué hacer con ella. No temas pequeña, todo se sabrá, todo llegará a sus manos. Crees que es imposible ¿verdad?

YO SOY EL DIOS DE LA VERDAD ABSOLUTA

-Sí Señor, lo veo imposible, pero al mismo tiempo sé, que Tú eres el Dios de los imposibles, ese Dios que hace posible lo que imposible parece; y también sé, que Tú eres el Dios de la verdad, el Dios, que tiene UNA palabra, UNA, y nada más, ese Dios que cumple lo que dice, y nada más.

-Así es pequeña, así es, Yo soy el Dios verdadero, Yo soy la verdad, Yo soy la justicia, y todos lo verán, todos se darán cuenta, que Yo soy el Dios de la verdad absoluta y amor verdadero, el Dios, que no miente, ni acepta mentiras, el Dios, que cumple lo que promete a todas Sus criaturas; Yo soy ese Dios, y no hay otro dios ni antes ni después de Mí. Yo soy el Dios de la verdad absoluta, Yo soy la verdad absoluta, Yo soy la absoluta verdad, así lo van a entender aquellos que en busca de esa verdad se encuentran. Amén.

PUDE VER EL FUTURO

-¿Amén Padre? ¿Es que ya no me vas a seguir diciendo sobre Tu despertar? ¿Sobre ese amanecer?

-Sí pequeña, te seguiré diciendo: Ese despertar fue de dicha, y de contento para Mí. Pero también fue de tristeza porque pude ver el futuro, puede ver lo que hoy en día está sucediendo. Pude ver, que llegaría el momento en que la humanidad se olvidaría de Mi Resurrección, de Mi amanecer, y que lo negarían, que negarían Mi existencia, Mi Resurrección, Mi vida, negarían todo lo que Yo hice por ellos, todo lo que Yo sufrí por ellos. Muchos iban a decir: "Yo no fui, yo no estaba ahí," y con eso acallarían su conciencia. Algunos hasta iban a creerlo, iban a creer, que ellos no tuvieron nada que ver con lo que Me pasó. Y como te has dado cuenta, todo ha sucedido, y está sucediendo tal, y como Yo lo contemplé ese amanecer. Pero Yo seguí contemplando los bellos colores de ese amanecer, Yo seguí escuchando al gallo cantar, al burro rebuznar, y a los pájaros piar. Eso dio vida a Mi Resurgir a la vida, ¡vida que Yo le arrebaté a la muerte!

TENDRÁN QUE CAMINAR A MI IMAGEN Y SEMEJANZA

-Padre, que hermoso es lo que Tú me cuentas, y al mismo tiempo, que triste, qué triste es ver que lo que Tú contemplaste en Tu amanecer, en realidad se convirtió. Pero aun así, Tú ere un Vencedor, venciste a la muerte, y nos entregaste Vida Eterna. Aquel que quiera esa vida eterna, sólo tendrá que Seguirte, Amarte, y Respetarte como Tú lo mereces Padre, como Tú te lo mereces.

-Así es Mi niña, pero también tendrán que ir más allá de eso: Tendrán que caminar a Mi imagen y semejanza para que también puedan llegar a la presencia de Mi Padre. Él los envió a Mí, ahora Yo los envío a Él. Él los preparó para Mí, ahora Yo los preparo para Él. Él los recibirá si Mis enseñanzas siguen, y hacen Mi voluntad. Mi voluntad, es que lleguen a Él en luz y en verdad: En Mi luz, y en Mi verdad. Adiós pequeña, sigue haciendo

lo que tienes que hacer, y ve a dónde tienes que ir; que Yo estaré contigo en todo momento de tú vida; y después de ella, gozaremos nuestra vida. Amén.

Cómo puedes darse cuenta, es así como hablamos, como nos comunicamos. Es así como Él me entrega Sus enseñanzas, Sus consejos, Sus alertas, Sus profecías, y eso, es lo que Él quiere: Que aprendas a Recibirlo de la misma manera para que también reciban Sus enseñanzas, Sus mensajes, Sus profecías y Sus alertas.

MENSAJE DEL PADRE JEHOVÁ Y JESÚS DE NAZARET ¿POR QUÉ JEHOVÁ CONTEMPLA TAN POCA COSECHA?

Pueblo de Israel: Has venido a Entregarme lo que pudiste haber cosechado en las albas pasadas. Has venido a Entregarme de tu labor. Yo, Jehová el Glorioso, en éste instante recibo de tu labor y te entrego trecientas sesenta y cinco albas más, para que sigas laborando, para que sigas trabajando y así mismo llegado el momento, puedas Entregarme de tu labor, de tu cosecha. Jehová evaluará la cosecha recibida por cada uno de vosotros.

¡Qué poca cosecha Me entregas, pueblo de Israel, para tanto que se te ha entregado! ¡Qué poca cosecha contemplo, pueblo de Israel! Qué has hecho con las trecientas sesenta y cinco albas de gracia, dónde Te indiqué trabajar arduamente; qué has hecho, Israel bendito. ¿Por qué tu Jehová contempla tan poca cosecha? ¿Por qué tu Jehová no contempla los frutos de la semilla que te entregó trecientas sesenta y cinco albas atrás? ¿Dónde están esos frutos, Israel bendito? ¿Dónde están esos frutos, te pregunta tu Jehová? ¿Qué has hecho con la semilla que se te ha entregado alba tras alba? *Contemplo muy poco fruto, muy pocas tierras trabajadas, preparadas, muy poca cosecha.*

Pueblo de Israel: Nuevamente Jehová, Jehová de los Ejércitos te entrega trecientas sesenta y cinco albas, y te ordena: Trabaja, trabaja arduamente, porque llegado el momento, Yo quiero más cosecha, Yo ya no quiero contemplar ésta cosecha tan pobre. ¿Cómo quieres que recompensando sea tu cosecha, si la contemplo tan pobre? Recompensaré a aquellos que He contemplado, que como pueden, arduamente han trabajado Mi ordenanza y Mi deseo. Mas aquellos que haciendo caso omiso de la ordenanza de Jehová de los Ejércitos se encontraban en el letargo, recibiendo serán de la Mano Poderosa de Jehová de los Ejércitos: La mano que los despertará, que los cimbrará, que los moverá, para hacerlos reaccionar, y, los pondrá en el alerta a trabajar. Porque es de Mi voluntad, pueblo de Israel, el cosechar los frutos de la semilla que se te entrega alba tras alba. Es de Mi voluntad el contemplar, la multiplicación de los dones que Te pude haber entregado. Israel bendito, ¿qué has hecho con los dones que te pude haber entregado trecientas sesenta y cinco albas atrás? Contemplo, que los has dejado en un rincón, que se han estado empolvando porque no les disté el uso debido, Te contemplo dormido, aletargado, y los Dones, olvidados en un rincón.

Israel bendito: Ha sido Mí promesa el entregar más dones y más gracias al pueblo de Israel. Pero no veo al pueblo de Israel merecedor de esos dones y esas gracias. Contemplo, que van llevando de Mi Obra como no es de Mi voluntad, contemplo, que burlándose son de las leyes y ordenanzas que Jehová pudo haber entregado, contemplo, que las pisotean, las humillan, las insultan y las ignoran. Mas, oh, pueblo de Israel, cuando Jehová regrese a pedir cuentas, oh, pueblo de Israel, temblarás ante la mano poderosa de Jehová, de Jehová de los Ejércitos. Entonces Jehová escuchará los ayees de dolor, mas, Israel bendito, tarde será, te dice tu Jehová. Nuevamente te entrego trecientas sesenta y cinco albas y Te pido, Te ordeno, que trabajando seas arduamente, porque regresaré a pedirte cuentas por tu trabajo; entonces, el arrodillado te encontrarás frente a Mí para entregarme tu fruto, tu cosecha, y ahí te entregaré Mi recompensa.

Recibe, pueblo de Israel, Israel merecedor, el Israel que no ha sido el sordo ni el ciego a las bendiciones y gracias de Jehová. En estos instantes Israel bendito, multiplicando soy lo que me haces presente. Analiza lo que Me has entregado, analiza lo que Me has hecho presente, porque tu Jehová te lo ha multiplicado. Adiós pueblo de Israel, en el alerta te quedas, porque te dejo trecientas sesenta y cinco albas para que analizando seas de Mis Palabras.

JESÚS

-Padre bien amado, Padre amoroso, Jesús, Jesús Te pide, que contemplando seas el amor de aquellos que se han acercado a Entregarte de su cosecha. Oh, Padre amoroso y bendito, no contemplando seas de su falta, contempla el amor con que se acercan a entregarte lo poco que han cosechado. Padre, tu Jesús de Nazaret te lo pide, Tu Unigénito Bendito te lo súplica, Padre, contempla el corazón de aquellos que Te han hablado, que Te han suplicado, y que Te han pedido el perdón. Padre bien amado, escúchalos, escúchalos, Padre, que también son Mis hijos, son Mis hermanos, son Tu Creación.

JEHOVÁ

-Jesús, Hijo bien amado, siempre sales a defender a aquellos que han abierto Tu herida, que han hecho sangrar Tu corazón, pero que siempre sales a defenderlos por el amor tan grande que Tú les tienes. Oh, Jesús bien amado, Me haces presente el corazón de aquellos que Me han pedido el perdón, mas Jehová te pregunta: ¿Dónde están aquellos de los cuales no he escuchado el perdón? ¿Dónde están aquellos en los cuales no He visto el arrepentimiento? ¿Dónde están aquellos que no Me han suplicado la gracia de perdonarlos? Has pedido por los que Me han entregado el perdón y la poca cosecha; a ellos les entregué y multipliqué de su entrega, mas nuevamente te pregunto, Jesús: ¿Dónde están aquellos de los cuales no he escuchado el perdón, que no he escuchado la misericordia, que no He visto que se arrodillen ante su Jehová, para pedir del perdón? ¿Dónde están aquellos, que ignorando son de Tu Palabra, de Tu entrega? ¿Dónde Jesús? ¿Dónde están?

JESÚS

Oh, Padre bien amado, llegado el momento los tendrás ante Tú Presencia, Padre bendito; llegado el momento estarán ante Ti pidiendo el perdón, la misericordia, y Tus gracias. Padre, Tu Jesús, Tu Unigénito bendito está llegando al corazón de todos y cada uno de ellos, para que a reconocer sean Tu gracia, Tu amor, Tu poder y arrodillándose sean ante Ti, oh, Jehová de los Ejércitos, oh, Padre Amorosísimo, Padre bendito y sacrosanto, Jesús está trabajando con todos ellos, y llegado el momento, estarán ante Ti, Padre, llegado el momento.

JEHOVÁ

-Y llegado el momento, Jesús, Yo los recibiré, llegado el momento Yo les entregaré de Mi perdón, de Mi misericordia, mas te digo: ¿Cuándo será ese momento? ¿Cuándo llegará ese momento, Jesús de Nazaret? ¿Cuándo llegará ese momento que tu Jehová está esperando impaciente? Oh, Jesús bendito, Mi Unigénito bien amado, Me dices, que llegado el momento estarán ante Mí, mas oh, Jesús bendito, no los contemplo ante Ti, los contemplo darte la espalda, los Contemplo entregarte de la injuria, los contemplo negar de Tus enseñanzas, de Tu preparación. Y Me dices Jesús bien amado, que llegado el momento ante Mí presencia se encontrarán, y Te digo: Hecho y efectivo será. Porque está dicho: Llegado el momento ante Mi Presencia estarán. Mas Yo te digo, Jesús bendito, mas Yo te pregunto: ¿Estarán con el arrepentimiento en sus corazones? ¿Estarán bajo la mano, esperando de las gracias y dones de Tu Jehová, de la recompensa de tu Jehová? ¿O estarán bajo la Mano de Justicia de tu Jehová? Es lo que te pregunta el Padre Eterno, Jesús de Nazaret: ¿Dónde estarán llegado el momento?

JESÚS

-Oh, Padre Bendito, cuánta verdad hay en Tus palabras y como hieren Mi Corazón el Escucharte. Padre: Una vez más Te entrego, que trabajando soy de cerca con aquellos que Me escuchan; con aquellos que sí escuchan de Mi Palabra, que sí atienden de Mi enseñanza, Padre, para que así, Jesús de Nazaret, Tu Unigénito Bendito, tenga la ayuda y, podamos avanzar más rápidamente hacia aquellos, que como has podido haber dicho, Padre Bendito, Me han dado la espalda. Pero hasta ellos llegaremos, Padre, hasta ellos llegaremos, te lo dice, Tu Jesús de Nazaret.

JEHOVÁ

-Y tu Jehová esperará ese momento, Tu Jehová esperará ese momento. Ahora, entrégale a Tu pueblo Jesús bendito, de lo que has traído para ellos. Adiós pueblo de Israel, te dice Jehová, que una vez más te pide: Escucha, escucha, escucha y presta atención a las palabras de Mi Unigénito Bendito, y a Sus enseñanzas, porque Él es el Camino que te llevará a Mí. Recuérdalo y no lo olvides, Israel bendito. Adiós, te dice Jehová de los Ejércitos.

ENSEÑANZAS DEL MAESTRO
YAUBL SACABI
LA ALIANZA
Domingo 27 de noviembre de 1994

Bien venidos sean hermanos queridos, bien venidos sean nuevamente a escuchar de la lección. Hoy traigo para vosotros la lección sobre "La Alianza".

¿Qué es La Alianza?--

La alianza, es la unión, la unificación. La alianza, es lo que cada uno de vosotros, hermanos queridos, tenéis que tener con todos y cada uno de nosotros *los Maestros*. Sean Nuestros aliados, y Nosotros seremos vuestros aliados, estén con Nosotros, y Nosotros estaremos con vosotros.-

Se ha formado una alianza entre vosotros, hermanos queridos, y *los Maestros,* quienes descendemos por voluntad de ese Padre de Amor, y por Nuestra propia voluntad, para alba tras alba entregarles las lecciones, la enseñanza, los conocimientos y la sabiduría. Mas con tristeza contemplamos hermanos queridos, que nos limitan, porque nosotros tenemos más que entregarles, que ustedes que pedirnos. Mas hermano querido, con tristeza contemplamos, que no lleváis a cabo la lección entregada, que no la estudiáis, que no la preparáis, que no la preparáis para tenerla lista y así poder recibir la próxima enseñanza, la próxima lección. Con tristeza contemplamos, que el tiempo pasa veloz, y que no queréis prepararte, hermano querido, no queréis entender ni la más mínima ni la más simple lección que os te entregamos.-

Con inquietud contemplamos, que aún lleváis de tu *libre albedrío,* cuando has dicho: *"Hágase Señor Tú voluntad".* Recuerda que se te ha entregado, que cuando vos hermano querido decís: *"Hágase Señor de Tu voluntad",* estáis entregando tu *libre albedrío;* quiere decir, que ya no tenéis el *libre albedrío* porque lo habéis entregado a tu Dios y Señor. Mas te escuchamos decir: *"Hágase Señor Tu voluntad",* y con angustia contemplamos, que vais haciendo de tu *libre albedrío,* que vais haciendo lo que es de tú voluntad, mas no la voluntad de tu Dios y Señor ni la voluntad de tus Maestros. Te indicamos el que hacer y el que no hacer, y hacéis lo contrario: Hacéis lo que te decimos no hacer, **y no hacéis lo que te decimos que hagáis**. Analiza de las enseñanzas, recuerda que somos aliados, y en alianza estamos el uno con el otro.-

Hermano querido, no quieras salirte de esa *alianza,* recuerda que habéis hecho un convenio, has dicho: *"Hágase Señor Tu Voluntad".* Has dicho, que quieres encontrar *La Unificación Perfecta con Dios,* y aquí estamos, en *Unificación Perfecta con Dios* para guiarte, para llevarte hacia esa p*erfección.* Mas como la queréis, sino ponéis oídos a lo que te vamos indicando, y no hacéis lo que te Decimos que hagáis. Recuerda que la lección, no únicamente la escucháis en *Casa Bendita de Oración;* aquí es el lugar, aquí es la escuela, aquí es dónde venís a aprender la lección, mas dónde la tenéis que practicar, es fuera de estas cuatro paredes. Recuerda lo que te ha dicho el Maestro Jesús: *"Vosotros trabajáis más de 24 horas que tiene el alba".-*

Recuerda: No dejéis la lección en estas cuatro paredes, llevadla con vos, llevadla, analizadla, preparadla, cumplidla y ejecutadla fuera de estas cuatro paredes. Venís a escuchar, y escucháis; venís a aprender y aprendéis, pero dejas las enseñanzas en estas cuatro paredes. Con congoja contemplamos, que fuera de estas cuatro paredes te encuentras vacío, que por momentos has olvidado la lección y no la has practicado. *Hemos observado que en ocasiones, todavía has dicho de la mentirilla, que todavía has hecho del hurto, y esa, no es de Nuestra voluntad, porque* eso, no es lo que Venimos a enseñarte.-

Nos has dicho, y nos has pedido, la preparación para encontrar esa Unificación Perfecta con Dios y aquí estamos en Unificación Perfecta con Dios para prepararte. Mas recuerda: Lecciones entregadas, son lecciones que debes ejecutar, que debes practicar. Se te ha entregado, que no debéis decir ni la más mínima mentirilla, se te ha entregado, que no hay mentira blanca, piadosa, que no hay mentira por amor, por caridad ni por piedad, entonces, porqué mientes. Recuerda que no debéis mentir, que no tenéis la excusa para hacerlo, porque vos, ya te encentráis preparado y, eres hermano querido, el Privilegiado. Que mientan los que todavía se encuentran en la oscuridad, que hagan del hurto los que todavía están ciegos, los que tienen la venda de oscuridad cubriendo sus pupilas. Mas no vos, hermano querido, porque a ti se te ha entregado, se te ha quitado esa venda de oscuridad, a ti se te ha dicho lo que podéis hacer y lo que no podéis hacer. Entonces, no tenéis la excusa.-

Mi Padre ha dicho: *"Hay de aquel que a sabiendas haga lo que he indicado no hacer.* Yo te digo, hermano querido: "No te pongas en el lugar en dónde seas a recibir el *Juicio de Mi Padre.* Ponte en el camino en dónde recibas Su recompensa, Sus dones y Sus gracias, porque así alabarás Su Nombre y el Nombre de todos *los Maestros,* Maestros, que hemos estamos aquí para enseñarte, para prepararte, y para guiarte. Entonces, hermano querido, escucha, atiende y práctica la lección entregada.

Recuerda, esto no *es un juego, es* algo como se dices en tu mundo, y que te puede haber dicho: *"Esto es algo de vida o muerte".* ¿Es qué todavía te queréis encontrar el muerto? ¿Es que acaso no queréis encontrar *la Vida Eterna* hermano querido? ¿Es que acaso no queréis dar la mano a tus hermanos y hacer que encuentren *la Vida Eterna*? ¿Es que acaso todavía los queréis muertos? No, hermano querido, vos lleváis una misión muy pesada, muy grande y de un valor incalculable. Analiza, analiza, cómo te pudo haber dicho Mi Maestro Jesús, lo que significa la palabra privilegio, lo que significa el ser el *Privilegiado,* y de ahí en adelante, presta atención a todas las lecciones entregadas, para cuando el pueblo llegue a pedir la ayuda, llegue suplicando la luz, llegue suplicando la guianza, estés listo y preparado para entregársela. Te ha dicho Mi Maestro Jesús, y en diferentes ocasiones te lo hemos dicho Nosotros*: No seas el ciego que quiera guiar al ciego, hermano querido,* porque así no se trabaja.

Recuerda que las *mansiones* te esperan. Cumple la misión a la luz y a la verdad; la misión que se te ha entregado desde el principio de los tiempos. Te ha dicho tu Maestro Jesús, que tú no eres de éste tiempo, hermano querido, eres desde antes del tiempo en que la Creación estuviera en la mente de Nuestro Padre. Desde entonces ya tenías la misión, desde entonces eres *el Escogido,* el *Preparado, el Privilegiado*; no pierdas ese privilegio, hermano querido, aprovecha la oportunidad; aprovecha que *los Maestros* estamos ante ti, para entregarte por voluntad divina de Nuestro Padre, por Nuestra voluntad y por la voluntad del Maestro de Maestros, Jesús de Nazaret. Recuerda, que no únicamente te entregamos en éstas cuatro humildes paredes, estamos en tu choza (casa), en todo momento estamos junto a vos, mas no has aprendido a sentirnos, a vernos, a presentirnos ni a escucharnos. Eso es lo que queremos, que aprendas, a vernos, a sentirnos, a escucharnos que aprendas a presentirnos para que la alianza sea más fuerte, y estemos contigo en todo momento, para que así, como ya se te ha indicado, lleves la guianza las veinticuatro horas que tiene el alba.

Queremos que aprendas a recibir Nuestro mensaje, Nuestra guianza y Nuestra preparación, para que no te encuentres solo, para que no te sientas, oh, hermano querido, que estás en el desierto porque no encuentras una voz que escuchar, ya que siempre que estés preparado, escucharás Nuestras voces, y sabrás, que no te encuentras solo.

Pueblo de preparados, hermanos queridos: Su Maestro Yaubl Sacabi, ha venido a hacer el recordatorio de la alianza que has firmado, de la alianza que has formado con *los Maestros*. Hasta otra bendita alba de gracia, te dejo *con La Reina, la Reina del universo, q*ue en bendita alba de gracia quiere venir a entregarte de Sus rosas, de Sus flores. Recíbanla, hermanos queridos, reciban *al amor de los amores,* reciban a la Pureza, reciban a María de Israel. Hasta otra bendita alba de gracia te dice tu *Maestro Yaubl Sacabi, q*ue ha estado aquí a entregarte. (Encontrarás Su mensaje en la sección de la virgen).

ENSEÑANZAS DEL MAESTRO YAUBL SACABI
NO PONGÁIS EL LÍMITE

Les habla su *Maestro Yaubl Sacabi,* para traerles estas reflexiones, estas palabras, y estas enseñanzas.

Querido hermano: Preguntas, porque quieres saber, quieres saber y por eso preguntas. Mas, —¿por qué no queréis aceptar la respuesta que se te entrega? ¿Es que acaso no queréis saber lo que ignoras? —¿O es que vais preguntando, lo que ya sabéis? Si preguntas, es que ignoras, y si ignoras, es que no sabes, mas quieres saber.-

¿Queréis salir de esa ignorancia? –¿Por qué te encierras en *"lo que crees que ya sabes?* –¿*Por qué* no expandes tu entendimiento, y al preguntar abres de tu mentecilla para que penetre la respuesta? –¿*Para qué preguntáis lo que ya sabéis?* –*Si preguntáis es porque no lo sabéis;* entonces, al hacer de la pregunta prepara, prepara, prepara tu entendimiento, para que así mismo puedas recibir la respuesta; la respuesta que te entrega *el mundo espiritual,* la respuesta que se te entrega a través de l*a espiritualidad,* no a través de la materialidad. Si respuesta material vais buscando, al *Maestro físico* le vais a preguntar; si respuesta espiritual vais buscando, al Maestro espiritual se la vais a preguntar.–

Queréis salir del letargo, queréis despertar, mas no os preparáis para hacerlo.

¿Queréis seguir en ese letargo? -Tiempo es de que despertando seas a la luz y a la verdad, tiempo es que hagáis la preguntilla que tengáis, que la duda que tenéis en tu mentecilla, en tu entendimiento, sea a desaparecer. Porque esa, es la voluntad de los queridos Maestros, amados Maestros, que por voluntad divina del Maestro de Maestros, del Señor de Señores, estamos aquí para servir, para analizar, para aclarar los entendimientos, aclarar las dudas; para que al hacer de la preguntilla recibas la verdad, y para que la luz brille en el entendimiento de cada uno de vosotros.

Se les ha dicho, que vosotros sois el límite. —En la espiritualidad no hay límite en la enseñanza, en los conocimientos, ni en la preparación que tenéis, y que lleváis cada uno de vosotros. -El límite lo ponéis vos, porque en tu mentecilla bloqueando eres la respuesta. -Has puesto en tu entendimiento la información errónea, te has encerrado en ella, y no queréis salir. -Hacéis de la preguntilla, mas la respuesta no llena tu entendimiento, no te satisface porque en ella, no escucháis lo que en tu mentecilla ya está formulado. -Si aprendiendo eres, y al hacer de la pregunta dejas que tu entendimiento, tu mente se abra y reciba la respuesta, podrás fácilmente reconocer la verdad de la impostura, podrás quitar aquello que ya sabías, podrás quitar, lo que No es y poner, lo que Sí es.

Querido hermano: No te estoy diciendo que todo lo que sabéis es incorrecto; no, mas hay sus errores, sus malos entendidos, su mala interpretación. -Recuerda que hay que analizar *a la luz y a la verdad* todas y cada una de las palabras que se te entregan, porque si una de ellas no está analizada correctamente, entonces, en ello va la mala enseñanza, y la mala guianza. Ya que aquel hermano se queda con aquella mala información, esa información la va pasando a los unos y a los otros, y así, se va formando una cadena que va mal encaminada, que no va por el camino recto, que no va por el camino seguro. Mas; se les ha pedido, que *aprendan a comunicarse directamente con Elías, con el Espíritu Santo, q*ue aprendan a recibir la respuesta directamente, para que así no haya engaño alguno, no haya confusión alguna, y no haya queja. Porque ustedes, son *esos rayos* que pueden recibir esa energía, son esas *antenas, s*on esos *receptores, u*stedes pueden recibir la Voz y la Inspiración del Espíritu Santo. Mas; si no os preparáis *a la luz y a la verdad*, esa información será distorsionada al atravesar los niveles más bajos.

Es por eso que tenéis que prepárate *a la luz y a verdad,* para recibir con nitidez, para recibir con claridad los mensajes que se te entregan. Aprende a analizar tu *videncia, tu revelación, tu presentimiento,* y junto con lo que vais recibiendo, aprende a analizar todos y cada uno de tus pasos. Porque ahí está la enseñanz*a; ah*í *está el alerta para tu crecimiento evolutivo, y tu preparación espiritual.*

Recuerda que *la espiritualidad,* es *la única llave* que tenéis para abrir las puertas del Cielo, las puertas de las Mansiones que vuestro Padre tiene para todos y cada uno de vosotros. No le busques más, es la *espiritualidad.* Sólo a través de *la espiritualidad* tendrás en tus manos las llaves para ir abriendo cada una de esas puertas y cada uno de esos *niveles.* -Es *la espiritualidad;* nuevamente te digo: Ya no busques, ya que sólo así podrás encontrar la puerta que te llevará al *cielo,* como vos decís, las puertas que os llevarán a las Mansiones de Nuestro Padre, al lugar privilegiado que Él tiene desde el principio de los tiempos para cada uno de vosotros – Lo tiene por nombre.

Pequeño hermano, en las Alturas se te conoce por nombre, por nombre tienes un lugar reservado, por nombre se te llama, mas; cuándo va a ser de tu voluntad regresar y ocupar el lugar que dejaste vacío; eso sólo vos lo sabéis. Eso sólo vos lo sabéis, querido hermano, *porque en ti está tu evolución, en ti está tu adelanto, en ti está tu preparación, en ti está encontrar esas llaves, en ti está el llegar y ocupar el lugar que te corresponde.* Puedes buscar a diestra y a siniestra; pero recuerda, que sólo hay un camino recto. Ese camino, sólo lo puedes encontrar a través de *la espiritualidad, a* través de prepararte a *la luz y a la verdad, p*ara recibir las enseñanzas, la preparación, los conocimientos, y la guianza, que alba tras alba te va trayendo cada uno de *los Maestros.*

Las enseñanzas que traemos alba tras alba, no son para que las tiréis a la vuelta de la esquina; no son para que las dejéis abandonadas, tiradas y empolvándose. Son para que una a una las analicéis, y las llevéis a cabo. Para que una a una las vayáis analizando, y vayas comprendiendo, cual es la que necesitas más para enderezar ese camino que lleváis. *Recuerda, que una carga pesada está sobre tus hombros, una cruz muy pesada está sobre tu espalda, y una misión te espera con el mundo que está fuera de estas cuatro humildes paredes.*

Se te hace que los Maestros somos duros y hablamos con severidad, que Te pedimos, Te exigimos demasiado. Pero es poco lo que Te estamos pidiendo, y exigiendo, para la misión que te espera en el haz terrenal: Te espera enfrentarte a la muerte, y tenéis que estar preparados para ello. En bendita alba de gracia *Yaubl Sacabi* te pregunta: Poniendo tu mano en el corazón, y dando la respuesta *a la luz y a la verdad*, ¿te encuentras listo a confrontar la muerte? ¿Veís que no es mucho lo que te pedimos? Es poco, para la misión que te espera fuera de estas cuatro humildes paredes. Es por eso que se te está preparando, para que *no temas morir*, se te está preparando, y se te está diciendo con tiempo lo que te espera una vez cruzado el umbral; *si llevando eres la preparación adecuada y necesaria*.

Sólo así, sólo así, con la preparación, con la evolución, *con la preparación que se te está pidiendo podrás cruzar el umbral de la muerte, como vos llamáis, e ir a la vida.* Ya que sólo aprendiendo que aquí vais de paso, que aquí, únicamente vais a estar minutos, segundos, porque eso es lo que son los años en *el mundo espiritual*: minutos, segundos. Entonces, para que aferrarte a unos minutos, cuando tienes una *Vida Eterna* frente a ti. Para que aferrarte a unos minutos, cuando te espera *la gloria eterna*. Es por eso que debéis aprender a desprenderte de todo lo que te ate al haz terrenal, principalmente, d*el temor a morir*.

¿Por qué temes morir cuando sabes, *que vas vivir a la vida de la gracia?"*

Deja todo lo que te ate en el *haz terrenal*; deja temores, deja pasiones, deja ataduras; deja todo lo que no te permite elevarte. Deja todo lo que no te permite cruzar ese umbral, deja todo lo que no te permite ir y visitar esos lugares reservados para vos. Despréndete de todo lo que es material, despréndete de todo lo que el mundo te ofrece. Porque *el mundo espiritual te ofrece una Vida Eterna,* una vida en gracia del Señor, una vida en gracia del Padre Eterno, una vida en gracia del mundo espiritual, una vida en gracia de todos tus Maestros, principalmente, una vida en gracia con el Maestro de Maestros: Tu Maestro, Jesús de Nazaret. Porque entonces aferrarse a unos minutos, cuando la eternidad te espera.

"Aprende a dejar lo del haz terrenal, que lo del haz terrenal, en **él** *se quedará. Aprende a entregar al Padre lo que es del Padre, que al Padre se elevará, y en el Padre vivirá".*

Hermano querido: Hemos venido a hablarte de una y otra manera, Te hemos suplicado, pedido de una y otra forma, que tenéis que prepárate *a la luz y a la verdad*. Prepara tu entendimiento, tu audífono, tu mentecilla, prepara tu cuerpo, tu corazón, y todo lo que le has entregado a Él, para que así mismo, dónde quiera que te encuentres, recibiendo seas el mensaje, doquier que vayas, ahí estará el mensaje de tu Dios y Señor, doquiera que vayas, ahí estará el mensaje de tus Maestros, la guianza, la preparación y sobre todo, el ¡alerta! El alerta que es de suma importancia que sigáis para que te des cuenta, cuando es qué vais dando el paso equivocado. Mas, abre tu entendimiento, tu mentecilla, tus pupilas, deja ver ese alerta, y acéptalo a *la luz y a la verdad; acéptalo de corazón, acéptalo en un todo. Acepta en cuerpo, alma, corazón y mente, que has dado el paso equivocado p*ara que así mismo los *Maestros,* tengan la misericordia de ayudarte a salir de él.

Recuerda que si negando eres la ayuda de los Maestros, los Maestros negándote serán Su ayuda – no por voluntad propia sino por tu propia voluntad, querido hermano. Porque aquí Estamos para ayudar al uno, y ayudar al otro, aquí Estamos para guiar al uno y guiar al otro. Mas si no queréis Nuestra guianza, Nuestros consejos, Nuestra sabiduría ni Nuestros conocimientos, entonces, qué estamos haciendo – nos Retiraremos y te Dejaremos en paz para que sigas tu *libre albedrío* y hagas lo que sea tu voluntad. Mas una cosa si te pedimos, hermano querido: No levantando seas tu ay de dolor hacia el Señor; no levantando seas tu queja hacia el Eterno. No diciendo seas: *Padre, ¿Por qué me has castigado?* Porque Él, no ha tenido nada que ver en ese castigo que tú mismo has infringido a tu *envoltura.* Él, solamente ha dicho: *"Dejadlo solo, que solo quiere estar".* Nosotros, sumisos y obedientes cumpliremos la ordenanza, y solo, a su *libre albedrío,* dejaremos a aquel hermano que no quiera de Nuestra guianza, de Nuestra preparación, ni de Nuestros conocimientos, para que cargue su propia cruz sin la ayuda de los *Maestros.*

Analicen de mis palabras, analicen de la entrega de bendita alba de gracia, llévenla en su mente, en su corazón, y tomen la decisión: Quieren dejarse guiar a través del Espíritu Santo, quieren dejarse guiar a través de los Maestros; Maestros que por voluntad Divina del Maestro de Maestros y por el Hacedor del universo nos hacemos presente para entregarles. Mas, si no lo desean, daremos marcha atrás, y los dejaremos a su *libre albedrío.*

Se les ha dicho, que sois *los Privilegiados,* porque de muchas maneras tenéis los privilegios. Tenéis el privilegio de ser *los Llamados, los Escogidos, los Privilegiados,* tenéis el privilegio de tener a toda una *Legión de Maestros* a su servicio, a su orden, a su disposición. Mas, si ese privilegio vosotros lo queréis abandonar, benditos sean del Señor, que hecho y efectivo será su libre albedrío. El Maestro se retirará, y los dejará hacer su voluntad.

Mas, nuevamente les pido que tomen la decisión: O se dejan guiar por el *mundo espiritual,* o se dejan guiar por el mundo físico. Recuerden, la decisión es de ustedes; en ustedes está el quedarse, o regresar al lugar que les espera, no hay otra forma. ¿Cuánto tardarán en regresar a ese lugar? En ustedes está esa decisión; en ustedes está el límite; vosotros sois el límite, hermanos queridos. La *espiritualidad, no tiene límite* en entregarles la guianza, y la preparación necesaria, para que lleguéis a ese lugar que se os tiene preparado.

En bendita alba de gracia los dejo con estas reflexiones: Analicen de lo que les he entregado, y decidan para que *el mundo espiritual de luz, los Maestros,* sean a entregarles más y más. Recuerden que aún os queda mucho por aprender, y a Nosotros mucho por entregarles en conocimientos, y en sabiduría. *Mas no pongáis el límite, no pongáis el límite,* es lo que les dice su *Maestro Yaubl Sacabi.* Hasta otra bendita alba de gracia, en la que estaré ante ustedes para entregarles la lección. Adiós queridos hermanos, adiós les dice su *Maestro Yaubl Sacabi.*

ENSEÑANZAS DE ELÍAS

En esta ocasión nuestro Padre Elías, pastor incansable, vino a enseñarnos el significado de Su *saludo*.

EL SIGNIFICADO DEL SALUDO DE ELÍAS

Amar al Padre, amar al Hijo, amar al Espíritu Santo. Creer en El Padre, creer en El Hijo, creer en El Espíritu Santo. Esperar del Padre, esperar del Hijo, esperar del Espíritu Santo.

He aquí a *Elías Pastor Incansable,* que por altos montes y valles en busca de la que descarriada se encuentra, para hacerla nuevamente presente en el redil sacrosanto y bendito. Una vez más ovejal bendito, Elías se encuentra ante tu presencia, una vez más viene a hacerte la preguntilla, una vez más viene a hacerte la reflexión.

Has escuchado el saludo de *Elías:* Amar al Padre, amar al Hijo, amar al Espíritu Santo. Creer en El Padre, creer en El Hijo, creer en El Espíritu Santo. Esperar del Padre, esperar del Hijo, esperar del Espíritu Santo. Lo has escuchado alba tras alba al hacerme presente. La preguntilla es: ¿Sabes lo que significa ese saludo? ¿Lo has analizado? ¿Sabes lo que significa? ¿Qué significa amar al Padre, amar al Hijo, amar al Espíritu Santo pueblo bendito de Israel?

Respuesta: Amar al Padre, amar al Hijo, amar al Espíritu Santo, es Amarlo en *Trinidad Bendita*. Creer en el Padre, creer en El Hijo, creer en Espíritu santo, es creer en Él en *Trinidad*. Esperar del Padre, esperar del Hijo, esperar del Espíritu Santo, es esperar de *La Divina Trinidad*. Porque hecho y efectivo será, si amas al Padre, si crees en el Padre, si esperas del Padre, estás amando, creyendo y esperando de *La Divina Trinidad*. Estás esperando en una *Divina Trinidad*. Amar al Padre, amar al Hijo, amar al Espíritu Santo, estás amando en *Divina trinidad*. Creer en el Padre, creer en el Hijo y creer en El Espíritu Santo, estás creyendo en *Divina Trinidad*. Esperar del Padre, esperar del Hijo y esperar del Espíritu Santo, estás esperando de *La Divina Trinidad*. Porque esperando serás del Padre, del Hijo, y del Espíritu Santo en *Divina Trinidad*.

Mas en bendita alba de gracia te digo, en el nombre de *La Divina Trinidad* y de todo lo glorioso que de ella desciende: Prepárate, porque aún hay más, más que te va a entregar *La Divina Trinidad*. Hay más enseñanzas, más preparación, más entrega, más sabiduría. Pueblo bendito de Israel, Elías en bendita alba de gracias te dice: Hay más todavía de *La Divina Trinidad*. Más allá de *La Divina Trinidad* hay la enseñanza, la entrega, la preparación. Por Tiempo A, has pedido de *La Divina Trinidad* en amando al Padre, creyendo en El Padre y esperando del Padre. Alba tras alba, desde el principio de los tiempos has escuchado el saludo, mas en bendita alba de gracia *Elías, tu Pastor Incansable*, te dice: Prepara, prepara, prepara tu entendimiento, porque aún hay más de *La Divina Trinidad*, más entrega, más preparación, porque quieres amarlo en verdad, porque quieres creer en Él en verdad, porque quieres esperar en Él, en verdad. Bendito seas, pueblo bendito de Israel, entrégate en verdad, entrégate *a la luz y a la verdad* a la preparación, porque te digo: Aún hay más, pueblo de Israel, y contemplo, que te has quedado el rezagado, aún contemplo, que te has quedado dormido, no has escuchado, no has aprendido lo que era el saludo, porque de haberlo aprendido, te encontrarías preparado. De haberlo aprendido y analizado, hubieses recibido de *La Divina Trinidad*, lo que *La Divina Trinidad* tiene para entregarte. *La Divina Trinidad, ya no es un misterio, pueblo bendito de Israel. La Divina Trinidad es el Padre, el Hijo, y el Espíritu Santo. La Divina Trinidad es UNO en TRES diferentes etapas, en TRES diferentes personas, en TRES diferentes entregas, pero UNA sola en verdad.*

Has comprendido, has comprendido Mi ovejal bendito la enseñanza, la entrega de alba bendita de gracia, o todavía te encuentras confundido – no quiero encontrar en ti la confusión. Porque *Elías* viene a prepararte, viene a ponerte listo y preparado, limpio y desmanchado ante la presencia de Mi Padre. *Elías* viene a darte el alerta: Espera de *La Divina Trinidad; e*spera, que aún tiene más que entregarte. Mas con tristeza *Elías* contempla, que has dejado la cosecha a medio terminar, que has dejado la siembra a medio empezar. Contemplo los surcos duros porque les ha faltado el agua, el abono y la preparación. En bendita alba de gracias *Elías,* te hace nuevamente la preguntilla. *Elías,* en bendita alba de gracia viene como Maestro: ¿Qué significan los surcos secos y áridos, pueblo bendito de Israel, que contempla Elías?

-Un hermano contesta:

- La mala preparación.

ELÍAS

¿Alguien más de mi pueblo, de mi rebaño desea agregar?

-Una hermana contesta:

-La falta de enseñanza a tu pueblo; no se ha sabido enseñarlo. Nos hemos quedado atrás; no hemos sabido sembrar la cosecha, no hemos ido a regarla con la sabiduría de nuestro Padre.

ELÍAS

Bendita seas, Mi pequeña, que has comprendido. Porque la enseñanza, la preparación ahí ha estado, la entrega ahí ha estado, pero no has sabido tomarla para seguir surcando esos seres, esos caminos. No han seguido preparándolos, y han permitido que el surco esté seco, que le falte la preparación, *que le falte El Agua Viva de la Sabiduría.* Pero la sabiduría ha estado ahí, la entrega ha estado ahí, mas, tú has sido el perezoso, has estado dormido, en el letargo, y has descuidado esa siembra, has descuidado esos surcos; no les has dado lo que necesitan para producir. Contemplo la semilla echada a perder, seca; sembrada en lugares en dónde, no ha sido mi voluntad que la sembrases. ¿Cuáles son esos lugares dónde *Elías* contempla la semilla echada a perder? ¿Cuáles son esos lugares, pueblo bendito?

-Una larga pausa.

ELÍAS

Bendito seas, Mi pueblo, que no tenéis la respuesta. Los lugares, son dónde has puesto la semilla y has permitido que el zacate, la mala hierba la cubra. Ahora te pregunto: ¿Cuál es la mala hierba? La mala hierba significa, que has permitido que la duda, la mala voluntad cubra la buena semilla que Te he entregado. La mala hierba significa, que has permitido que la confusión llegara y cubriera la buena semilla que se te entregó. ¿Comprendes ahora? Contempla y analiza porqué *Elías* contempla la semilla cubierta por el zacate y la mala hierba. Analiza pueblo bendito de Israel. ¿Dónde es la voluntad de *Elías,* ovejal, que siembres esa semilla?

-Un hermano contesta:

-En los corazones.

ELÍAS

Bendito seas. Siémbrala con amor, pero sobre todo, con la confianza y la fe, de que la semilla que estás sembrando, es la semilla *de la luz y la verdad*. Porque si tú, que vas a sembrar esa semilla llevas la duda, ¿Qué es lo que va a pasar?

-Una hermana contesta:

-Confundirás a tu hermano y semejante.

ELÍAS

Llevarás la confusión a tu hermano y semejante. Esa semilla en dorado, *de luz y verdad* que se te ha entregado, que se te entrega alba tras alba para ser sembrada, permitirás que la cubra el yerbajo; el yerbajo de la confusión y la duda. Es por eso que te digo: Prepárate y está seguro de lo que vas a sembrar; *vas a sembrar la duda y la confusión, o vas a sembrar la luz, la verdad, la fe*. Analízate.

Es por eso, que desde que se empezaron a entregar *las nuevas enseñanzas*, se te ha venido diciendo, q*ue lo que no entiendas... preguntes, que lo que no comprendas... preguntes, p*ara que no lleves la confusión y la duda; confusión y duda que llevarás a tu hermano y semejante, aquel que te abra el corazón para siembres esa semilla. Comprendes porque tienes que llevar esa semilla en dorado, *a la luz y a la verdad*, y así sembrarla en esos corazones. Qué esperas de esa cosecha si siembras la semilla *de la luz y la verdad,* qué es lo que vas a cosechar?

-Todos contestan:

-*Los frutos de la verdad.*

ELÍAS

Recuerda lo que El Maestro te ha dicho: *"Por sus frutos los reconoceréis"*. Quieres que te reconozcan por los frutos de la confusión y la duda, o quieres que te reconozcan por el fruto *de la luz y la verdad*. Tú escoge la cosecha que quieres recoger, la cosecha que vas a hacer presente a Mi Padre, cuando Él se encuentre recogiendo los frutos que has sembrado. Analiza las palabras que se te entregan, no dudes en preguntar, no dudes en aclarar la duda, o confusión que tengas, porque por eso estás aquí. Es por eso, que se te ha puesto toda una *Legión de Maestros* para entregarte *la Sabiduría*. Elías comprende, que por Tiempo A, has llevado *la Obra sacrosanta y bendita Trinitaria Mariana*. Pero recuerda, que eso es sólo el principio; aún hay más, más allá de l*a Escala. La "Obra sacrosanta y bendita Trinitaria Mariana, abarca la Escala, m*as la *nueva enseñanza abarca más allá de La Escala.* ¿Habéis comprendido?

-Una hermana contesta:

-Sí Maestro.

ELÍAS

La duda, la confusión llevarás sobre *la nueva enseñanza*, porque habrá cosas que *la Obra* no te ha enseñado. Pero recuerda, son *las nuevas enseñanzas*, es el *arca de la nueva enseñanza*, de la nueva preparación, Abre tu entendimiento, tu corazón, tu mente y recuerda las palabras de *Elías* en bendita alba de gracia: *"La nueva enseñanza* va más allá de *La Escala de Perfección"*. ¿Por qué? *Porque es la voluntad de La Divina Trinidad, es la voluntad de la Legión de Maestros el llevarte hacia esa Unificación Perfecta con Dios.*

Ya no queremos que te quedes a medianía del camino deseando tener los *dones y gracias* que Mi Padre tiene para cada uno. *Es la voluntad de La Divina Trinidad, llevarte* más allá de *la Escala* a encontrar esa p*erfección*, para que puedas ser merecedor de los d*ones y gracias* que Mi Padre tiene para ti. Recuerda, no se le puede entregar d*ones* a aquel, que no esté preparado más allá de *la Escala; no* se le puede entregar *gracias y dones* a quien no esté preparado a *la luz y a la verdad* para recibirlos.

Se te han dado ejemplos para que entiendas y comprendas, porque Mi Padre en Su sabiduría, ha decidido entregar los *dones y gracias,* única y exclusivamente a quien esté preparado *a la luz y a la verdad*. Más allá de *la Escala* encontrarás nueva preparación, nuevas entregas, tendrás la oportunidad de conocer a nuevos Maestros quienes te traerán esos conocimientos, esa sabiduría, esos secretos para una preparación a *la luz y a la verdad.*

Se te ha dicho, y Elías te hace el recordatorio, de que se te entregarán enseñanzas que ni siquiera en tu imaginación has tenido. Se te revelarán secretos que ni siquiera han pasado por tu mente, conocimientos que ni siquiera has soñado. Pero tienes que desearlos, tienes que prepárate, tienes que aceptar, que *la nueva enseñanza* viene más allá de *la Escala de Perfección,* que hay más que aprender que los siete pasos de *la Escala. La Obra Espiritualista Trinitaria Mariana* te enseña a subir esos siete peldaños. Pero recuerda que cuando Mi Padre viene, dice: *"Desciendo desde la Escala de Perfección hacía la de Jacob y de ahí hasta un entendimiento preparado por Mi Padre"*. ¿Qué te dice eso? Que desciende desde *las Alturas, de la perfección, y* lo que tú puedes conquistar, lo que tú puedes aprender, está allá, en *las Alturas*.

Siembra la semilla en dorado que alba tras alba te entrega, pero siémbrala a la luz y a la verdad, ovejal bendito. Si dudas de Mi entrega, si dudas de Mi preparación, pregunta, pregunta, pero no lleves la duda. Porque no quiero que siembres la duda en el corazón de tu hermano y semejante. Quiero que lleves amor en tu corazón, primero a La Divina Trinidad, que es El Padre, Hijo y Espíritu Santo, y después a tu hermano y semejante. Porque si pones amor en tu corazón, pondrás el empeño en aprender más y más, porque querrás conocer al *Dios y Señor en luz y en verdad,* querrás conocer más allá de *la Escala,* querrás conocer más allá de lo que te falta por aprender. Si quieres sembrar esa semilla, prepárate, ovejal bendito; quita de tu mentecilla que eres pueblo, porque no lo eres. Recuerda que eres los *Elías* de éste tercer tiempo, el *Moisés* de éste tercer tiempo, por lo cual tu preparación es diferente a la del *pueblo*. Porque tú eres el encargado de doctrinar al *pueblo* que viene detrás de ti. Si no te preparas, cómo vas a preparar al *pueblo*.

Prepárate, prepárate, oh, *Elías* de éste tercer tiempo, prepárate *a la luz y a la verdad,* oh, *Moisés* de éste tercer tiempo. Prepárate a escalar esa montaña y llegar a cúspide, llegar a *La Unificación Perfecta con Dios, p*orque sólo *en La Unificación Perfecta con Dios* podrás guiar a ese *pueblo,* sólo en *Unificación Perfecta con Dios Moisés* de éste tercer tiempo, *Elías* de éste tercer tiempo.

Has comprendido ovejal bendito, has entendido la lección que te vine a entregar. Recuerda, que como Maestro descendí para aclarar tu mentecilla, tu entendimiento, para llevarle un poco de luz a ese entendimiento que se encuentra confundido. Has entendido la lección, p*orque hoy la siembra es más dura, es más difícil, es más grande; pero recuerda, también el fruto será mejor.*

ENSEÑANZAS DE ELÍAS
LOS SUFRIMIENTOS

Amar al Padre, amar al Hijo, amar al Espíritu Santo. Creer en El Padre, creer en El Hijo, creer en El Espíritu Santo. Esperar del Padre, esperar del Hijo, esperar de El Espíritu santo. He aquí una vez más a Elías Pastor Incansable, que en bendita alba de gracia les viene hablar del *sufrimiento*. Les viene hacer entender, del porqué sufres, del porqué lloras, del porqué tu caminar en el haz terrenal es de lágrimas tras lágrima, de sollozo tras sollozo.

En bendita alba de gracia Elías, por permisión Divina de Mi Eterno Padre, viene a hacerte la aclaración, a iluminar tu entendimiento, y a incrementar tu fe. Para que así mismo camines con tu frente muy en alto en el haz terrenal, aceptando los *sufrimientos* con amor, con devoción y con resignación. Viene a entregarte, que sufres, porque tú mismo te has buscado esos *sufrimientos*. Mas; en bendita alba de gracia vengo a entregarte, que no todo es kárnico, que no todo es tu *karma, m*as te has acarreado problemas y vicisitudes de otras *entidade*s que no ha sido la voluntad de Mi Padre Eterno. Te has acarreado sufrimientos que no te correspondían, sufrimientos que no eran para ti, mas con amor los vas aceptando, y con amor vas entregando, demostrando así mismo, que puedes con tus *sufrimientos,* y con los *sufrimiento*s de los demás. Mas no es voluntad de Mi Padre Eterno, que pagando seas lo que adeudan los demás. Porque la voluntad de Nuestro Padre Eterno, Señor de la Sabiduría y los Conocimientos, es que regresen a Sus dominios, a Sus mansiones, a Su Reino, pero que cada quien tiene que pagar lo que adeuda al universo; cada uno tiene que pagar, cada uno tiene que ir sufriendo, depurando, desmanchando, lavando las causas, las culpas cometidas.

Tú no puedes pagar por los demás, porque entonces les evitarías su e*volución espiritual, l*es quitarías la oportunidad que el Padre Eterno, el Hacedor del universo les ha entregado; les quitarías *el libre albedrío* que en regalo, como don divino, ha venido de *las Altura* a todos y cada uno de ustedes. Puedes ayudar a tu hermano y semejante, puedes entregarles la ayuda, mas recuerda, que son *tus ejemplos* los que los ayudará más. Recuerda, que puedes quitar la venda de oscuridad, que puedes tomarlos de la mano y llevarlos hacia dónde se encuentra la luz, mas no puedes obligarlos, no puedes pagar por ellos.

Hablarás, entregarás, y el que tenga oídos, escuchará, y el que tenga ojos, verá, mas no puedes obligarlos a que entiendan lo que tú entiendes, no puedes obligarlos a que vean lo que tú ves. Mas una y otra vez los llevarás de la mano, hasta que llegado el momento y por sí mismos comprendan esa luz; hasta que por sí mismos vayan entendiendo las enseñanzas, y lo que es la voluntad de Dios Nuestro Señor; y *comprendan, que son individuos y que individualmente van a pagar lo que deben,* que individualmente van a ir subiendo esos peldaños que los llevará hacia *las Mansiones prometidas,* que los llevará hacia el lugar de dónde salieron, y que tienen que regresar, limpios y puros: Tienen que regresar en *Unificación Perfecta con Dios.* Porque fueron hechos en Unificación Perfecta con Dios y en Unificación Perfecta con Dios tienen que regresar. Mas recuerden hermanos bien amados, hijos bien amados, que ustedes no pueden llevarlos, sino que un Maestro los llevará; pero ellos tienen que dejarse guiar.

"Nadie puede pagar las causas de los demás. Pueden ayudarlos, pueden hacerlos entender, y pueden quitarles esa venda de oscuridad, para que por sí mismos vayan viendo y comprendiendo sus faltas, mas *no pueden pagar por ellos".*

Hijos bien amados, recuerden, recuerden, recuerden, que ustedes son el ejemplo de las multitudes, son la luz de las multitudes, son la antorcha luminosa que contemplarán las multitudes. Son la mano bondadosa, que quitando será la venda de oscuridad de los entendimientos, y llevarán la luz a los que se encuentran en la oscuridad, y que no comprenden que van cometiendo la falta, el error. Que no comprenden que van incrementando su deuda con el universo.

A ustedes, pequeños Míos, corresponde quitar esa venda de oscuridad y hacer, que vean, que comprendan, y que analicen la falta que van cometiendo. Mas no esperéis, que por el amor que dentro de su corazón les tienen, ustedes van a pagar por ellos.

No pequeños bien amados, a ustedes únicamente toca iluminarlos y hacerlos ver sus faltas, para que así mismo dejen de cometerlas, pero que aún tienen que pagar las faltas cometidas. *No van a poder llevarlos en hombros, y hacerlos presente a su Dios y Señor sino, que irán por su propio pie, y de rodillas pedirán perdón, de rodillas entregarán lo que han llevado. Mas; a ustedes corresponde hacerlos comprender, que llevan el camino equivocado, a ustedes, corresponde hacerlos comprender, que si siguen por ese camino, nunca llegarán al lugar privilegiado, nunca llegarán a esas mansiones que el Padre ha puesto para todos y cada uno de ustedes.*

Hijos bien amados, ovejal querido, pequeños Míos; el amor ha entrado en sus corazones, está en sus corazones y quieren repartirlo al uno y al otro. Ha caído la venda de oscuridad de sus mentecillas, de sus ojos; ha caído la venda de oscuridad, y pueden contemplar la luz, pueden sentir en su corazón el amor del *Amor de los Amores*. Sienten ese amor, y quieren repartirlo con su hermano y semejante; y lo que ustedes contemplan, quieren que ellos contemplen, lo que ustedes sienten, quieren que ellos sientan. Sean esa luz, sean ese ejemplo que ellos contemplen, sean firmes en su fe, en su creencia, sean firmes en su promesa entregada al Creador. Entonces, por sus ejemplos, por su devoción, por su entrega, por su fe y por su amor, ellos comprenderán que llevan el camino equivocado; ya que los contemplarán en el *sufrimiento, contemplarán* que ustedes no reniegan, que no maldicen, sino que con amor van aceptando todas las tribulaciones que se les van presentando, y que van sufriendo. Los contemplarán con una sonrisa aceptar todo lo que viene, y con una sonrisa, ver los vendavales que vienen sobre ustedes.

Entonces, ellos empezarán a creer, y dentro de sí mismos empezarán a preguntarse: *"Algo tiene que haber visto, algo tienen que sentir, algo tiene que estar pasando. Porque contemplo que lleva el dolor, mas la queja no aflora a sus labios. Contemplo, que cae, cae y cae, mas sus labios no reniegan de su caída; se levanta sonriente, y con más fuerza sigue caminando. Algo tiene que estar pasando dentro de él. ¿Por qué actúa así?"* Van a ser sus ejemplos, oh, pequeños, ovejal bendito, ejemplos que los van hacer reaccionar, y dirán: *"Algo está mal en mí porque yo sí reniego, porque yo sí maldigo mis sufrimientos. ¿Por qué si he caído, no me puedo levantar? ¿Por qué? ¿Por qué?*

Ahí estarán esas preguntas, preguntas a las que ustedes podrán dar respuesta con su cumplimiento, con su entrega, con su fe. Los seguirán como los hambrientos siguen al que trae el pan, como los sedientos que siguen al que lleva esa agua que quitará su sed. Porque serán sus palabras, sus ejemplos, su sola presencia la que los ayudará, los aliviará.

Prepárate, oh, ovejal bendito, prepárate, te dice el Padre Elías Pastor Incansable, que ha visto a la una y la otra caer, que ha visto que la levanta y sigue adelante. Prepárate, *Elías de éste tercer tiempo,* prepárate, para que ayudes a levantar a aquella oveja caída. Prepárate, para hacerla entender que esa, es sólo una caída, y que lo que cuenta, es el levantar; que lo que cuenta es el seguir caminando recto, y entenderá que la falta se ha cometido, pero que también se puede dejar de cometerla, y que hay un precio a pagar y que ese precio, se tiene que pagar con amor, con fe, con resignación y con calma.

Aprenderán tanto de ustedes, que ustedes mismos se sorprenderán; ya que contemplarán el cambio de sus hermanos y semejantes, contemplarán el cambio de aquellos que los rodean, y dentro de ustedes se darán cuenta, que han sido ustedes los que han provocado ese cambio, por sus ejemplos, por su fe, por su amor; y por su entrega *al Creador.* Entréguense, recuerden, recuerden que primero tienen que preocuparse por ustedes mismos; salvarse, limpiarse para que así puedan ayudar a salvar, a limpiar y purificar a los demás.

Pequeños Míos: Lleven el *sufrimiento c*on amor y resignación, ni el uno es más, ni el otro es menos; todos llevan *el sufrimiento* que así mismo se han acarreado, todos llevan el *sufrimiento* que se requiere para su *evolución espiritual.* Ni el uno es más, ni el otro es menos, todos van sufriendo, porque todos van en el camino de su Dios y Señor. Acepten *el sufrimiento* con amor y con resignación, acepten el sufrimiento con la pasión con que aceptan el amor de Cristo nuestro Señor. Acéptenlo, y entonces tendrán la recompensa: ir junto con Cristo nuestro Señor a esas *Escalas de Perfección, y* de estar ante la presencia de *Aquel* que todo lo hizo, de *Aquel* que todo lo sabe, de *Aquel* que nos ha entregado todo Su Amor; porque Él, es Amor. Pequeños, sufran con amor. Ovejal bendito, sufre con resignación, que de sus labios no salga la blasfemia, la queja, que en ningún momento salga la maldición por *el sufrimiento* que van llevando.

Pequeños Míos recuerden, que si sus hermanos contemplan que llevan del *sufrimiento,* mas no llevan de la ira, del enojo, del reniego, entonces los amarán, y ustedes amarán a sus hermanos. Ya que con ese ejemplo los están amando, los están guiando, y los están enseñando. Pequeños, sufran, sufran con resignación, recuerden que la recompensa es grande, recuerden que quieren visitar l*a Escala de la Perfección* de la cual Cristo Nuestro Señor desciende a entregarles.

Quieren visitar esa *Escala de Perfección,* recuerden el Calvario de su Jesús de Nazaret. Para pisar esa *Escala de Perfección* tienen que pasar por ese calvario, y hacerlo como Él lo hizo: con amor, con resignación, y con fe. Él sabía lo que en esos instantes estaba haciendo: Se estaba entregando en cuerpo, alma, corazón y mente, como ejemplo a un pueblo. Así tienen que hacerlo, sean el ejemplo de ese pueblo, lleven el sufrimiento, carguen *su cruz con amor, q*ue en ningún instante salga de sus labios la blasfemia, la ira, el coraje.

Pequeños Míos: Les espera más sufrimientos. Oh, Mis pequeños, ésta, es una preparación, porque les espera más *sufrimiento*. Se acerca el momento en que Mi Padre venga a entregar Su Juicio, a entregar Sus Dones; pequeños Míos, están en preparación para recibirlos, ovejal bendito, estás en preparación, están en preparación. Pequeños Míos, tienen que entender; tienen que prepararse, se acerca el momento en que Mi Padre vendrá a recoger la cosecha, y en el que Mi Padre vendrá a entregar *Su Juicio, el momento en que Mi Padre vendrá a entregar Sus Dones, Sus Gracias y Sus Potestades*. Ustedes tienen la potestad de estar escuchando, de estar aprendiendo, de llevar esa enseñanza hasta aquellos que sordamente se han puesto a escuchar las palabras de su Dios y Señor, aquellos, que han cerrado sus oídos, sus ojos, y no quieren ver ni entender.

Pequeños Míos, he ahí el sufrimiento. He ahí que su corazón se les partirá al contemplar lo que contemplan, al entender lo que entienden, y ver, que sus hermanos son como *la roca dura* y no quieren entender. He ahí del sufrimiento, pequeños Míos, he ahí del sufrimiento que llevará cada uno de ustedes, he ahí de la preparación que debe llevar el uno y el otro para poder amoldar esa *roca*. *Ya que llegado el momento, hasta la roca escuchará, hasta la roca contemplará lo que es la voluntad de nuestro Padre y Señor.*

Preparen, preparen, preparen, que alba tras alba Elías les ha venido a entregar la herramienta y *la semilla en dorado, la Semilla en dorado* que es la preparación, la enseñanza y los conocimientos que obtienen alba tras alba. Esa semilla, primero tiene que germinar en cada uno de ustedes, y ese fruto, deben entregarlo a su hermano y semejante, y a los que así lo requieran. Porque todos tienen que probar de ese fruto, todos tienen que saborear la sabiduría y los conocimientos que alba tras alba se les vienen a impartir. Poco a poco irán entregando, poco a poco irán quitando la venda de oscuridad de aquellos que quieran quitársela. Porque encontrarán, que algunos están felices en esa oscuridad, y no quieren ser despertados; encontrarán a los que están felices, siendo los sordos que no quieren escuchar porque comprenden, que no les va a gustar lo que escuchen; ya que eso los va a sacar de su comodidad, los va a sacar de lo que erróneamente han entendido y comprendido desde el principio de los Tiempos. Son muchos los siglos en los que han llevado esa enseñanza, para en unos instantes dejarla ir.

He ahí Mis pequeños, el dolor que llevarán, he ahí del desgarre en su corazón. Porque contemplarán, que aquella *piedra*, aquella *roca dura* no quiere entender que en dónde se encuentra, no es el lugar. No quiere entender que lo que está escuchando, no es la voluntad de nuestro Padre. Que no quiere entender, que las enseñanzas que lleva, ya no son la voluntad de nuestro Padre que las lleve. Que no quiere entender, que llegado el momento Él va a venir y va a recoger esas enseñanzas, y las va a arrojar al vacío. Porque va a poner l*as Nuevas Enseñanzas,* va a preparar los nuevos caminos, las nuevas mentecillas y los nuevos entendimientos. He ahí del *sufrimiento* que llevarán, pequeños Míos, he ahí del *sufrimiento* que llevará el uno y el otro, porque la venda ha caído de sus pupilas, pero sigue en las pupilas de sus hermanos. Pequeños Míos, prepárense, prepárense, prepárense *a la luz y a la verdad,* prepárense con el amor, con la calma, con la resignación de ver a sus hermanos en esa situación.

Pequeños Míos, trabajen, trabajen, trabajen para que esa *roca* vaya tomando forma. Para que llegado el momento, también esa *roca* escuche y vea. Lo lograrán, pequeños Míos, pero no con todos y ese será *el sufrimiento*. Ya que por el amor tan grande que llevan en su corazón, quieren que toda aquella *roca a* la que le hablan, escuche, entienda y comprenda lo que le están diciendo, lo que le están hablando. Mas no va a ser así, pequeños Míos, serán más las *rocas* que se encuentren, que aquellos que estén dispuestos a escuchar. He ahí *el sufrimiento* que les espera pequeños Míos, he ahí el *sufrimiento, el sufrimiento* que *Elías, su Pastor Incansable* ha sufrido por siglos. Que por siglos ha ido por montes y valles a recoger a la descarriada, y la ha regresado al *redil sacrosanto y bendito*. Por siglos ha ido a través de montes y valles a recogerla para llevarla al *redil sacrosanto*. Por siglos ha contemplado lo que ha contemplado; por siglos ha contemplado, que aquella oveja no ha querido contemplar lo que Él está contemplando.

He ahí *el sufrimiento* que les espera, pequeños Míos. Aprendan a controlar el amor que sienten en su corazón, aprendan a llevar las enseñanzas que alba tras alba reciben, aprendan a saber cómo las van a entregar, cómo van a ir trabajando con aquel de su hermano y semejante, para que poco a poco esa venda de oscuridad vaya desapareciendo. Mas recuerden, que lleva de la paciencia, de la resignación y de la calma; no esperen, que los comprendan a la primera ocasión que les hablen de estas hermosas enseñanzas, de estos conocimientos que a ustedes les han abierto los ojos. Pasará tiempo, pequeños Míos, tendrán que sentir *el sufrimiento* de ver, que sus palabras han pegado en *la roca*; han caído en la *roca* y no han hecho mella alguna. Pero no desmayen, pequeños Míos, así como no ha desmayado *Elías, su Pastor Incansable* desde el principio de los Tiempos, al ir una y otra vez a traer a la descarriada al redil sacrosanto. No desmayen, pequeños Míos, l*es darán tres oportunidades*. Ustedes no podrán contar las oportunidades, ya que nuestro Padre las va llevando en cuenta. Ustedes hablarán, entregarán estas enseñanzas, impartirán estos conocimientos, conocimientos que alba tras alba reciben, y Mi Padre se encargará de decirles: *"Hasta aquí, pequeño Mío, ya déjalo en paz, ya deja a tu hermano y semejante, porque no quiere escuchar. Sigue adelante y ve con aquellos que sí escuchan, que sí ven. P*equeños Míos, Él se encargará de hacerles saber cuándo van a parar, cuando van a dejar de entregar las enseñanzas a ese mismo hermano, pero la misión es de ustedes.

Pequeños Míos: Entreguen, entreguen, partan y compartan todo lo que escuchan, todo lo que oyen; y todo lo que contemplan, todo lo que su corazón ha aceptado, porque sienten el palpitar, el regocijo en él; y saben, que lo que están escuchando es la verdad, saben, que lo que están escuchando es *a la luz y a la verdad.* Saben, que les llega desde el *Solio Divino de nuestro Padre,* porque han sido fieles, porque han dicho: "*Queremos aprender más*", y nuestro Padre ha escuchado. Ha puesto a *La Legión de Maestros* a sus órdenes, ha puesto a *La Legión de Maestros,* para que venga a entregarles, a impartibles la enseñanza, los conocimientos que han solicitado, y contemplamos, con que amor los reciben, y como su corazón se regocija al escuchar las respuestas recibidas. Adelante, pequeños Míos, adelante, hermanos *bien* amados, adelante, que han escuchado a *Elías, a Elías* en unificación con *los Maestros Yaubl Sacabi, Rebazar Tarz, y Shalin,* que en unificación, en una sola voz, una vez más han venido a entregarles el alerta por *el sufrimiento* que les espera. Ellos han estado aquí junto con *Elías; Elías* ha tomado la voz, pero unificada con *Yaubl Sacabi, Shalin y Rebazar Tarz.*

Pequeños Míos: Es lo que *Elías* les ha entregado en bendita alba de gracia, en unificación con *los Maestros.* Nuevamente se quedan con el amor en sus corazones, porque *la Legión de Maestros* los tiene en su corazón con amor. Por amor es que descienden a ustedes, por amor les entregan las enseñanzas y los conocimientos, por amor los dirigen alba tras alba, porque quieren verlos salir del lugar que no les corresponde; quieren verlos salir de la escala de la imperfección y entrar a la *Escala de Perfección. P*equeños Míos, están en camino de entrar a *la Escala de la Perfección;* adelante, pequeños Míos, adelante, pueblo bien amado, adelante, que te esperan sufrimientos, pero la recompensa, es la *Escala de la Perfección* en donde estarás y en donde conocerás al *Dios de la Verdad Absoluta y Amor Verdadero,* en donde conocerás el *Verdadero Dios;* en donde conocerás los *verdaderos cielos y las gracias divinas.*

Adiós, pequeños Míos, adiós, hijos bien amados, adiós hermanos bien amados. Reciban, reciban con el amor de siempre lo que en bendita alba de gracia se les ha entregado; recíbanlo, y estén en el alerta, fortifiquen su *materia,* su entendimiento, y su fe, para que sigan adelante y no puedan contemplar, no puedan sentir *los sufrimientos* que les espera, porque serán recubiertos con el amor, la fe y la entrega, que tienen para con su *Dios y Señor.* Adiós pequeños Míos, adiós.

MENSAJE DEL ESPÍRITU SANTO
Martes 27 de julio de1997 7:45 p. m.

Preparen de su entendimiento, que el Espíritu Santo se comunica a través de su entendimiento. Preparen, preparen, preparen, unifíquense, unifíquense, unifíquense, porque van a tomar la esencia de Elías en unificación. Preparen, preparen, preparen, preparen de su entendimiento, que el Espíritu Santo se comunica a través de su entendimiento. Tomen la Esencia del Espíritu Santo, entreguen el saludo en unificación, sigan la pauta de quien les está dando la pauta.

Amar al Padre, amar al Hijo, amar al Espíritu Santo. Creen en el Padre, creer en el Hijo, creer en el Espíritu Santo. Esperar del Padre, esperar del Hijo, esperar del Espíritu Santo. He aquí una vez más al Espíritu Santo, que viene a hacerse presente en Casa Bendita de Oración. Sentir su esencia, sentir su presencia, sentir lo que tienes que sentir, para que te des cuenta que el Espíritu Santo contigo se encuentra. Recibe, recibe, recibe de lleno el Poder del Espíritu Santo; recibe, recibe, recibe de lleno Su fuerza, Su fortaleza, sáciate de ella. Prepara, prepara, prepara de tu entendimiento, unifícate con Su esencia, con Su presencia y con Su potencia. Unifícate con el Espíritu Santo, que es el escalón que necesitas para subir, es el escalón que necesitas para llegar a la cumbre deseada, es el eslabón que se encuentra perdido en tu preparación. Mientras no encuentres ese eslabón, tu preparación será falta; le faltará ese eslabón: la comunicación directa con el Espíritu Santo, con la fuerza y la fortaleza del Espíritu Santo.

Unifícate, unifícate, unifícate, y entrega del mensaje, entrega, entrega, entrega del mensaje, que el mensaje está ahí. Unifícate, unifícate, unifícate, adelante, sigue entregando el mensaje de Elías, sigue entregando el mensaje del Espíritu Santo; adelante, unifícate, unifícate con el Espíritu Santo, que la fuerza se encuentra en estos instantes; unifícate y entrega el mensaje, que el mensaje está ahí, adelante, adelante, adelante, que el mensaje está ahí. No dejes al Espíritu Santo esperando. Si le has dicho que eres de Él en cuerpo, alma, corazón y mente, ¿por qué entonces le detienes tu cuerpo, tu alma, tu corazón y tu mente?

Recuerda que se te ha dicho, que debes de analizar de tu "declaración". Has declarado, que perteneces al Espíritu Santo en cuerpo, alma, corazón y mente, y te estás negando en estos instantes a Servirlo, te estás negando a que tome tu mente, tu alma, tu corazón y tu cuerpo, y entregue lo que Él tiene que entregar. Analiza, analiza, analiza de tus palabras, porque en estos instantes estás pasando una prueba, que no estás pasando. Adelante, entrega el mensaje de Elías; entrega el mensaje del Espíritu santo, unifícate con Él. ¿Por qué dejas al Espíritu Santo esperando? ¿Por qué no cumples lo que de labios dices? ¿Por qué no le entregas tu cuerpo, tu alma, tu corazón y tu mente? ¿Por qué no le dices: "Este cuerpo, es tu cuerpo, ven a él y haz de tu voluntad"? ¿Por qué no le dices: "Esta mente es tu mente, ven a ella y haz de tu voluntad? ¿Por qué no le dices: "Este corazón es tu corazón, ven a él y haz de tu voluntad? ¿Por qué lo dejas esperando?

(Una "materia, o cuerpo" toma al Espíritu Santo.)

Amar al Padre, amar al Hijo, amar al Espíritu Santo; creer en El Padre, creer en El Hijo, creer en el Espíritu Santo; esperar del Padre, esperar del Hijo, y esperar del Espíritu Santo. He aquí a Elías, Pastor Incansable, que en sumisión y obediencia se hace presente para hacer y acatar la voluntad de un Dios Todo Poderoso, en esta bendita alba de gracia. Heme aquí, Padre, ante Tu presencia, haciendo y cumpliendo Tu voluntad, porque es lo único que cuenta: Tu voluntad.

Heme aquí, ante el pueblo bendito de Israel en esta bendita alba de gracia. He aquí a Elías, que una vez más viene a hacerte el recordatorio: Os pude haber dicho que la guerra se ha desatado, Os pude haber dicho, que os encontréis los preparados, que encontrases la preparación, que tomaras de Mis manos, de Mi fuerza, de Mi fortaleza. Os pude haber dicho, Mis ovejas bien amadas, que no os quedaseis atrás, que caminaras a la par Conmigo, para que llevándote sea por el camino correcto, para que no perdiéndote seas por esos caminos, por esas veredas, porque no es de mi voluntad que os perdáis. Os pude haber traído de esas veredas, y ya no quiero que os perdáis nuevamente.

Elías en bendita alba de gracia te dice: "No te encontréis sin estar preparado; encuéntrate el sumiso y el obediente a lo que has "declarado" ante tu Dios y Señor. ¿Nada más lo dices porque tenéis con que hablar? *Mas Mi Padre, ha escuchado y ha dicho, que quiere hechos, que las palabras, son palabras que olvidándose son. M*as vos con vuestros hechos, representáis el Reino de Dios, y le demostráis el amor, la sumisión y la obediencia cual la esposa sumisa y obediente se hace presente ante Esposo.

Mas puedo contemplar en tu corazón, que en él se encuentra la indecisión, la indecisión de lo que habéis dicho y habéis declarado, porque no encontráis dentro de vos mismo la fuerza y la fortaleza que os se te entrega alba tras alba, a través de las enseñanzas que recibiendo eres de los Maestros bien amados, que se entregan a través de la guiadora de esta bendita casa, que en alba bendita de gracia, os trae los mensajes que recibiendo es de las Alturas. Os pude haber dicho, que pongáis atención a todas y cada una de las palabras que ella os entrega, porque cada palabra, es una leccioncilla que tenéis acatar, y llevar en tu corazón. Las debéis poner en práctica, porque eso, es lo que os va a llevar por el camino, eso es lo que los va a preparar para llevarlos ante la presencia de Mi Padre. Os pude haber entregado la Espada de Luz con la que vais a defender el Reino vuestro Dios. Os pude haber entregado alba tras alba, las enseñanzas para que llevándolas sean en su corazón y no olvidando seas ni una sola, porque son la semilla que regareis en el haz terrenal, para que recogiendo los frutos, cuando llegado el momento sea.

Mis ovejas bien amadas: Os entregué que la guerra está desatada en contra de las Esposas de Mí amado Jesús. Mas encuentro que las Esposas de Mi amado Jesús, no os encontráis las preparadas para recibir a vuestro Esposo, no os encuentro las preparadas para defender el Reino de vuestro Esposo, de vuestro Rey y Señor. Os pude haber dicho, que en los caminos os encontrareis con las preguntillas para las cuales, no estaréis preparado si no estáis en comunicación Conmigo; Conmigo, que en este haz terrenal me encuentro para darles la respuesta, para darles la explicación, para darles la guianza para que no perdiéndose sean, para que no confundiéndose ni confundiendo a mis ovejas sean. Os pude haber entregado, que mientras no tengáis la sumisión y la obediencia; mientras no tengáis la comunicación directa con el Espíritu Santo, os encontrareis perdidos y abrumados, porque no sabréis que leccioncilla dar, que consejillo entregar a vuestro hermano, a Mis ovejas, que esperando están del alimento que os traigo, para que les entreguéis alba tras alba. Os pude haber dicho alba tras alba, Mis ovejas bien amadas, que abriendo seas de vuestros corazón, que abriéndolo sean para que encontréis dentro de vuestro corazón las respuestas a todas y cada una de vuestras preguntas que lleváis.

Cuando vais a vuestro lecho a dormir, cuando vais a hacer de Mi voluntad, cuando vais a laborar; cuando vais por los caminos en los cuales os encontráis, no tenéis más que Llamarme; Yo siempre estoy con vos; Yo soy la fuerza que os acompaña. Mas si vos no os comunicáis Conmigo, no tendréis la respuesta, el apoyo, la comunicación porque no estaréis preparado. Prepara, prepara, prepara, Mis ovejas de vuestro entendimiento. Preparar, prepara, prepara para que usando esa comunicación seas, y así mismo puedas guiar a Mi pueblo. Elías, te ha entregado el mensaje que ha sido la voluntad de Mi Padre.

Elías toma nuevamente a la "materia" de la guía.

¿Habéis escuchado? ¿Habéis comprendido la leccioncilla de bendita alba de gracia? Analiza, analiza, analiza lo que de tus labios sale; da hecho, da vida a esas palabras; entrégate, entrégate, entrégate de un todo al Espíritu Santo. Dices, que es al Espíritu Santo al que amas, al que te has entregado en cuerpo, alma, corazón y mente; ¡Demuéstralo! Suelta de tu cuerpo; suelta de tu alma, suelta de tu mente, suelta de tu corazón al Espíritu Santo, y entrégaselos en un todo. Porque es la única llave que vais a tener para llegar al éxito deseado; esa es la única forma que vas a poder entregar lo que se te entregue; esa es la única forma en que vas a poder dar lo que se te dé, porque si Yo te digo que digas... dirás, porque si Yo te entrego... entregarás; no darás, no entregarás, no dirás, lo que Yo no te diga, ni te entregue, ni te dé. ¿Cómo podréis llegar a enfrentarte a las multitudes que se alleguen? ¿Cómo podréis enfrentarte a ese monstruo que viene lleno de preguntas? Él quiere respuestas. De dónde le vas a dar la respuesta si tu comunicación con el Espíritu Santo no está. ¿Vas a darle la respuesta de tu libre albedrío? ¿Es que acaso tú te vas a poner a cambiar las Leyes de tu Dios y Señor?

Para ser un verdadero Espiritualista, debes de estar comunicado con el Espíritu Santo, porque todo lo que salga de tus labios será parte del Espíritu Santo, será voluntad del Espíritu Santo, y de nadie más. El Espíritu Santo te traerá la sabiduría, el Espíritu Santo te traerá los consejos, el Espíritu Santo te traerá todo lo que debes saber, todo lo que tienes que entregar, todo lo que tienes que decir. Mas si no hay esa comunicación con el Espíritu Santo, cómo Podré entregarte, cómo Podré decirte lo que digas, y cómo podrás recibir lo que Te estoy diciendo, si esa conexión no está. Prepárate, prepárate, prepárate más, que ya no es el tiempo para estar divagando sobre lo que se te viene a decir, ya no es el tiempo para que te encuentres el dormido, ya no es el tiempo para que te encuentres a medianía del camino pensando en que si será, o no será, en que si te entregas, o no te entregas.

Recuerda, recuerda, recuerda que la "declaración" escrita está en El Libro de la Vida, escrita está en el cielo, escrita está en los corazones de todo Ángel, Querubín y Serafín. Has hecho una declaración al universo, y el universo ha escuchado. Acaso queréis hacer quedar mal al universo, quedar mal con el universo. Piensa, piensa, piensa y analiza lo que has declarado, piensa en la magnitud de tus palabras y la magnitud de tu entrega. Tus palabras deben de ir a la misma magnitud de tu entrega, tus palabras han dicho algo grandioso, que así mismo sea tu entrega, que así mismo sea tu preparación. Prepara, prepara, prepara todo lo que se te ha indicado que hagas, para que así mismo tengas esa preparación, esa conexión con el Espíritu Santo.

Recuerda, el Espíritu Santo es el Maestro, el Espíritu Santo es el que es: El Infinito". El Espíritu Santo es el que es: La sabiduría. No hay más sabiduría que la del Espíritu Santo. Recuerda, cómo vas a entregar la sabiduría si no tienes la conexión con El Espíritu Santo. Quién te va a entregar esa sabiduría, quién te va a decir lo que debes de decir y lo que no debes de decir.

Prepara, prepara, prepara más de tu entendimiento, prepara, prepara, prepara más de tu *envoltura o cuerpo,* prepara más de tu corazón, de tu mentecilla, y recuerda, que la única llave para que obtengas el éxito, es la comunicación directa con el Espíritu Santo. Mientras no lleves esa preparación, mientras no tengas de esa entrega, mientras no tengas esa conexión con el Espíritu Santo, repetirás, como dicen en tu mundo, como un loro todo lo que se te ha entregado. Pero no tendrá el sabor del Espíritu Santo, no tendrá la fuerza del Espíritu Santo, porque no será el Espíritu Santo, el que esté impulsando esas palabras a través de ti. Comunícate, comunícate, comunícate con el Espíritu Santo, práctica, práctica, práctica como se te ha indicado, como la leccioncilla que se te ha entregado, y entrégate en un todo al Espíritu Santo como la declaración que has hecho. Qué todo eres… todo Entrégale, todo le ofreciste…todo Entrégale; entrégale todo al Espíritu Santo.

Prepara, prepara, prepara, que el Espíritu Santo está a prepararte, pero recuerda una vez más, que no esperaré por nadie, Te estoy dando la enseñanza, Te estoy dando la preparación, Te estoy dando la tregua, pero yo no esperaré por nadie. No esperaré por nadie; el que reciba…reciba, el que no reciba… no reciba. A todos les entrego, pero el que acepte… acepte; y el que no acepte…no acepte. Mi mano está a la par de la tuya, si la queréis tomar, ahí está, más recuerda que no daré paso atrás para tomar tu mano. Si tu mano está a la par Mía, la tomaré, de lo contrario, Te dejaré, Te dejaré a la mitad del camino, o en el lugar que tú quieras quedarte… ahí te quedarás; ahí.

ENSEÑANZAS DEL MAESTRO REBAZAR TARZ
13 de septiembre de 1994

Tu Maestro Rebazar Tarz te habla, escucha y analiza de Mi entrega:

- ❖ ¿Por qué subes y bajas? ¿Que no es doble el esfuerzo, que seguir subiendo sin bajar?

- ❖ ¿Por qué crees y luego dudas? ¿No sufres más en la duda, que en el creer?

- ❖ ¿Por qué tiene fe y la pierdes? ¿Qué no pierdes más tiempo en encontrarla de nuevo?

- ❖ ¿Por qué retrocedes cuando escuchas el cañón? ¿Qué no llevas armas para defenderte?

¿Por qué te ciegas en ver lo que **no** está, y no ves lo que **sí** está?

- ❖ Amas y odias. ¿No es mejor amar, y no llevar el dolor del odio?

- ❖ ¿Para qué pides que te llenen el saco, si no lo podéis cargar? Carga lo que puedes, y deja lo que no puedes cargar.

- ❖ Te he dejado, *que la lucha es dura; la batalla más, pero que si perseveras, la victoria alcanzarás.* ¿Porque si lo sabes, no sigues luchando?

- ❖ Déjame enseñarte el camino; Yo lo he caminado, no le pidas a aquel que lo desconoce, que guiándote sea.

- ❖ Sólo hay un Camino y eso, tú y Yo lo sabemos, ¿por qué te empeñas en encontrar otro?

- ❖ Déjame hablar, Déjame guiarte, Déjame poner la luz frente a ti, para que reconociendo seas el camino.

- Siglos llevo caminando., Me conozco las veredas, es por eso que Yo sé, cuándo en una te encuentras.

- Recuerda, el camino Yo lo he caminado, tú vas empezando a caminarlo.

- ¿Quieres el Don de Maestro? Enséñate primero; enséñate primero, entonces podrás enseñar a los demás.

- No tapes tu mancha, descubriendo la mancha del prójimo; destapa la tuya para que el prójimo vea dónde se lleva la mancha.

- Conócete de pies a cabeza, por dentro y por fuera para que así, hagas alarde de conocer a tu prójimo.

- Deja las alabanzas para quien quiere ser alabado, tú alaba a tu Dios, que Él, ya está glorificado.

- No alabes a hombre terrenal, porque estarás contribuyendo a su caída; amalo **no** alabándolo, que si lo alabas, no lo amas.

- No dejes caer la leche para llorar la pérdida después; toma con firmeza la jarra, y disfrútala de una vez.

- La leche te nutre, te alimenta, la miel suaviza tu paladar; no las tires, no la dejes; saboréalas, disfrútalas y enséñate a paladear.

- Llevas la estrella en tu frontal, que anunciando es al haz terrenal que el preparado te encuentras. Mas ten cuidado, revisa esa estrella alba tras alba para que no pierda ese brillo, esa luz.

- Recuerden, cuando el Maestro habla, los estudiantes, los alumnos escuchan.

- Se te ha entregado, hermano querido, que el tiempo no hay que perder; aprovecha los segundos, los instantes que tienes, no llorando seas el tiempo que has perdido, cuando ya tarde sea.

❖ Escala, escala todo lo que puedas. En estos instantes el universo te pertenece; conquístalo, hermano querido, conquista ese universo; recuerda que no hay tiempo que perder.

❖ ¿Quieres la preparación? La preparación encontrarás y la disciplina llevarás.

ENSEÑANZAS DEL MAESTRO REBAZAR TARZ
DEVOCIÓN
Viernes 8 de octubre de 1994

Bien venidos, hermanos queridos, su Maestro Rebazar Tarz en bendita alba de gracia se encuentra ante vosotros, en compañía de *la Legión de Maestros*, que está a tu disposición para llevarles de la mano por el camino de la evolución, por el camino para encontrar *La Unificación Perfecta con Dios; Te* queremos los perfectos. Es nuestra misión el elevarte hasta esa *Unificación Perfecta con Dios;* Permítenos, hermano querido, Permítenos llevarte de la mano y entregarte limpio y desmanchado ante la presencia del Creador – es la misión de los *Maestros*. Permítenos cumplir esa misión que con amor, con devoción Llevamos. Es Nuestro orgullo, Nuestra satisfacción, el poder llevar a un hermano, y pasarlo por esos túneles, por ese puente que divide a un mundo de otro, que divide lo terrenal de lo espiritual, y poder pasarlo, hacerlo presente, hacerlo maestro. Es una satisfacción para *los Maestros,* el poder llegar y decir: *"Éste hermano logró La Unificación Perfecta con Dios porque siguió las enseñanzas y los pasos que se le entregaron".*

Escúchanos, hermano querido, sigue adelante paso a paso las lecciones que se te están entregando, que así como *el Maestro Shalin* te pudo haber entregado, te *esperan grandes jornadas,* pero también te esperan, hermano querido, grandes *Dones y Gracias*. Ahora son palabras; ahora vas caminando por fe, eso, es lo que te hace agraciado, y admirable ante Su mirada, porque es la fe, lo que te pone frente a Él. Espera, hermano querido a que empieces a reconocer, a contemplar los milagros, la certeza. Que satisfacción tan grande llevará tu corazón al comprender, que tú ya lo sabías porque sin duda alguna tú ya lo habías creído, ya lo habías puesto en tu mente, en tu alma, en tu corazón y en tu cuerpo. No dudes, hermano querido, no dudes ni un momento sobre lo que viene, de lo que se espera, y de lo que le espera a todos y a cada uno de vosotros.

No hay más que pueda decirte. **¿Quieres subir la montaña? Prepárate**, lleva todo lo que necesitas, eleva tu mirada únicamente hacia arriba, que en ningún momento tu mirada sea hacia abajo. Pon tu mirada fija, como el ojo del águila, en lo que vas a lograr, en lo que es tu meta, y síguela, No mires ni a diestra ni a siniestra y siguiendo serás ese compás.; sigue de frente, aquí estamos *los Maestros* para ayudarte, para guiarte, para quitarte las dudas y las confusiones que puedas tener, pero entrégate con *devoción*, que esa, ha sido la lección de bendita alba de gracia.

Me retiro de entre vosotros, hermanos queridos. Hasta otra alba bendita de gracia en que tenga que regresar a entregarles; aquí estaré, y los quiero ver a todos aquí mismo, con ese corazón limpio, abierto, puro y desmanchado; con esa mente abierta, limpia, pura y desmanchada, para recibir las lecciones de tu *Maestro Rebazar Tarz*. Hasta otra alba bendita de gracia, hermanos queridos. Adiós.

"Todo lo que se haga, sea por devoción, no por obligación. Que lo que se haga sea por devoción, y no por obligación".

-¿Te has dado cuenta en la forma en que me fueron entregadas las enseñanzas? Así hablan *los Maestros,* así le hablan a todo aquel que quiera Escucharlos, que quiera aprender de Ellos, y que quiera salir adelante. ¿Quieres salir adelante, o quieres quedarte el estancado, como ha dicho *el Maestro Shalin?* "De ti depende quedarte en el ciclo de la reencarnación, o *pararlo de una vez por todas".* Estudia, analiza y lleva a la práctica todas y cada una de las lecciones que te he entregado. Lo he hecho con ese fin, con el fin de que logres salir de la ignorancia, que logres salir de la confusión, que logres salir de la falsa enseñanza; y sobre todo, que logres parar el ciclo de la reencarnación.

Como te has podido dar cuenta, las lecciones no son tan difíciles; son parte de la vida diaria, pero que no han sabido llevarlas a la práctica. Si las estudias, si las analizas, te darás cuenta de qué es lo que se necesita para ser un *buen espiritualista,* un *buen siervo del Señor.* Ya basta *Espiritualista Trinitario Mariano, ya* basta que vayas proclamando que eres *espiritualista,* cuando no llevas en ti de éstas enseñanzas; ya basta que digas que *amas a Dios,* cuando no sabes lo que significa amar. *Recuerda que primero debes Conocerlo, antes de decir, que lo Amas.*

Sigue leyendo, que vas a encontrar muchas cosas más, cosas que al leerlas vas a darte cuenta que las necesitabas, que no las sabias, y que las ignorabas, porque no hubo quien te las explicara. Te las he explicado de una forma, que si no las quieres entender, quiere decir que no quieres evolucionar. Esa será tu decisión. Recuerda: *"Tú, eres el límite; Él, es el Infinito.*

ÁRBOL CAÍDO

Todos conocéis el dicho, o refrán que tenéis en tu mundo físico, *"Que" del árbol caído, todos quieren hacer leña"*.

En bendita alba de gracia, Rebazar Tarz tu hermano, tu Maestro, te viene a pedir, a suplicar, que n*o seas ese árbol caído, no* seas ese árbol del cual todos quieren hacer esa leña. En otras palabras: no seas la mofa de tus hermanos al ser ese árbol caído. Mantente firme, recto, sigue alimentando desde la raíz hasta la última hoja de ese árbol. Fortalece, alimenta para que seas ese roble fuerte que al pasar de los años siga recto. No quiero árboles derrumbados, no quiero árboles de los cuales hagan leña de ellos; Quiero árboles, que dando sean el fruto de la vida, el fruto del saber y el conocimiento, el fruto de la sabiduría, y que sus ramificaciones sean de amor, de caridad, de fe, de constancia y de disciplina – Quiero esos árboles y quiero esos frutos.

Aquí estamos sus Maestros, para fortalecer ese árbol desde sus raíces, para hacer esas ramas frondosas llenas de hojas verdes y de luz. Aquí estamos, para preparar esa tierra, para hacer de cada uno de ustedes ese árbol frondoso, lleno de fruto; el fruto de la vida, del saber y del conocimiento. Se alzarán como ejemplo; su fruto será el ejemplo y el mismo dará la semilla que será el ejemplo.

Analicen, piensen en lo que les está hablando su *Maestro Rebazar Tarz*. Árboles caídos hay muchos, secos y sin frutos, pero esos árboles no los queremos, queremos un valle de árboles frutales, queremos un valle dónde abunde el fruto, con el cual saciando sea su hambre y su sequío todo el que pase por ese valle. Para qué queréis ser ese árbol seco, muerto, sin vida, cuando tenéis frente a ti la oportunidad de ser ese roble fuerte, erecto; la oportunidad de ser ese árbol que dé frutos del saber, de conocimientos.

Frente a ti tenéis la oportunidad de ser el fruto perfecto, el fruto que dando sea la semilla de perfección, porque esa es la meta: que seas ese fruto perfecto, y que la semilla de ese fruto, sea la *Unificación Perfecta con Dios* de aquel que lo coma, que lo ingiera, y que lo saboree. Que no te importe el hecho, de que habrá quien al tomar de ese fruto reniegue del mismo porque no le guste su sabor. Vendrán otros que sí le encontrarán ese sabor, y que sabrán apreciar ese fruto, que sentirán su cuerpo vitalizarse. Al comerlo sentirán el cambio en sí mismos y sabrán, que ha sido por el fruto que han comido, y no lo negarán, porque tendrán el beneficio de ese fruto. Esas serán las semillas que vosotros sembraréis. Analicen, piensen, estudien las palabras del *Maestro* que les habla en bendita alba de gracia. Pronto, muy pronto estarán a ver cosas maravillosas, cosas nunca antes vistas ni oídas, cosas, que ni siquiera habían podido imaginar que existían.

Si queréis ser parte de ese valle de árboles frutales… prepárate, si queréis ser parte de ese árbol caído…es tu decisión. Toma tu decisión, decide qué es lo que quieres hacer: quieres ser parte del valle de árboles frutales que darán la semilla de *perfección, o* quieres quedarte a la medianía del camino siendo el árbol caído, seco del cual todos quieran hacer leña; tú decides.

Los Maestros estamos aquí por voluntad y mandato de Nuestro Padre, mas no podemos obligarte a Escucharnos, a Entendernos; no podemos obligarte a Aceptarnos; no podemos ir más allá de tu propia voluntad. Danos tu voluntad, Acéptanos, y haremos de ti ese árbol robusto, haremos de ti el árbol perfecto. Mas recuerda, que es tú voluntad la que cuenta.; de ti depende si lo queréis hacer, tú decides si queréis quedarte a la medianía del camino como árbol seco, sin producto, sin el fruto, sin la semilla - *"No esperes al mañana para decidir, que el mañana es el hoy, y el hoy fue el ayer".*

ARMONÍA

Ya es tiempo que tomando seas tú decisión, ya es tiempo que dando seas el paso definitivo. Ya no es tiempo de titubeos, ya no es tiempo de pensar, o qué Sí, o qué si No; que sí será, o que no será. Porque frente a ti has tenido las pruebas, los testimonios de lo que a cada momento te hemos estado hablando todos y cada uno de los *Maestros* que nos presentamos en *Casa Bendita de Oración:* El uno te ha dicho lo mismo que el otro, y el otro te ha dicho lo mismo que el otro, porque estamos en *armonía, y en armonía te venimos a entregar*. Esa misma armonía es la que queremos ver ti mismo: *armonía en tu mente, armonía en tu cuerpo, armonía en tu alma, armonía en tu corazón;* si no hay armonía en ti, en todo tú, algo estará fallando. Si es así, entonces los *Maestros* no podemos ayudarte, *porque si tú duda es del tamaño de lo que puede dejar un alfilerillo al tocar, ya no te podremos ayudar*, porque recuerda, que tenéis que entregarte en cuerpo, alma, corazón y mente; de lo contrario, queda la duda, queda el que todavía no te quieres entregar.

NO PEROS, NO EXCUSAS

El valle te espera, la decisión es tuya, **sólo te digo: No tenéis mucho tiempo para seguir en la duda, en la confusión**. Decídete ya, o crees, o no crees, o aceptas, o no aceptas, o haces o no haces, o escuchas, o no escuchas, o ves, o no ves. Pero no digas: contemplé, *pero...* No digas escuché, *pero...* porque así no podrás entrar a ese valle. A ese valle entrarás sí dices contemplé, escuché, creí, y no hay *nada de peros,* porque lo estás aceptando en un todo, en un completo.

Mucho se les ha hablado, mucho se les ha dicho, *que el que tenga ojos va a ver, el que tenga oídos va a escuchar, el que tenga entendimiento va a entender.* Así es que el inocente, el ignorante no lo eres porque vos lo sabéis, vos lo entendéis, vos no tenéis la *excusa* de poner la duda, no tenéis el pretexto porque lo habéis escuchado de labios de tus Maestros, vos habéis tenido el testimonio de lo que se te ha ido entregando. Qué más queréis, qué más queréis, hermanos queridos; frente a vosotros tenéis un valle preparado para que sean esos árboles que dando sea el fruto deseado, el fruto de *La*

Unificación Perfecta con Dios. Hermano querido, no te niegues a ti mismo esa oportunidad. Recuerda *que del árbol caído, todos quieren hacer leña.* Pregúntate a ti mismo, si queréis ser ese árbol caído.

Adiós, hermano querido. Analiza, estudia cada una de mis palabras, que ésta es una enseñanza como todas las que habéis recibido, que tenéis que analizar, estudiar y sobre todo, aceptar. Hasta otra bendita alba, en que *los Maestros* estaremos aquí a traerte la lección, para que la vayas analizando, comprendiendo, estudiando y sobre todo, aceptando. Adiós queridos hermanos.

PREPARACIÓN PARA EL DÍA DE LA COMPETENCIA

Saludos, hermanos queridos, su *Maestro Rebazar Tarz* está entre vosotros, y os vengo a entregar unas cuantas palabras, os vengo a entregar para que analizando sean:

Cuando en tu mundo terrenal un atleta se prepara para brincar los obstáculos, tiene una fecha en la que tiene que ir a competir, tiene un tiempo en el que tiene que prepararse para esa competencia. Si ese atleta no se prepara, no podrá brincar los obstáculos, no podrá estar en esa competencia, y si llega, no será el triunfador. Hermano querido, entiende el ejemplo que te entrega tu *Maestro Rebazar Tarz. Sois* los atletas, que estáis en el tiempo de preparación para poder brincar esos obstáculos, porque ya se llega el día de la competencia.

¿Qué es el día de la competencia, hermano querido? Es el día que tienes que salir a cumplir esa misión. Si al igual que ese atleta no te encuentras preparado, no la cumplirás *a la luz y a la verdad,* y así como ese atleta; no ganarás, no lo lograrás, y habrás perdido el tiempo. De una forma y otra se te ha indicado del privilegio, de la misión que tenéis, y por lo que tenéis que prepararte. Si ese atleta no toma en serio su preparación, no hará un buen papel cuando llegue el día de la competencia, mas si ese atleta se entrega de lleno a su preparación, va la competencia seguro del papel que va a desempeñar. Por lo tanto, hermano querido, tu *Maestro Rebazar Tarz* te pregunta: ¿Te encuentras listo y preparado para la competencia? ¿Te encuentras listo para y salir a saltar esos obstáculos?

Recibo que me dices: No, Maestro.

Bendito, alabado y glorificado seas, porque has hablado con la verdad; todavía no te encuentras preparado, mas te encuentras en preparación. Prepárate, porque el día de la competencia se llega y te queremos ver preparado. Queremos ver, que te presentes con tu frontal muy en alto, y listo para la competencia, seguro de que vais a ganar porque te habéis preparado *a la luz y a la verdad.*

Te he puesto el ejemplo del atleta, porque estáis en el mundo material y sabéis lo que eso significa. Aplica ese ejemplo en ti mismo, y sé ese atleta que se prepara para esa competencia. *Los Maestros,* estamos buscando la forma de hacerte entender, de hacerte comprender lo que venimos a entregarte. Comprende, que estamos enseñando a unos niños, y por lo tanto, tenemos que buscar la forma de que comprendan la lección que se les entrega. Tenemos que buscar la forma de que esos niños no se vayan confundidos. Todos y cada uno de vosotros sois la pequeñez, que está esperando aprender para llegar a ser adultos. Escucha, presta atención, analiza los ejemplos que se te entregan, llévalos a cabo y prepárate para esa competencia.

Ya no pierdas el tiempo, hermano querido, ya no lo pierdas. Recuerda que el reloj sigue corriendo y el tiempo ya se acaba; ya no tenéis mucho tiempo para prepararte, hermano querido, aprovecha cada instante y momento, aprovecha cada una de las lecciones, aprovecha todos los conocimientos y la sabiduría que vienen a impartirte *los Maestros. Ya no desaproveches ni un momento. El tiempo de perder el tiempo, ya pasó, hermano querido, ahorita, es el tiempo de aprovechar el tiempo, porque ya no hay tiempo para perder.*

Analiza lo que tu *Maestro Rebazar Tarz* te entrega. *Bendito, alabado aquel hermano, que tomando sea conciencia de la misión que está frente a él.* Es lo que te entrega tu Maestro Rebazar Tarz en bendita alba de gracia. Hasta otra bendita alba, oh, hermanos queridos.

Hermano querido, recuerda que Nos tienes las veinticuatro horas que el alba tiene, y Estamos con vosotros todo el tiempo. No dudes en Aclamarnos, en Llamarnos si te sienten con la duda, si te sientes con la confusión. Aprende a Llamarnos a la hora de tu descanso, para que a través de tu sueño poder entregarte Nuestra respuesta, Nuestro consejo y Nuestra guianza. Pero aprende a Llamarnos, aprende a recibir el mensaje. Porque el mensaje está ahí, pero tenéis que aprender a recibirlo. Hasta otra bendita alba de gracia, hermanos queridos, se despide su *Maestro Rebazar Tarz.*

ENSEÑANZAS DEL MAESTRO FUBBI QUANTZ
LAS SAGRADAS ESCRITURAS
Domingo 15 de enero de 1995

Bienvenidos, pequeños hermanos, a Casa Bendita de Oración, a la Escuela Espiritual, al lugar dónde se encuentran *las Sagradas Escrituras, las Sagradas Enseñanzas d*e las cuales, tu Maestro Fubbi Quantz en bendita alba de gracia te viene hablar.

Has escuchado sobre *Las Sagradas Escrituras,* mas no sabéis lo que representan. Has escuchado aquí y allá de ellas, mas no has sabido analizarla, no has sabido entenderlas, no has sabido de su contenido. Fubbi Quantz en bendita alba de gracia, hermanos queridos, dice: *Las Sagradas Escrituras, don divino* que ha sido puesto en *Los Arcanos de la Sabiduría* y que han descendido hacía ti, pueblo de Israel, hacía ti, hermano querido, para que así mismo, encontrando seas la preparación para alcanzar los niveles deseados.

Han hablado de *Las Sagradas Escrituras, h*ay quienes aseguran que las saben al revés y al derecho, de arriba abajo. Mas tu Maestro Fubbi Quantz te dice en bendita alba de gracia, que han transgiversando de ellas mismas, que le han dado el uso que en ese instante el hermano ha querido, que en ese instante el rector que han tenido frente a ustedes, ha querido darles. Mas Fubbi Quantz en bendita alba de gracia te dice: "Entrégate, entrégate, entrégate, entrégate a l*as enseñanzas del mundo espiritual*. Entrégate, entrégate, entrégate para que no llevando seas la duda. Porque quién más que *el Mundo Espiritual* puede traerte *las Sagradas Escrituras a la luz y a la verdad,* quién más te puede dar la explicación, la enseñanza, quién más puede quitar esa duda, esa confusión que puedas tener sobre esas *Escrituras,* sino *el Mundo Espiritual de Luz.*

El Mundo Espiritual de Luz, que está a cargo de *Los Arcanos Sagrados de la Sabiduría, el Mundo Espiritual de Luz q*ue ha abierto todos y cada uno de esos libros. De cada uno de esos libros te puede traer la enseñanza, la preparación que vas necesitando, puede ir quitando dudas, engaños, falsedades que por tiempo A, se han venido diciendo de *Las Sagradas Escrituras*. Recuerden, recuerden, que han quitado el punto y han puesto la coma donde no lo era, y han cambiado el significado, han cambiado el rumbo de *Las Sagradas Escrituras*. Mas aquí tenéis al *Mundo Espiritual de Luz* para aclarar tus dudas, para aclarar de tu entendimiento, para hacerte conocer l*a verdad a la luz y a la verdad.*

Oh, pueblo, oh, hermanos, queridos, que grandeza tenéis ante ti, y no le habéis dado el valor que tiene; no le habéis dado el valor que tiene a lo que tenéis frente a ti. Oh, hermano, querido, tenéis frente a ti al *Mundo Espiritual de Luz, t*enéis frente a ti a aquellos, que encargados se encuentran de cuidar *Los Libros de la Sabiduría, y del Conocimiento*. Los tenéis ante ti para darte la enseñanza y la preparación, para guiarte *a la luz y a la verdad p*ara que así te enteres y vayas conociendo lo que quieren decir l*as Sagradas Escrituras,* lo que se quiso decir en aquella *Sagrada Escritura,* para que la duda ya no lleves, para que aclares de tu entendimiento, oh, hermano, querido.

Oh, hermano querido, pregunta, pregunta, pregunta lo que está en tu corazón, pregunta sobre la duda que lleváis de *Las Sagradas Escrituras*, para que tu Maestro Fubbi Quantz, encargado de *Los Arcanos Benditos de Los Libros de la Sabiduría*, pueda quitar de tu duda. Pregunta, pregunta, pregunta, que aquí está tu Maestro Fubbi Quantz para entregarte la satisfacción que vais buscando, la respuesta que habéis buscado, la luz en ese entendimiento, en esa confusión. Pregunta, pregunta, pregunta, oh, hermano, querido, lo que está en tu corazón.

Nadie habla.

EL MAESTRO Fubbi Quantz

-No podéis abrir de tus labiecillos y hacer la pregunta, pero está en tu mente. Abre tu mentecilla, entrega la pregunta que está ahí; la pregunta que ha estado en tu mentecilla desde Tiempo A. La duda que tenéis, que lleváis, llévala a tus labios para que Fubbi Quantz la pueda escuchar; para que Fubbi Quantz te pueda dar la respuesta y aclarar la duda en tu entendimiento, oh, hermano, querido.

Un hermano pregunta al Maestro:

-En el alto y Bendito nombre del Señor, yo te saludo, Maestro. ¿Qué pasó con el ser que se encargó de cuidar a Cristo; o sea José?

EL MAESTRO Fubbi Quantz

En ese Bendito Nombre yo te contesto. Oh, hermano, querido, has hecho la pregunta: Qué fue lo que pasó con el buen José, qué pasó con aquel *Santo Varón q*ue fue escogido para cuidar del pequeño *Jesús,* que fue escogido para Guiarlo, que fue escogido para preservar a María, Virgen y Pura. Qué ha pasado con él te habéis preguntado. Has dicho: Por qué no está en *Las Sagradas Escrituras* nada de ese *Santo Varón.* Mas te dice Fubbi Quantz*: En Las Escrituras estaba,* m*as fue quitado por voluntad del hombre.* Mas te dice Fubbi Quantz: En un lugar privilegiado se encuentra ese varón, un lugar privilegiado., por haber cumplido aquella misión encomendada, por haber sido puro, por haber sido creyente; por haber entregado su cuerpo, su alma, su corazón, su mente, a aquel pequeño Niño, y, a aquella *videncia* que había tenido, y en la cual, había creído.

Él tenía la *videncia; contemplaba a los Ángeles del cielo, contemplaba al Padre, escuchaba al Padre hablarle, contemplaba las grandezas que se encontraban en las Alturas.* Cuándo la duda estaba ahí; ahí estaba la *videncia* para aclarársela, cuando él tenía la preguntilla, ahí estaba la *videncia* para aclarársela. Cuándo *él contempló al pequeño Jesús lleno de luz, cuando él contempló aquel cuarto lleno de la luz morada, cuando él contempló a María rodeada de esa luz azul, él creyó, él* creyó más y más, y fue creyendo, porque él fue partícipe, porque él fue testigo de los *milagros que fue haciendo el pequeño Jesús.* Uno a uno los fue viendo, uno a uno fue comprobando *que en verdad, era el Hijo de Dios.* Al que él había traído, el que estaba ahí con él, el que él cuidaba: Era el Hijo de Dios.

Conservaba a aquella bella doncella, limpia y pura. La conservaba, porque ya sabía que estaba destinada a ser la *Madre de aquel Ser especial, porque estaba destinada a ser, La Madre del Universo,* porque estaba destinada a ser, *La Madre de todos y cada uno de los hijos de Israel*. La conservaba, la veneraba, la cuidaba y contemplaba alborozado *los Milagros que iba haciendo Jesús,* contemplaba alborozado *las Gracias que tenía María. Porque María tenía la Gracia de hablarle al pueblo,* María tenía la Gracia de estar atenta a lo que el pueblo necesitaba. Sin hacer gran alarde ayudaba y protegía, enviaba a su *Hijo* a que hiciera aquella Gracia, aquel Favor; así *María, alababa a su Dios y Señor.* Así José, cada día más aquel *santo varón* se iba convenciendo más y más, creyendo, que había sido un *escogido* para algo grande, para algo hermoso*: Cuidar al Hijo de Dios.*

Todo esto estaba en las Escrituras. Estaban sus *videncias,* estaban sus testimonios, mas fueron quitados por la mano que no fue la voluntad de Mi Padre. Es por eso, que el mundo no se ha enterado de lo que ese *santo varón* representaba. Mas te dice Fubbi Quantz en bendita alba de gracia: En lugar especial se encuentra, en lugar especial se encuentra, en *el Corazón de Jehová.*

El hermano responde:

-He ahí de la respuesta a eso, de que *Jesucristo* tuvo más hermanos es mentira; fue puesto por el hombre de la Tierra.

EL MAESTRO FUBBI QUANTZ

El mundo utilizando su *libre albedrío,* cambió *Las Escrituras,* pequeño. El mundo utilizando su *libre albedrío* y su propia falta, su propia imperfección, cambio *Las Escrituras,* pequeño. Es por eso, que Fubbi Quantz te pudo haber dicho pueblo de Israel: el agraciado puedes encontrarte, el agraciado eres, porque tienes ante ti a quién sabe, a quién conoce *los Sagrados Arcanos de la Sabiduría, a quién conoce Las Sagradas Escrituras, a quién te puede quitar la duda, a quién puede aclarar de tu entendimiento.* Alabado y glorificado seas, pueblo de Israel, alabado y glorificado seas, hermano, porque la duda llevas, y porque tienes ante ti a quién puede aclarar de ella.

Habla, habla, habla, pueblo querido, habla; entrega a Fubbi Quantz la duda que tenéis para que Fubbi Quantz, por voluntad Divina del Eterno Padre, por el Hacedor del Universo, por el Omnipotente, aclare las dudas en tu entendimiento. Habla, habla, habla, pueblo bendito; Fubbi Quantz escucha.

-Una hermana se dirige al Maestro:

Maestro Fubbi Quantz, aprovechando el privilegio que tenemos de escuchar las enseñanzas y dispuesta a aclarar una duda, te hago la pregunta que sólo confío, que los Seres de Luz puedan contestar. ¿A qué nivel consideras que se encuentra la enseñanza teosófica en esta era?

EL MAESTRO FUBBI QUANTZ

-*A nivel astral*, pequeña, a *nivel astral*, pequeña Mia, pero no han querido atravesar el nivel a que debieran de estar. La entregan a n*ivel astral*, pequeña, pero aquellos que la escuchan deberían estar a un nivel más elevado, deberían estar a *nivel mental;* deberían estar a *nivel alma*. Porque sí entregan, pero no han querido atravesar *los niveles* porque hay cosas que entregan *a la luz y a la verdad, hay cosas que dudan, y hay cosas que niegan,* es por eso que no pueden elevarse al nivel que les corresponde. Pero entre aquellos que escuchan, entre aquellos que dan de esa enseñanza, se encuentran los que quieren progresar, pero también encuentran el obstáculo porque no llevan la preparación adecuada. Cuando llegan al nivel en el cual deben pasar la prueba, pequeña, no hay quién les advierta, no hay quién los guíe, quien les diga lo que está pasando y atribuyen aquellas tribulaciones, aquellos problemas a otras cosas, no al adelanto que van teniendo. ¿Me habéis comprendido?

-La hermana contesta:

-Perfectamente Maestro, perfectamente.

EL MAESTRO FUBBI QUANTZ

Bendita seas por hacer la pregunta, mas sí te digo, hay verdad en lo que enseñan, pero también hay falsedad y hay mentira, porque no se han preparado a recibir directamente la enseñanza. ¿Me has comprendido? Se han dedicado a leer lo que la mano humana escribió, se han dedicado a entregar repitiendo lo que la mano humana escribió, mas en sus corazones quieren la preparación, quieren la enseñanza, mas no han encontrado el camino para obtener esa preparación, esa enseñanza. Han puesto como medio único, el abrir aquellos libros que mano humana escribió, y de ahí han tomado su enseñanza. Es por eso que te digo, pequeña Mía, que la grandeza tenéis, porque tenéis el privilegio de recibir directamente del mundo espiritual, directamente de Los Arcanos de la Sabiduría toda la enseñanza, la preparación y los conocimientos que se te van entregando alba tras alba.

Es por eso que les digo: Comprendan, analicen el privilegio que tenéis, no lo tiren, no dejen que El Ave de Rapiña les quite lo que tan grandemente han obteniendo. Bendita seas por hacer la pregunta que estaba en tu mentecilla, bendita seas, Fubbi Quantz te ha contestado y te pregunta: ¿He aclarado de tu entendimiento, pequeña?

-La hermana contesta:

-Sí Maestro, has aclarado de mi entendimiento, en la forma de esas preguntas internas, de que no es en realidad la enseñanza la que vale sino que lo más difícil para toda enseñanza, para todo nivel, es el momento de pasar la prueba, y es ahí donde fallan.

EL MAESTRO FUBBI QUANTZ

-Y es la enseñanza que deben de tener, la preparación para guiarlos en esos momentos cuándo se encuentran abrumados por los problemas, las tribulaciones que van encontrando, pero no le encuentran razón, no encuentran, el por qué les está pasando todo aquello. Por lo tanto, algunos no logran pasarlo porque empiezan a renegar, a blasfemar, inclusive, *a culpar a tu Dios y Señor – l*es falta esa enseñanza. Es por eso que el privilegio que tenéis en estas cuatro humildes paredes, extiéndanlo, pequeños, hermanos, extiendan estas enseñanzas, extiendan esta preparación, estos conocimientos. Dense cuenta que el mundo los necesita, dense cuenta que el mundo está esperando por estas enseñanzas, por estas preparaciones. Que está esperando una mano bondadosa que quitando sea la venda de oscuridad, que aclarando sea de sus dudas, que aclarando sea de sus entendimientos.

Oh, pequeños, hermanos, por qué no entienden, por qué no aceptan la responsabilidad que se ha puesto en sus manos, por qué no aceptan el privilegio que tenéis. Todo esto es para que lo compartan con su hermano y semejante, que lección aprendida, lección que vayan y compartan con el mundo, con la humanidad, conocimiento obtenido, conocimiento que vayan y compartan con todo aquel de su hermano, duda aclarada, aclárenla también con aquel hermano que vean que la duda y la confusión lleva. Oh, pequeños, hermanos, ya es tiempo de que entiendan lo que tienen en sus manos, ya es tiempo que entiendan lo que tienen frente ustedes, la obligación, la misión de llevar estas enseñanzas hasta aquellos menos privilegiados.

Hagan sus preguntas, hermanos, queridos, antes de que Fubbi Quantz reciba la orden de retirarse, pequeños; hagan la pregunta que está en sus mentecillas, que aquí está Fubbi Quantz, encargado de *Los Libros del Arcano, encargado de la Sabiduría*, para traerles de la respuesta, pequeños, Míos.

Otra hermana se dirige al Maestro:

Maestros Fubbi Quantz: Yo te saludo en bendita alba de gracia, para hacerte una pregunta. Si es la voluntad de mi *Padre* que me la contestes, bendito seas. Durante toda la vida la humanidad ha constituido una fecha de nacimiento de *nuestro Padre Jesucristo,* ¿es voluntad de mi Padre que nos des la fecha de Su nacimiento?

EL MAESTRO FUBBI QUANTZ

No pequeña Mia, no pequeña Mia, porque el mundo ya ha puesto su fecha. Yo te pregunto: ¿De qué serviría que lo supieras? Todos y cada uno de vosotros, que habéis seguidos estas enseñanzas ya sabéis que no es la fecha. Pero también han escuchado al *Maestro* decir, que la acepta; la acepta, mas lo que le da tristeza es que no le den el significado que lleva. Pero todos sabéis que no es la fecha que el mundo ha puesto, dicho por tu propio *Maestro Jesús*. mas; no es de Su voluntad que la sepáis. Porque, para qué pequeños Míos, qué ganarían. Dentro de sus corazones ya tienen la respuesta, dentro de sus corazones saben, que esa no es la fecha., pero si *el Maestro* ha dicho que la acepta, acéptenla, pero hagan lo que Él les dijo; rindan tributo a lo que en realidad significa esa fecha; no Lo hagan sufrir, dándole una celebración que no tiene. No es La Voluntad de *Nuestro Padre* que sepáis la fecha verdadera. Bendita seas, por hacer la pregunta.

El Maestro se dirige a un hermano que quería preguntarle algo.

Habla, habla hermano querido, haz tu pregunta, entrega tu duda, toma la oportunidad que tenéis, al tener al Maestro Fubbi Quantz ante de ti, y que ha venido como Maestro aclarando dudas en bendita alba de gracia. Adelante, adelante, adelante, hermanos queridos, aprovechen la oportunidad de disipar las dudas que tenéis en su mentecita. Adelante, hermanos queridos, porque ha sido la voluntad de *Mi Eterno Padre,* el que en bendita alba de gracia esté aquí Fubbi Quantz para entregarles la respuesta, para aclarar la duda, aclarar entendimientos, pequeños, hermanos, adelante.

Un hermano habla y le dice al Maestro:

-Entonces, los escritos que hizo *el Maestro* en aquel tiempo fueron muchos, ¿Todos fueron eliminados de *"Las Escrituras?*

EL MAESTRO FUBBI QUANTZ

-No todos.

-El hermano dice:

-Casi todos.

EL MAESTRO FUBBI QUANTZ

-Muchos si fueron eliminados.; inclusive los que fueron aceptados, fueron modificados a voluntad del hombre. Pequeño, aparecerán nuevos escritos que hablarán *a la luz y a la verdad,* y sorprenderán al mundo; la humanidad empezará a despertar, empezará a abrir los ojos. Empezarán a darse cuenta, que han seguido algo que no era; que han seguido la falsedad, porque la verdad estará brillando ante sus ojos; y sabrán que es la verdad porque los latidos de su corazón les dirán, que es la verdad. Al leer aquellas palabras sentirán, que es *Cristo* hablando, sentirán que son *los Apóstoles hablándoles directamente;* e*l* latido de su corazón será tan grande que sentirán, que se les va a salir del pecho; será tanta su alegría al comprobar, que sí había una *verdad* bajo toda falsedad. Pronto empezarán a salir más y más escritos, porque ha sido entregado, *y esa es la voluntad del Padre, q*ue *empiece a salir todo lo que oculto se encontraba.*

¿Algo más pequeño?

-El hermano le dice al Maestro:

-Desde niño me han dicho, que existe un libro escondido que nadie lo puede encontrar. Dicen, que es un libro muy grande, tan grande, que para cargarlo se necesitaban dos mulas. Desde que yo empecé en *La Obra,* he tenido la sensación de que algún día, si *El Señor* me lo permite, y recibiendo de Su sabiduría, ir y sacarlo espiritualmente, para sacar lo que en él está; siempre y que sea la voluntad de mi Padre. En verdad quiero saber, ¿Es profético ese libro, y está escrito a *la a Luz y a la Verdad?*

EL MAESTRO FUBBI QUANTZ

-Pequeño Mío: Has escuchado lo de *El Arca de la Alianza, h*as escuchado, que no puede ser tocado por alguien que no esté al grado de *perfección*. En tu mentecilla terrenal, llevas la ilusión de encontrarlo por lo que te han dicho, mas prepara, prepara, prepara, hermano querido, que grandeza así, sólo quién esté *en perfección* puede tenerla en sus manos. Prepara, prepara, prepara, limpia tu envoltura, tu entendimiento, estudia, *estudia las bajas pasiones,* elimínalas de tu entendimiento, de tu *envoltura,* de tu corazón, y entonces Mi Padre sabrá qué hacer con vos, porque Él es el único que puede ir guiando, Él es el único que puede ir entregando, Él es el único que sabe, quién va a descubrir *Las Escrituras,* quién va a descubrir *Los Escritos Sagrados,* pequeño. Aquel que lo haga pequeño, aunque para *el mundo* parezca insignificante, será un ser que esté elevado a *la luz y a la verdad,* y que pueda poner sus manos en esos *Escritos.* Prepara, prepara, prepara, para que lo que está en tu corazón y en tu mentecilla, llegado el momento, si esa es *la voluntad de Mi Padre,* y te lo habéis ganado, Él te indique que hacer. Si bien, es verdad que hay mucha sabiduría, pero también si bien es verdad, se te está entregando la sabiduría que podrías encontrar en tal libro.

Recuerden pequeños, que este es el tiempo en que van caminando a base de fe, este es el tiempo en que están recibiendo directamente de *Los Arcanos de la Sabiduría* la enseñanza, la preparación, por qué entonces dudan, por qué entonces quieren tener en sus manos algo que les hable de *la verdad,* cuando *la verdad* la tienen frente a ustedes.

Llegará el momento en que van a aparecer *los Escritos;* no únicamente en una tierra; brotarán en ciudades inclusive desconocidas para vosotros. Brotarán de aquí, surgirán de allá esos escritos. La ciudad de México que llamáis, van a salir *Los Escritos que dejó Makeen (Sacerdote azteca). Makeen* dejó sus *escritos en tres ciudades* y van a aparecer llegado el momento para confirmación de *las profecías.* Van a aparecer en otras ciudades; en la ciudad de Israel aparecerán unos escritos ocultos, negados, y que hablarán de *la verdad.* Van a aparecer en Etiopía escritos que hablarán de *la verdad.* Van a aparecer en muchas ciudades desconocidas para el mundo, olvidadas, que inclusive en los mapas que tiene el mundo terrenal, no aparecen, en *ellas aparecerán esos Escritos.* Esas ciudades empezarán a ser famosas, empezarán a brotar, empezarán a ser conocidas, porque algo tan grande estaba oculto en sus tierras, en sus suelos.

Esperen las señales hermanos queridos; esperen las señales, porque las señales las verán aquellos que estén preparados a *la luz y a la verdad; a*quellos que vayan siguiendo las enseñanzas una a una, aquellos que vayan acatando *la voluntad del Padre Eterno, del Omnipotente, del Hacedor del Universo* podrán ver esas señales.

Pequeños Míos, cada uno de ustedes que se vaya preparando, empezará a recibir la enseñanza, la preparación; empezará a recibir de los alertas, empezará a recibir cosas que el mundo ignora. Pero ustedes, dentro de su corazón sabrán, que es l*a verdad p*orque estarán *contemplando el rayo de luz*; lo estarán contemplando en su *videncia, en su revelación,* estarán contemplando l*a verdad.* Lo sabrán, porque la fe los guía, es por eso que ahora es muy importante que afiancen su fe, que no duden ni un instante ni un momento, porque llegado el momento, esa fe, esa fe les abrirá caminos, esa fe les abrirá *los Cielos,* esa fe les abrirá l*os niveles* que quieren alcanzar porque tendrán en sus manos l*a verdad. La verdad* estará en sus corazones porque hay fe en ese corazón, hay fe en ese *Creador, h*ay fe en Sus enseñanzas, hay fe en Su preparación, hay fe en *Su Mundo Espiritual de Luz,* hay fe en los Ángeles Celestiales, y h*ay fe en Los Maestros* que han venido a entregar la enseñanza. Recuerden, la clave es la fe, el amor; entréguense con fe y amor, y empezarán a recibir grandezas. Como profetas empezarán a recibir las profecías, como profetas empezarán a recibir lo que se espera, como profetas, empezarán a recibir en que ciudades estarán esos *Escritos*.

Cuando esos *Escritos* aparezcan, la satisfacción estará en ustedes porque van a decir: "Ya lo sabía, ya se me había comunicado, ya lo había *recibido a través de mi revelación, ya lo había contemplado en mi videncia, mi clarividencia;* yo ya sabía que eso iba a suceder". Su corazón, se ensanchará de placer, de amor, de satisfacción, y su fe se acrecentará. Eso es lo que deben de hacer pequeños, entréguense con fe, y amor, no duden ni un instante ni un momento de las enseñanzas que se les entregan, no duden ni un instante ni un momento de la preparación que van llevando alba tras alba, no duden ni un instante de lo que *Los Maestros* les venimos a entregar. No duden, pequeños míos, y grandezas empezarán a recibir, grandezas, que los primeros sorprendidos serán ustedes, y después la humanidad, pequeños míos.

¿Alguna otra pregunta Mis pequeños hermanos?" Pregunten, pregunten, pregunten, que Fubbi Quantz, por *voluntad Divina*, está entregando y aclarando de su mentecita.

-Nadie habló, y el Maestro prosiguió diciendo:

Las Sagradas Escrituras, aparecerán en el cielo, en la tierra y en todo lugar. Porque está escrito, que la verdad aparezca, que la verdad se sepa, y que el mundo de oscuridad desaparezca. Porque la verdad que traerán esas Escrituras, será la luz que iluminará al universo, que iluminará al haz terrenal. Habrá tanta sabiduría, tanta enseñanza en ellas, que el mundo se sorprenderá. Habrá quienes que al leer sus palabras, lloren, giman de alegría. Lágrimas de alegría rodarán por sus mejillas al tener en sus manos tanta verdad, tanta Gracia. Llorarán, llorarán por albas y albas y albas; ese regocijo estará en ellos, abrazarán aquellas escrituras y llorarán, llorarán. No podrán dejar de hacerlo, porque la alegría será mucha al haber sido *los Escogidos* para encontrar tanta Grandeza. Porque en verdad os digo en bendita alba de gracia, que aquel que encontrando sea La Escritura, es alguien preparado por Mi Padre, es un hijo Escogido para tener en sus manos tanta Grandeza.

-Si ya no tenéis de la preguntilla, pueblo de Israel, pequeños hermanos, Fubbi Quantz se retira, esperando estar en otra bendita alba de gracia *por la voluntad de Mi Padre, la voluntad de La Orden Espiritual de los Maestros, que a*nte ustedes estaremos. Porque todos *los Maestros* quieren estar aquí, quieren venir a entregar de Su enseñanza, de Su preparación. Ya se les ha entregado que *cuando un Maestro habla, hablan todos, que cuando un Maestro dice algo, está dicho por todos, porque hay unificación, son todos para uno, y uno, es el todo, porque todos piensan, y todos actúan de la misma manera.* Recuerden que *cuándo han escuchado a un Maestro, los han escuchado a todos*. Porque todos, les traen la sabiduría, les traen el conocimiento, la preparación, les traen sus experiencias para que vayan aprendiendo de ellos, para que sientan, que no son los únicos sufriendo, padeciendo las vicisitudes de la vida. Que para lograr para alcanzar *los Niveles* deseados, hay que pasar por las tribulaciones para poder afianzar esa fe.

Se les ha puesto el ejemplo, de que ustedes son como esa espada excelente, fina, que para haber encontrado esa excelencia, esa calidad, el herrero tuvo que golpearla, tuvo que someterla al frío, someterla al calo, para que encontrará la finura, la fineza, la delicadeza que necesitaba. Recuerden que ustedes se están preparando de la misma manera, se están preparando a fuego candente. Tienen pruebas de fuego porque todos y cada uno de vosotros, a su propio nivel, va alcanzando niveles más elevados. Pero para ganar esa llave, esa llave que abrirá las puertas de esos niveles, tienen que pasar la prueba de fuego.

Tienen ante ustedes a *los Maestros,* que ya pasaron por ellas, que vienen y se las explican, y les dicen: *"No desmayes, también a Mí me sucedió eso, también a Mí me pasó eso, también sufrí, padecí por alcanzar el nivel dónde me encuentro".* Les dicen en su conversación, en su charla: *No desmayes, sigue adelante, que como agua embravecida llegará el momento, que tomando sea su curso y se aplaque y sea agua mansa.* Pero recuerden para cruzar el río, tienen que tener el conocimiento, tienen que tener la preparación, de lo contrario, la fuerza de la corriente los arrastrará. Preparen, preparen, preparen para que puedan cruzar el río; el *río de la verdad,* la preparación, la enseñanza, el rio de los conocimientos que los llevarán a *los niveles deseados.*

Adiós, pequeños hermanos, adiós *privilegiados, a*diós pueblo de Israel. No tiren lo que Fubbi Quantz les ha entregado, no atesoren estas enseñanzas para vos mismos, repártanlas y compártanlas con su hermano y semejante. Vayan aclarando dudas; si ya aclararon su duda, aclaren la duda del hermano que todavía la tiene., si ya han obtenido un conocimiento, entréguenselo al hermano menos privilegiado, que no lo ha recibido todavía. Entreguen, entreguen, entreguen para que *Mi Padre* multiplique lo que entreguen, que llegará el momento en que Él vendrá a que le rindan cuentas, vendrá a pedir cuentas y la multiplicación tendrán en todo lo que hayan hecho en Su Nombre, y por Su Nombre, pequeños. Adiós, pequeños hermanos, adiós, pueblo de Israel, pueblo de *privilegiados,* adiós.

ENSEÑANZAS DEL MAESTRO FUBBI QUANTZ
LA DISCIPLINA

Tu Maestro Fubbi Quantz les dice: Mis hermanos, Mis preparados, disciplina es la clave. Tus Maestros encontraron la Maestría a través de la disciplina. Disciplínate, hermano; disciplina tu cuerpo, tu mente, tu corazón, tu alma. Sólo a través de la disciplina encontrarás, esos niveles que estás buscando. Pero es una disciplina total de cuerpo, alma, corazón y mente. (Los videntes vieron al Maestro Fubbi Quantz hacer sus ejercicios).

Hermano querido, me contemplaste haciendo mis ejercicios; te sorprenderás si te digo, que eran mis ejercicios de meditación, de disciplina. Esa meditación, esa disciplina, quiero en cada uno de ustedes. Quiero encontrarlos disciplinados, porque voy a entregarles, secretos, enseñanzas, preparación, q*uiero verlos, escribiendo los cambios en su vida, d*ejando en letras, en papel, la entrega, la preparación, la disciplina, para aquel que detrás de ustedes viene. Disciplina es la clave, es el secreto, es el triunfo.

Disciplínate, hermano querido, si en verdad quieres conocer a tu Dios y Señor, si en verdad quieres contemplarlo. Nuevamente te digo: Disciplina tu mente, tu alma, tu corazón y tu cuerpo; esa es la clave, ese es el secreto que te vengo a entregar en alba bendita. Te iré entregando claves, secretos, conocimientos y la sabiduría, para que escales esa montaña, pero quiero ver disciplina; quiero encontrarte el disciplinado. Recuerda: *La oveja es sumisa y obediente; la cabra no;* la cabra no tiene disciplina. Recuerda, que tú eres la oveja, no la cabra.

Quiero que como niños aprendas lo que se te enseña, hermano querido. A través de tu sueño, de tu descanso, tocaré tú frontal, te entregaré todo lo que de Mi quieras recibir. No entraré a la fuerza; entraré sólo dónde sea bien recibido. Quien Me reciba, le será revelado los conocimientos, los secretos - quien cierre de la puerta, el ignorante se quedará, pero no forzaré Mi entrada; tocaré antes de entrar. Disciplina, disciplina, disciplina, es lo que te entrego en alba bendita. Adiós hermano querido, se despide, tu Maestro Fubbi Quantz.

ENSEÑANZAS DEL MAESTRO
FUBBI QUANTZ
LA PUREZA
Jueves 10 de noviembre de 1994

¿Qué es la pureza?

-La pureza, es uno de los ejemplos que *La Virgen María* te ha dejado.

¿Cómo puedes tener la pureza?

-Teniendo pureza en tu pensamiento, en tu corazón, en tus acciones, en tu hablar, en tu comportarte con los tuyos, y los que no son tuyos.

La pureza se demuestra, se enseña. No podéis pedir pureza si no la tenéis; cómo vais a exigir lo que no tenéis. Ser puro en todo y por todo; pureza en tu pensamiento, pureza en tu hablar, pureza en tu comportarte, pureza en tu *materia*. Me dices: ¿Cómo puedo lograr esa pureza de María? Y yo te digo: Puedes hacerlo. Me dices: Mi *carne* ha pecado. Y yo te digo: Puedes hacerlo.

Puedes tener la pureza, si reconociendo eres tu falta, puedes lograrla, si reconociendo eres lo que hiciste. Recuerda que con ésta nueva enseñanza, se te está preparando para que tengas el corazón limpio y puro de un niño, para que así, puedas alcanzar los niveles deseados, para lograr llegar hacia dónde está Quien te espera: tu Dios y Señor. Olvida por un instante el pasado, concéntrate en el presente y en el futuro. Toma del pasado, únicamente las experiencias para no caer; ponlas en práctica en tu presente, y así estarás preparando tu futuro.

¿Cuál es ese futuro?

Escalar esa montaña, llegar limpio y puro hacia esas mansiones preparadas para vos. Puedes mantener tu envoltura pura, no dándole lo que no debes darle, ni quitando lo que no debes quitarle. No te atormentes pensando en lo que te he dicho; te he dicho, que la pureza es el ejemplo que te dejo

María, pero también te he aclarado, que lo podéis hacer, recuerda: *Ella* traía su misión, y vos traéis la vuestra.

Recuerda: la sumisión y la obediencia, la preparación en tu envoltura, la pureza en tus pensamientos, en tus acciones, y el espejo limpio y claro serás, para que reflejándose sea el pueblo que detrás de ti viene.

Sé puro y recuerda que la pureza, es parte de la preparación que necesitáis, para convertir ese corazón en un niño; ese niño que se elevará a las mansiones, ese niño que llegará hacia las plantas de Mi Padre; ese niño que ganando será lo que se le ha prometido.

Aprende, analiza, estudia, y lleva a la práctica todas y cada una de las lecciones que se te están entregando, y que se te seguirán entregando; es parte del entrenamiento, es parte de la preparación, y es parte de lo que debéis seguir y aprender, porque es parte de lo que entregarás a los que detrás de ti vienen.

Nuevamente te hago el recordatorio, que no tomando seas a la ligera las lecciones entregadas, y las escondas en un rincón; estúdialas, analízalas y llévalas a la práctica.

Ha estado con vosotros, su Maestro Fubbi Quantz. Hasta otra bendita alba de gracia que estaré aquí a dar la lección.

ENSEÑANZAS DEL MAESTRO
FUBBI QUANTZ
EL RESPETO

En bendita alba de gracia, en que su *Maestro Fubbi Quantz,* por voluntad Divina de El Padre, nuevamente se hace presente en *Bendita Casa de Oración*. Nuevamente vengo a traer la lección, nuevamente vengo a pediros, que pongáis atención a todas y cada una de las lecciones que alba tras alba se les van entregando. Nuevamente te hago el recordatorio, que no las olvidéis, que las repaséis, que las analicéis, y que llevando a cabo seas todas y cada una ellas. De ahí depende, hermano querido, tu *evolución espiritual*, la luz en tu entendimiento, y la preparación necesaria, para que alcanzando seas los niveles que te habéis propuesto alcanzar.

¿Queréis alcanzar *la Unificación Perfecta con Dios* porque es la meta que te has formado? Bendito, alabado y glorificado seas, hermano querido. Mas *Fubbi Quantz,* en bendita alba de gracia te dice: La meta a alcanzar lleva sus riesgos, lleva sus caídas, y lleva de tu entrega en un todo. ¿Queréis alcanzar la *Unificación Perfecta con Dios*? Entrégate en cuerpo, alma, corazón y mente y prepárate a todo lo que venga; prepárate a recibir, prepárate a luchar, prepárate a alcanzar la meta decidida.

En bendita alba de gracia, tu *Maestro Fubbi Quantz,* te entrega la lección. La lección de alba de gracia, es el *Respeto*.

Hermano querido, tenéis que aprender, que es *respeto. Ya* que vais pidiendo el *respeto,* mas no vais entregando del mismo. Pedís y aclamáis, que todos te respeten, mas tú no respetas a tus Maestros, ni a tu hermano y semejante, y no respetando eres a tu Dios y Señor, ni a la vida que se te ha entregado. *¿Cómo pedís, cómo exigís respeto, si vos no lo dais?*

Respeta, respeta, respeta, hasta al más insignificante de tus hermanos; porque dándole el respeto comprobarás que el mismo, te puede dar una lección, te puede entregar una enseñanza, y te puede entregar una preparación. *Respétense los unos a los otros, y no pidan lo que no entregan; entreguen respeto y respeto recibirán. Respeten sus hogares, respeten sus familias, respeten a sus compañeros, compañeras, respeten a su hermano y semejante y como te pude haber dicho: Da respeto hasta al más insignificante que encontréis en tu camino; respétalo. ¿Por qué tenéis que respetarlo? Simple y sencillamente, porque también es hijo del Creador, como lo sois vos.*

Si vuestro Padre os respeta, porque le faltáis al respeto a vuestro Padre. ¿Qué cómo le faltáis al *respeto*? Le faltáis en tu pensamiento, con tus acciones, quebrantando Sus Leyes, ignorando Sus enseñanza, Su preparación y Sus alertas; he ahí la falta de *respeto*. En tu mundo, si un maestro te está entregando una lección, tenéis que poner atención, de lo contrario, es una falta de *respeto*. Lo mismo es, cuando el mundo espiritual desciende hasta tu nivel para entregarte la lección, la enseñanza y la preparación; para darte la sabiduría y los conocimientos que vais necesitando para escalar esa montaña. Entonces, ¿Por qué Nos faltáis al respeto? ¿Por qué ignoráis Nuestras enseñanzas? ¿Por qué ignoráis los conocimientos que te vamos entregando alba tras alba? Eso es una falta de respeto. Ya que le estás diciendo al mundo espiritual, que no te interesa, que no es tu voluntad aprender, entender, o comprender las enseñanzas que se te vienen entregando alba tras alba.

El padre exige respeto al hijo, mas así mismo, el hijo exige respeto al padre, porque así es la ley. El padre respeta al hijo, y el hijo respeta al padre, la madre respeta al hijo, y el hijo respeta a la madre. ¿Por qué entonces faltáis al respeto a los pequeños? ¿Por qué los ves pequeños? No querido hermano, *si queréis respeto…entrega respeto. Respeta a tus vástagos para que tus vástagos, te entreguen a ti el respeto*. No te fijes hermano querido en su pequeña envoltura, porque vos ya sabéis, vos ya tenéis el conocimiento de que la *envoltura*, no tiene nada que ver con el conocimiento, la preparación, o la entrega, que ese espíritu pueda tener, y que pudo haber obtenido reencarnación tras reencarnación.

¿Entiendes, por qué le tenéis que tener respeto? No importa la pequeñez de la *envoltura*, *m*erece el respeto, porque es el espíritu quien te está exigiendo, quien te está pidiendo ese respeto. Recuerda, el ignorante no eres; no a estas alturas, no cuando los *Maestros* han venido alba tras alba a entregarte la preparación, los conocimientos y la sabiduría; no a estas alturas.

A este tiempo, hermano querido, ya debéis de manejar la *Reencarnación y el Karma*, o depuración, como algo tuyo, como algo propio, y como algo personal.

A vos hermanos queridos, no os asusta la palabra *Karma*, o depuración, o la palabra *Reencarnación*, porque todos y cada uno de vosotros habéis escuchado todas y cada una de las explicaciones. Habéis escuchado una y otra vez lo que significa la r*eencarnación, h*abéis escuchado el porqué de la r*eencarnación*. Habéis escuchado, aprendido y comprendido el *karma*, el porqué del k*arma*, o depuración; y el por qué estáis aquí en el haz terrenal. Entonces, hermanos queridos, a vosotros no se os perdona, no se os perdona, hermano querido, que faltando seas al respeto al pequeñín únicamente porque ves que su *envoltura* es pequeña.

No hermano querido, a estas alturas ya has aprendido que debéis de respetar desde al más pequeño, hasta el más anciano. El *respeto* te elevará a otros niveles, porque le entregarás a ese espíritu el *respeto* que merece, que se ha ganado, que se ha granjeado a través de las reencarnaciones, los sufrimientos y a través de haber pasado ante la mesa de *Los Señores del Karma*. Contemplas al anciano, ves que habla incoherencias porque su *materia*, su entendimiento ha llegado a un fin, y te molesta. Cuántas veces lo insultas, cuántas veces le faltáis al *respeto*.

Cuidado, hermano querido, recuerda la ley del *karma,* la ley del universo: *Lo que hagas, tendrás que pagar*. A vosotros, hermanos queridos, ya no se os perdona ni la más mínima falta. No a vosotros, no a vosotros, que alba tras alba habéis seguido las lecciones, las enseñanzas, la preparación; no a vosotros hermanos queridos. Entiendan, comprendan y prepárense; recuerden la misión que cada uno de vosotros tiene frente a ustedes.

Sois *los preparados, los llamados, los escogidos, los privilegiados,* entonces, compórtense como tales, hermanos queridos. *Un privilegiado no va usando el mal palabrerío, un privilegiado no va haciendo de la amenaza, un privilegiado no va mintiendo, engañando, traicionando, un privilegiado no va cometiendo adulterio. Un privilegiado debe de ser el ejemplo de perfección.*

Es por lo que estáis aquí, *privilegiado* querido; *para ser ese ejemplo de perfección.* Recuerda que vos sois, *los espejos en los cuales el universo, el mundo, se va a contemplar; se está contemplando.* Recuerda la lección de alba de gracia y empieza a respetarte, *privilegiado* querido. Respétate a ti mismo. ¿Qué cómo lo haces? Ámate, perdónate, entrégate a la enseñanza, a la preparación, trata de alcanzar esa meta que te has formado, y como un *respeto* a ti mismo di: *"Lo lograré, porque yo soy hijo de Dios, soy parte de esa creación, y Él me está esperando. Por respeto a Él me voy a preparar, voy a escalar esa montaña, y voy a llegar a Su Presencia".*

Ves *privilegiado* querido, el respeto te llevará hacia esa mansión. Empieza a respetar hasta al más insignificante animalillo que te encuentres, empieza a respetar a tu hermano y semejante, hasta al más insignificante, empieza a respeta a tus vástagos, para que así mismo tus vástagos vayan aprendiendo a respetarte, y a respetarse a sí mismos.

Enseña el *respeto,* pero apréndelo primero. Porque, cómo vais a enseñar lo que no sabes, cómo vais a entregar lo que no tienes, si no habéis aprendido lo que es *respeto,* cómo lo exiges; sobre todo, cómo lo podéis enseñar. Practícalo, apréndelo y entonces, entrégalo, entrégalo como enseñanza, como preparación, porque eso te ayudará en tu misión, y en la misión que todos y cada uno de vosotros tenéis.

Por siglos y siglos se han dejado las buenas enseñanzas, para dar paso a las falsas enseñanzas. Por así convenir al mundo, han permitido que la mala semilla germine y de fruto. Mas nuestro Padre ha llegado a Su límite, y quiere arrancar la mala semilla de raíz. Quiere arrancar de raíz la falsa enseñanza, la falsa preparación, los falsos conocimientos, y todo lo que no es de Su Voluntad.

Quieres empezar a sembrar la semilla de la buena enseñanza, de la enseñanza correcta y perfecta, la enseñanza que fue entregada desde principio de los Tiempos, y distorsionada por el hombre. *Tiempo es que esa enseñanza limpia y pura retorne, y guiando, preparando sea a todo aquel que en realidad quiera la preparación a la luz y a la verdad.*

Poco a poco, hermano querido, la venda de oscuridad, la venda de la ignorancia, ha estado cayendo de tus pupilas. Poco a poco, hermano querido, te asomas al mundo y contemplas lo ciego, lo equivocado que se encuentra. Porque lo puedes contemplar, hermano querido, puedes contemplar a tu hermano y semejante que va dando el paso equivocado. ¿Por qué? Porque esa venda de oscuridad, esa falsa enseñanza, esa falsa preparación ha caído y vas encontrando la verdadera enseñanza, *vas encontrando la luz, la luz que te permite ver la oscuridad en que se encuentran tus hermanos.*

Hermano querido, eso te debería servir de aliciente. Porque mira lo que en pocas albas has avanzado: Tienes el privilegio de poder ver a tu hermano y semejante, quien en camino equivocado se encuentra. *Tienes el privilegio de poder tomarlo de la mano y decirles: "No, no es por ahí; ven, yo te enseñaré el camino correcto".* ¿Por qué? Porque tú ya lo has encontrado, hermano querido.

Recuerda, respeta, respétate a ti mismo, respeta a tu hermano y semejante, respeta a tus vástagos, y sobre todo, hermano querido, sobre todo, *nunca olvides el respeto a tu Dios y Señor*. Recuerda, **Él te creó**, *pero también te puede destruir*. Entrégate en cuerpo, alma, corazón y mente, analiza todas y cada una de las lecciones entregadas; repásalas.

Los Maestros, no queremos escucharte decir: "*!Qué bonito habló el Maestro! ¡Cuántas cosas hermosas dijo!*" Pero saliendo de estas cuatro humildes paredes, olvidando seas la lección. No, no es la voluntad de *los Maestros el* contemplar eso, hermano querido. Nuestra voluntad y la voluntad de Nuestro Padre, es contemplar, que la leccioncilla queda en tu mentecilla como algo que te pertenece, como algo que es tuyo, que es parte de ti, de tu cuerpo, de tu mente; parte de tu alma, de tu corazón, que a cada instante las vais recordando, analizando y poniéndola en práctica.

Porque de no ser así, nuestra misión habrá fracasado. Entonces, la ordenanza de nuestro Padre, de pedirle al *mundo espiritual* que descendiera hasta tu nivel, y te entregase de la enseñanza, en qué va a quedar. *El mundo espiritual, los Maestros,* sumisos y obedientes al mandato del Padre, estamos aquí para entregarte las enseñanzas, mas harías fracasar esa entrega, hermano querido, si no pones atención a todas y cada una de las lecciones entregadas. Si no las llevas en ti como algo propio, entonces sería un fracaso. *Pero no un fracaso para el mundo espiritual*, hermano querido, sino *fracaso para vos mismo, fracaso para cada uno de vosotros*. Porque la oportunidad habéis tenido de aprender, de superarte, de escalar esos niveles y la habéis desaprovechado. Se te ha entregado, que *el límite lo ponéis vos*.

*C*omo os pude haber dicho, cada uno de vosotros entiende lo que es *la reencarnación*. Entienden ahora porque se les ha hecho la preguntilla: ¿Cuántas reencarnaciones más quieres, para poder retornar al lugar que te corresponde? *De cada uno de vosotros depende el seguir reencarnando, o parar el ciclo de la reencarnación.* – aprovechando todos los conocimientos, toda la sabiduría, los consejos y las enseñanzas que vienen a traerles aquellos que se encuentran a niveles elevados. Todos y cada uno de los Maestros, querido hermano, queremos verte a esos niveles superiores, queremos verte ante la presencia del Creador. La satisfacción será para todos y cada uno de nosotros. Entonces diríamos: *"Nuestra Misión no ha fracasado, contemplen como se encuentran ante la presencia del Padre, entregando la cosecha, contemplen como el Padre los recibe con amor, contemplen los Niveles en que cada uno ha quedado".* Mas nuevamente os digo, hermanos queridos: a vosotros toca decidir, la decisión está en todos y cada uno de vosotros.

Hermano querido, hago hincapié en la lección de alba de gracia: Es importante que aprendas lo que es el *respeto, q*ue aprendas a respetar, para así poder recibir el *respeto*, que cada uno de vosotros exige.

*S*u *Maestro Fubbi Quantz*, se retira, dejándolos con *La Legión de Maestros*. Cada uno de ellos vendrá para entregarles Su sabiduría, Sus sabios consejos, Sus sabias enseñanzas y Su sabia preparación. Recíbanlos con el mismo amor con el que Ellos descienden hacia vosotros. Adiós querida, adiós queridos hermanos, adiós les dice *Su Maestro, Fubbi Quantz*. Recapaciten, analicen y decidan, son las palabras de *Fubbi Quantz*.

ENSEÑANZAS DEL MAESTRO FUBBI QUANTZ
LA INTUICIÓN

Bien venidos hermanos queridos, les dice su *Maestro Fubbi Quantz*. Hermano querido, te pregunto, ¿Te encuentras preparado para recibir la lección en alba de gracia? ¿Te encuentras preparado, en alerta? Para que con tus cinco sentidos escuchando seáis de la lección de alba de gracia... *Intuición*.

Te escuchamos decir: Maestros, yo no tengo la *videncia*, ni la *clarividencia*, *siento* que me encuentro caminando solo; sólo la fe me lleva. Mas yo te digo, hermano, querido, que en gran escala se te ha entregado la *intuición*. Sentido que lleváis altamente desarrollado, para poder discernir entre lo uno, y lo otro. Para poder discernir entre lo bueno y lo malo. Para poder discernir sobre lo que hablan tus hermanos, y analizar de su entrega. Oh, hermano querido, un Don que has menospreciado, un Don, al que no le has puesto la atención debida, un Don que tienes desde el principio de los Tiempos, que vas desarrollando, y que sin darte cuenta, lo vas haciéndolo más y más fuerte hermano querido.

La intuición te dice, por dónde caminar, mas cerrando eres de tu entendimiento, no le haces caso y sigues por el camino equivocado. *La intuición* te dice, cuándo estás equivocando el camino, mas acallándola eres y no le pones atención. *La intuición* te dice, cuando tu hermano y semejante está faltando a su enseñanza, a su preparación, mas no lo queréis ver. No queréis darte por enterado, porque has menospreciado ese Don maravilloso, que se te fue entregado desde el principio de los Tiempos: *La Intuición*.

Tu Maestro Jesús te ha dicho: Presta atención a la *intuición*, que ahí lleváis del alerta para enderezar del camino que estás tomando. Hermano querido, en bendita alba de gracia, tu *Maestro Fubbi Quantz* te hace el recordatorio: Presta atención a *la intuición;* presta atención a lo que llamáis *tu entendimiento*. Presta atención a lo que llamáis el *futuro*, porque *la intuición* te va guiando al mañana; te va guiando alba tras alba, mas, hermano querido, haces caso omiso. Lleva en tu mentecilla lo que *Fubbi Quantz,* te dice en alba de gracia: La *intuición* es un Don maravilloso entregado a ti desde el momento de tu nacimiento. Es la preparación que has traído desde el principio de los Tiempos para guiarte en el sendero.

Tus hermanos, la humanidad, le han cambiado el nombre y le han puesto: *conciencia.* Mas *Fubbi Quantz* te dice, es *la intuición;* Don divino entregado a ti desde los Tiempos. Llámalo como tú quieras. Si le quieres llamar *conciencia,* bendito seas. Mas; atiende a tu *conciencia,* atiende a tu *intuición c*uando te va diciendo, que estás tomando el camino equivocado. Es como *el Ángel de tu Guarda* que te va previniendo, para que no des el paso equivocado. Es como la mano bondadosa que se extiende, y toma de tu mano y te dice: "Ven, éste es el camino a seguir, y no el que llevas", mas; liquidándolo, arrojándolo eres a un rincón. Si acallándolo eres, no podrás entender su llamado, su alerta; y no podrás saber cuándo el paso equivocado va dando el uno, o va dando el otro, porque no le ponéis atención. Prepárate, agudiza más de tu *intuición,* y ya no dirás: "Maestros, no tengo *la videncia,* no tengo la *clarividencia",* porque tienes la *intuición* que abarcará *videncia y clarividencia, y* es más poderosa; es más fuerte que *la videncia* y *la clarividencia.*

La videncia, es algo que contemplas cuando en *elevación* te puedas encontrar; en *contemplación,* como se te ha enseñado, como se te ha entregado en la lección. *La videncia,* enseña al uno y al otro el porvenir. La *videncia* te dice los alertas para el uno y para el otro, los alertas para la *Casa Bendita de Oración,* los alertas para tu templo, el tiemplo que representas, el templo que es, tu propia *envoltura.*

La clarividencia te permite ver con los *ojos de la luz,* lo que el hermano y semejante pueda tener al acercarte a ti, mas *la intuición* te lleva más allá. La *intuición* te dice, te revela secretos desconocidos, hasta para el propio hermano que se ha acercado a ti.

Hermano querido, presta atención a *la intuición.* No menosprecies ese Don maravilloso, y poderoso que se te ha entregado desde el principio de los Tiempos. Agudízalo presta atención a lo que dices, y a lo que r*ecibes*, porque es, la *intuición*.

Hermano querido: ¿Habéis entendido, habéis comprendido la lección que en alba de gracia te ha traído tu *Maestro Fubbi Quantz*? Era importante venir y hacerte el recordatorio, porque he contemplado que mis hermanos bien amados no dan a la *intuición* la importancia que debieran darle; que hacen caso omiso a lo que ellos llaman *recibir*, y que viene siendo, la *intuición. C*omo os te pude haber dicho: es *la intuición. Ten* en cuenta que es como tu Ángel de la Guarda. De esa manera contémplalo, llévala a cabo, y de esa manera atesora ese Don maravilloso que se te ha entregado.

No menosprecies ni uno solo de los Dones que Mi Padre Sacrosanto te ha entregado, hermano querido. Si menospreciando eres los Dones y Gracias de Mi Padre; Mi Padre ya no tendrá Dones y Gracias para ti. Así es que, presta atención a todos y a cada uno de los Dones y Gracias que Mi Padre bien amado te entrega. Hermano querido, recuerda, recuerda lo que te ha dicho tu Maestro de Maestros, Jesús de Nazaret: *"Todos formáis parte del cuerpo, ni el uno más ni el uno menos"*. Los Dones, forman parte de la entrega que Mi Padre ha dado al uno y al otro. Ni el uno es más ni el otro menos, porque todos vienen de la misma Mano bondadosa y poderosa del Padre. Han salido desde Su corazón, Su mente, para serte entregados, oh, hermano querido, *ni el uno es más ni el otro es menos*. Oh, hermano querido: ¿Has comprendido, has entendido, has puesto en tu mentecilla lo que es *la intuición?*

Estudia, analiza las lecciones entregada, para que así mismo seas a conducir a aquel de tu hermano y semejante que se acerque a ti con la preguntilla, con la duda, con la preocupación. Tú serás ese hombro, tú serás esa mano, la mano que tomando sea la de ellos, para guiarlos por el camino correcto.

Los Maestros, alba tras alba descienden por voluntad Divina, para traerte la lección, para entregarte, para pedirte, que no seas a tirar las lecciones a la vuelta de la esquina, que no las tires al atravesar estas cuatro paredes, sino que las analices, porque el tiempo se acerca, hermano querido. El *tiempo se ha echado al tiempo, y ya no hay tiempo que perder.* Fuera de estas cuatro paredes, te espera la humanidad, sedienta, hambrienta, y ciega, que va cayendo y tropezando, sin tener una mano bondadosa que la levante, que quite la venda de oscuridad de sus pupilas. Hermanos queridos, ustedes son esa mano bondadosa. Es por eso, que son *los escogidos*, los *privilegiados* para extender esa mano poderosa, para dar esa ayuda al caído, al necesitado, para quitar la venda de oscuridad de aquellos ciegos. Hermanos queridos, son *la antorcha de luz* que contemplará la humanidad. Se te ha entregado, que esto no es algo pequeño, sino que es algo grandioso, maravilloso, hermanos queridos. La *misión* que tienen frente a ustedes es grande, es maravillosa. No echen, como dicen en su mundo, en saco roto las enseñanzas, la preparación y la entrega, que alba tras alba se les hace.

Oh, hermano querido, prepárate, prepárate, porque albas más duras vendrán. Ese es el alerta que su *Maestro Fubbi Quantz*, que por voluntad Divina les traigo en bendita alba de gracia: Grandes tribulaciones espera el haz terrenal en futuras albas. Días desastrosos para la humanidad, días desastrosos para vosotros mismos, hermanos, porque el ataque tendrán a diestra y a siniestra. Hermanos queridos, el ataque será las veinticuatro horas del día terrenal, las veinticuatro horas del día terrenal, tendrán que estar en el alerta.

Recuerden que Él está tomando nota de lo que está sucediendo, y viene a entregar a cada quien lo merecido, hermanos queridos. Este es un alerta para todos y cada uno de ustedes: No tomen éstas enseñanzas, ésta entrega como un juego, como un pasatiempo, porque no lo es, como se les ha podido indicar. Entréguense de limpio corazón, entréguense en un todo. Hermanos queridos, entréguense en cuerpo, alma, corazón y mente, porque esa es la única forma, la única manera, que podrán defenderse de las tribulaciones que les espera, hermanos queridos. Es por eso que *los Maestros,* alba tras alba hemos venido a traerles el alerta, las lecciones y la preparación. Oh hermanos queridos, no desoigan la súplica que sus *Maestros* les hacen; presten atención, presten atención, presten atención a todos los alertas que se les están entregando, presten atención a todas y cada una de las lecciones. Hermanos queridos, entiendan, comprendan y analicen detenidamente la misión que se te ha entregado.

Se les pudo haber dicho, que buscaran en aquel librillo lo que significaba ser *el privilegiado,* y el privilegio que tenéis. De una y otra manera se les ha entregado la lección, para que la analicen y quede marcada en su mentecilla. La misión que frente a ustedes tienen, no es pequeña, y no es ningún juego, hermanos queridos; va en juego su salvación, y la salvación de la humanidad que ha sido puesta en sus manos. Entiendan, comprendan, y analicen lo que alba tras alba se les entrega, y no piensen que es un juego, porque no lo es, hermanos queridos.

Es lo que te entrega tu Maestro Fubbi Quantz en bendita alba de gracia, que por voluntad Divina he descendido nuevamente a traerte la lección, y a entregarte el alerta, oh, hermano querido, hasta otra bendita alba de gracia. Adiós, hermanos queridos, les dice su Maestro, Fubbi Quantz.

ENSEÑANZAS DEL MAESTRO SHALIN LA HONESTIDAD
Domingo 23 de octubre de 1994

La honestidad. ¿Acaso sabes lo que significa la *honestidad*? ¿Acaso te has puesto a pensar, hermano querido, en qué es *honestidad*? ¿Qué es ser honesto? En bendita alba de gracia, *Shalin* te lo va a explicar como parte de tu entrenamiento, y como parte de tu evolución espiritual.

*Oh, mi pequeño hermano, se honesto en el mirar, se honesto en el sentir, se honesto en el pensar, se e honesto en el hablar, se honesto en el comportarte con tu hermano y semejante. Se honesto con todo lo que te rodea, con todo lo que haces, y con todo lo que piensas. Lleva la honestidad en ti, s***é tú mismo honestida***d, para que así mismo aquel que mirándose sea en ti, refleje honestidad. Porque recuerda, que no vas a poder enseñar lo que no eres, ni lo que no sabes.* Recuerda que te estamos preparando para que seas el maestro, el guiador, el líder, el *Moisés* de mañana.

Sientes la carga pesada, mas recuerda que si no aprendes a cargarla, cómo podrás enseñar a tu hermano a que la cargue; no vas a poder decirle cómo. No vas a poder enseñarle la forma de hacerlo si tú no lo has hecho, pequeño hermano. Como te pude decir, la lección de bendita alba de gracia es *honestidad*. Tienes que aprender qué es *honestidad*, qué es ser recto en todo y por todo.

Honestidad, es reflejar brillantez, reflejar alegría, reflejar todo lo que es de espíritu, de dentro hacia afuera. *Se honesto hasta en la forma que caminas, se honesto en la forma que usas de tu ropaje, se honesto en todo, y tú mismo serás honestidad.*

Analízate como te han pedido, como te hemos pedido los Maestros. Analízate a cada instante y momento. Analiza tus pasos y pregúntate: ¿He sido honesto, he faltado a la honestidad? Y entrega esa la respuesta *a la luz y a la verdad*. Sigue paso a paso poniendo los peldaños para subir esa montaña, sigue quitando los escombros que te evitan esa subida, esa ascensión.

"Recuerda que a la cima llegarás...pero en honestidad"

Se te ha podido indicar que la ascensión no es fácil, pero también se te ha dicho, que la recompensa es grande, y que vale la pena el sufrimiento, las tribulaciones y los problemas que vas teniendo. Como Maestro te lo digo, que si logras llegar a la cima y te das cuenta de la recompensa, te olvidarás de los sufrimientos y de los problemas que pasaste para llegar. Quedarán olvidados, borrados de tu mentecilla, porque lo que encuentres en la cima de la montaña abarcará todo en ti, apreciarás, adorarás aquello que encuentres. En ese instante sabrás, que valió la pena el sacrificio, las penurias. Que valieron la pena porque pudiste llegar a la cima y recibir tu herencia, pudiste recibir tu recompensa, recibir tu premio. ¿Qué más premio puedes pedir? Se te está ofreciendo la oportunidad de que dejes el *haz terrenal* por siempre y para siempre; que ya no retornes. ¿Qué más premio puedes pedir?

Pero aún hay más, hermano querido, no es todo. Pero te entrego este ejemplo, Mi pequeño, para que entiendas y comprendas el porqué de esta enseñanza, de ésta preparación, preparación, que en momentos te parece dura, difícil y que te parecerá, que no vas a poder pasar la prueba. Mas *Shalin* te dice, que lo puedes hacer, hermano querido, lo puedes hacer, si pones tu mente, tu corazón, tu cuerpo, tu alma, en la recompensa que te espera. Aún más hermano querido, recuerda y lleva en tu mente y en tu corazón, que vas a poder guiar a los ciegos, vas a poder quitarles la venda de oscuridad. Qué más recompensa quieres, cuando tú vas a ser la luz en esa oscuridad en la que se encuentran; en sí, únicamente eso te debería impulsar a seguir. *La tarea es grande, cumplirla, conlleva de mucho trabajo y de mucha dedicación, pero sobre todo.....de mucho amor. Recuerda que esa es la llave, la clave de todo...es amor.*

¿Qué tanto amor le tienes a tu Dios y Señor? ¿Qué tanto amor le tienes al Hacedor de Universo? Eso es lo que debe impulsarte, porque recuerda que estás trabajando para Él, y por Él. Él ha puesto este trabajo frente a ti, en ti está que tanto le Quieres, que tanto quieres Agradarle, y que tanto quieres cumplir Su mandato, Su ordenanza. Eso te servirá de impulso para seguir adelante. Como he podido decirte: *"No mires hacia atrás; no mires ni a diestra ni a siniestra, pon toda tu mente, tu cuerpo, tu corazón, tu alma, fijos en una sola meta: Servir a tu Dios y Señor. Servirlo en cuerpo, alma, corazón y mente, Servirlo en honestidad, Servirlo en todo lo que Él te ha ordenado.*

Te esperan tribulaciones, trabajos, te esperan desprecios de lo propios y de los no son propios, te lo advierte tu Maestro *Shalin*. Pero que eso no te haga dudar ni un instante, recuerda por las tribulaciones, insultos, vejaciones que pasó tu Maestro Jesús, por *amor*. Es por eso que *Shalin* te dice: *Amor es la clave, amor*. ¿Qué tanto *amor* le tienes a tu Dios y Señor? ¿Qué tanto *amor* tienes para ti mismo? ¿Qué tanto *amor* le tienes a tu hermano y semejante? *Se te ha dejado un ejemplo muy grande a seguir, un ejemplo grande, inmenso: El ejemplo de tu Maestro Jesús.*

En bendita alba de gracia te digo: Toma ese ejemplo, síguelo, y verás cumplida la promesa de tu Dios y Señor, del Dios de la vida, del Dios vivo. La verás cumplida porque recuerda: *"Palabra de Jehová, palabra que se cumple. Palabra de Jehová es Ley"*. Si Él te lo ha prometido, cumplirá Su promesa. Mas *Shalin* te dice en bendita alba de gracia: *"Cumple tú la tuya, cumple con honestidad, se honesto a cada instante y momento, se verdad en todo, se amor y sobre todo...sé honestidad.* Analiza, pregunta que es la *honestidad*. *Nuevamente* te digo: Analiza.

Honestidad es la palabra, *honestidad* es la lección de hoy, y honesto te quiere *Shalin* en todo momento. Te dice tu Maestro: Abre tu entendimiento a todas y cada una de las palabras de los Maestros que ante ti estamos hablándote. Toda lección por más insignificante que la puedas tener, o pensar que lo es, no lo es, hermano querido. Sigue a tu Maestro, porque así mismo como la palabra de tú Dios y Señor es ley, una ordenanza de tus Maestros, una lección de tu Maestro, es ley que se cumple; sigue todas y cada una de las lecciones.

No vengas hermano querido y oigas sin escuchar. No vengas hermano querido, y oigas, y al salir la duda llegue a ti; recuerda, la *duda es uno de tus peores enemigos. La duda es lo que le da cabida al enemigo para que se acerque a ti. Tú le abres la puerta, la duda le abre la puerta;* no permitas que la duda llegue a ti. Camina firme; ya estás aprendiendo a comunicarte con los Maestros, estás aprendiendo a comunicarte con tú Dios y Señor en el mundo espiritual; si recibes la ordenanza, síguela como la has recibido, no la cambies, no digas: Soy yo el que puso ese pensamiento. Si tienen fe, acepta lo que *recibes*, y síguelo; si tienes duda, pregunta, pregunta, pregunta a tu Maestro.

Déjate guiar por el Espíritu Santo, deja que sea el Guía quien te guíe, deja que sean *los Maestros* los que te lleven por la vida; no tengas duda. *En todo momento deja cinco minutos de tu largo caminar y concéntrate. Concéntrate en tu lecho, en tu choza y pide la iluminación, pide lo que hay que hacer. Tienes una duda, en ese instante elévala y pide el análisis, pide el entendimiento, y adelante,* pero ni por un momento niegues lo que no entiendes ni comprendes. Porque es ahí donde puedes bajar un escalón; es ahí donde puedes permitir, que el *enemigo* llegue y te baje de esa cima.

Habrá lección que muchas veces no entenderás, pero han puesto ante ti a la *Legión de Maestros, Maestros* que te han dicho: "*Aquí estamos para ayudarte a comprender lo que no comprendes, a aceptar lo que no aceptas. Pregúntanos*, ya que por Gracia Divina hemos podido venir a visitar esta casa. Toma ventaja de la oportunidad que se te entrega, toma ventaja, aquí tienes a *los Maestros*.

Recuerda que afuera, el mundo ni siquiera conoce Nuestros nombres, mucho menos Nuestra existencia. Mas tú, el *privilegiado* sabes y conoces a todos y cada uno de *los* Maestros. Has tenido el privilegio de que desciendan hasta ti, y te hablen en tus palabras, en tu idioma, en tu entendimiento. Se te ha entregado un *Maestro* para que sea tu Aliado, tu Consejero, tu Guía. Aprovecha esa oportunidad; *Shalin* no quiere verte llorar cuando ya sea tarde, pequeño, cuando ni *Shalin* ni los Maestros podamos hacer nada por ti.

El tiempo se acorta, el tiempo se allega. Los Maestros han venido en súplica, en súplica, si, pequeños, en súplica, a pedirte, a decirte: Presta atención, presta atención, presta atención a lo que se te habla, a lo que se te enseña, a lo que se te dice. Presta atención, y lleva a cabo la ordenanza, y lleva a cabo la lección que se te entrega, no la dejes tirada. No permitas que el *Ave de Rapiña* te la quite, hermano querido.

Venimos en súplica porque el tiempo se acorta, el tiempo ya se llegó, y si no pones atención, no es mucho lo que podemos hacer por ti si no pones en tu mente, cuál es tu misión, tu responsabilidad. De ti depende tu crecimiento, tu evolución; el *Maestro te puede ayudar hasta cierto nivel, pero no puede hacer todas las cosas por ti; a ti te corresponde hacer lo demás.*

Aquí estamos para guiarte, para abrir tu entendimiento, para abrirte las puertas, para darte las llaves, las claves para que trabajes, para que asciendas esa montaña. Mas si no pones atención, si niegas las palabras que te entregan los *Maestros*, ¿qué podemos hacer por ti? Nada, s**ólo permitir que uses tu libre a**lbedrío y sigas reencarnando, reencarnando y reencarnando, hasta que comprendas que sólo regresarás a Él, limpio y puro como un niño. Si te toma veinte, treinta reencarnaciones, hecho será hermano querido, hecho será. Pero recuerda: "*No podr***ás hacerlo hasta que no tengas** *el corazón sencillo de un niño, mientras tú no seas un niño*".

¿Has entendido hermano querido? ¿Has entendido la lección de bendita alba de gracia? Llévala en tu corazón, analiza cada una de las palabras de tu *Maestro Shalin*. Estoy unificado con el *Maestro Rebazar Tarz*, y con el *Maestro Fubbi Quantz;* estamos hablándote en unificación, mas usando la voz de *Shalin*. Es un privilegio el que tienes, es por eso que se te puede llamar, el *privilegiado*. Pero eres tú quien no entiende el privilegio que tienes ante ti; eres tú quien no quiere aceptar, que eres un *privilegiado*, *p*equeño,

¿Ya te has dado cuenta que eres diferente al mundo de afuera? ¿Te has dado cuenta de la diferencia que hay entre tú, y los pequeños que se encuentran afuera? Contempla, ¡Cuánta ignorancia! ¡Cuánta falta de enseñanza! ¡Contempla cuántas vendas de oscuridad tienen tus hermanos! ¿Es que acaso no sientes pena por ellos? ¿Es que acaso no te mueve el prepararte y quitarles esas vendas, esa ignorancia?

¡Cuánta ignorancia Mis pequeños! ¡Cuánta ignorancia contemplamos allá afuera en los pequeños! No es únicamente que no Nos conocen, sino que existen quienes no conocen, ni aceptan, a *La Virgen María*, quienes no conoces, ni aceptas, al Maestro Jesús, quienes no conocen ni aceptan al Padre, pequeños, ¿Acaso nos aceptarán a Nosotros? Una y otra vez Contemplamos la ignorancia, Hemos tratado de acercarnos a los pequeños y guiarlos, mas es tanta la venda de oscuridad que tienen, que no logramos acercarnos a ellos; nos rechazan, nos rechazan sin siquiera habernos escuchado.

Entiendan pequeños, entiendan, hermanos queridos, la responsabilidad que les espera en el *haz terrenal*. Los Maestros hemos venido por voluntad a entregar; por voluntad y por mandato Divino, a tratar de quitar la venda de oscuridad, si lo logramos en uno, o dos, ya Hemos hecho algo. Así mismo Te digo, hermano querido, si una venda de oscuridad quitas, ya lograste algo. Pero te imaginas lo que tienes que pasar, y preparar para quitar una venda, ya que están reacios y su corazón es piedra. Vos tenéis que convertir esa piedra en un pan, a vos toca, hermano querido. No es fácil, pero adelante, *recuerda, amor es la clave. Amor a tu Dios y Señor, amor a tu hermano y semejante, y amor a ti mismo,* recuerda la recompensa que te espera.

Si vos queréis seguir en el ciclo de la reencarnación...bendito seas, Mi pequeño, ya que así lo has decido, es tu libre albedrío. Mas si queréis salir, es tu decisión, es tu *libre albedrío,* tú vais a hacer lo que es de tu voluntad, tú vais a escoger, hermano querido. Los *Maestros* no podemos forzarte a hacer lo que no queréis hacer, Estamos aquí para entregarte la lección, para guiarte, para prepararte, mas si no lo aceptas, si no aceptas la lección, la preparación y la guianza, no podremos hacer nada; Nos retiraremos, y te dejaremos a tu libre albedrío. Es eso lo que queréis, es eso lo que queréis, queréis que los *Maestros* retirados sean, qué ya no tengas a quien preguntarle, qué ya no tengas a quien escucha, qué ya no tengas quien te de la guianza. Recuerda que se te está dando la oportunidad de escoger. Quieres la guianza, Nosotros estaremos aquí para dártela, no la quieres, no Estaremos aquí para dártela; es así de simple, es así de sencillo. En ti está el que los *Maestros* sigamos viniendo a entregar la lección, en ti está, pequeño.

Qué podemos hacer, si vosotros que sois los *privilegiados* no Nos queréis. Te he dicho que afuera el mundo ni siquiera sabe de Nosotros. Si vos que sois el privilegiado en Conocernos, no aceptáis Nuestra enseñanza, Nuestra guianza, preparación, y de Nuestros conocimientos, qué podemos hacer, hermano querido; retirarnos y seguir adelante hacia otros mundos en dónde se Nos acepte, en donde Nuestra guianza, preparación, conocimientos y sabiduría, sean aceptados *a la luz y a la verdad*.

Es lo que Shalin te dice en bendita alba de gracia. Recuerda la palabra de hoy...*honestidad*. Busca que quiere decir honestidad, aplica la palabra a ti mismo, y se honesto, hermano querido. Es lo que te dice *Shalin* en unificación con el *Maestro Fubbi Quantz, y el Maestro Rebazar Tarz*. Hasta otra alba de gracia, hermano querido, Que la paz de Mi Padre esté entre vosotros.

ENSEÑANZAS DEL MAESTRO SHALIN DEVOCIÓN

La lección de alba de gracia lleva por nombre, *devoción*. ¿Qué es la devoción? ¿Devoción a qué? ¿A quién? ¿A quiénes? *Shalin* en bendita alba de gracia te dice: Devoción a tu Dios y Señor, al Creador de todo lo que tus ojos físicos pueden contemplar, *devoción* a todo lo que Él ha creado, sobre todo, *devoción* a todos aquellos que te han puesto frente a ti para guiarte en el camino. *Devoción, es una entrega total, completa, una entrega como ya se te ha venido diciendo, en cuerpo, alma, corazón y mente.*

La devoción empieza en tu corazón, pequeño hermano. Empiezas a creer… empiezas a tener *devoción*, empiezas a acercarte al árbol que te da fruto porque sabes, que dé el té alimentarás. Con devoción y anhelo sigues adelante sin mirar a diestra ni a siniestra, porque sabes lo que te espera, lo que al final de la jornada, del camino vais a encontrar. Devociónate, hermano querido, entrégate con *devoción*, entrégate con amor. *Si no hay devoción, no hay amor, no hay fe, no hay nada.*

Devoción, hermano querido, es lo que quisiésemos todos los *Maestros*, que cada uno de vosotros llevases. *Devoción*, no es creer una alba y negar la otra, d*evoción* es creer todas las albas. Devoción no es creer algo, y negar lo otro, devoción *es creer en todo.* Devoción, es levantar tu mirada y decir: "Hazme ver lo que no veo, hazme entender lo que no entiendo, hazme comprender lo que no comprendo". Esa es la *devoción*. Porque estás pidiendo con *devoción*, que el ignorante no te quieres quedar, qué quieres saber más, qué quieres seguir de frente, qué quieres elevarte, y que quieres conocer más allá de lo desconocido.

La devoción no se encuentra en aquellos, que cargan una cruz para que el pueblo vea cuanto aman a su Dios y Señor. Shalin te dice: "Eso no es "devoción"; no os confundáis. Recuerda que si comprendéis que llevas la cruz a cuestas, ya lo sabe tu Dios y Señor. *Devoción, es cargar esa cruz con amor, con resignación, con conocimiento de causa y culpa, con conocimiento del porque la lleváis, y porque pesa lo que pesa. Devoción, no es entregarse al templo, y rezar como decís en tu mundo, veinte y treinta rosarios, si tu corazón, tu mente, tu cuerpo, tu alma, están puesto en otra cosa. Eso no es devoción.*

Devoción es abrir tu corazón y simplemente decir: "Padre, a Ti te pertenezco, soy Tuyo, en cuerpo, alma, corazón y mente; haz Tu voluntad en mí". Él va a saber lo que le estás diciendo. Si esas palabras salen de tu corazón, escuchadas serán por lo Eterno, por lo Sagrado, por el Hacedor del universo, *Él* las tomará en cuenta y hará en ti Su voluntad. Desde ese momento, Su voluntad se hará en ti, y ya no será tu voluntad, sino Su voluntad. Caminando serás de frente, guiándote por la estrella, que es Su voluntad: Eso es devoción. Hermano querido, aprende la lección, llévala en tu mente, corazón y alma, porque así la entregarás, al que detrás de ti viene confundido en eso de la devoción.

Pequeño hermano, sientes que vais aprendiendo como el niño que se encuentra dando los primeros pasos. En efecto, así es pequeño, vas a ir aprendiendo a caminar, a hablar y vas a perfeccionarte. Una vez ya perfeccionado, irás a enseñar a caminar y a hablar a aquellos que detrás de ti vienen. Acepta la lección, aunque insignificante te pueda parecer, porque es grande ante los ojos de Jehová tu Dios, y es grande ante los ojos de *los Maestros*. Ya que si la llevas de limpio corazón y la pones a la práctica grande será, porque será acrecentada en cuanto la entregues a aquellos que ciegos se puedan encontrar por la confusión.

Una vez más *Shalin*, en unificación de *los Maestros* te dice: "Recuerda que por ti, verán los demás, tú serás la luz que contemplarán en esa oscuridad. Prepárate a brillar limpia, pura, y transparente, para que así mismo seas a entregar cada una de las lecciones que vas escuchando. En el camino te vas a encontrar a muchos ciegos, *pero recuerda, que no hay peor ciego, que aquel que no quiere ver*. Pequeño hermano, al que no quiera ver le hablarás tres veces; sí **a las tres veces no quiere quitarse la venda de oscuridad, caminando seguirás de frente**, e irás con el que sigue. Recuerda, pequeños hermano, que no hay tiempo que perder. *Pero dales la oportunidad de que vean lo que no ven, de que entiendan lo que no entienden, de que comprendan lo que no comprenden, de que acepten lo que no quieren aceptar.* Dales la oportunidad, que si no la quieren tomar, benditos sean, que en manos del Creador se encuentran. Tú sigue adelante, ponlos en Sus manos, y adelante, hermano querido con aquel, que tenga ojos y quiera ver, aquel que tenga oídos y quiera escuchar; a ellos les hablarás.

Pequeños hermanos: El tiempo se acorta más y más, corre, pequeño hermano, ya no camines, corre, porque el tiempo te alcanza. Prepárate. Lección que encuentres, lección que escuches, lección que se te entregue, llévala, practícala, estúdiala y utilízala con tu hermano y semejante. Empieza a hacer la labor que se te ha encomendado, que ya no hay tiempo; recuerda que la oscuridad se echa encima, vos sois la luz dentro de esa oscuridad; no te quedes también vos hermano querido en la oscuridad. Adelante, sois pocos, pero el trabajo que os espera os hará multiplicar. Porque multiplicado serás para poder cumplir la misión que se te ha encomendado. *Sentirás que te partes en cuatro, cinco y hasta diez veces. Sentirás que eres diez y no uno porque tendrás que hacer las cosas diez y veinte veces más, ya que estarás tomando el lugar de diez y veinte sordos y ciegos, que no quisieron escuchar ni ver, y tendrás que hacer el trabajo por ellos.*

Que no te detenga la primera batalla, que no te detengan los primeros embates del combate, que no te detenga la primera derrota. Que caíste, hermano querido, levántate y adelante. No reniegues, no mires hacia atrás para ver la piedra que te hizo caer; bríncala, y sigue adelante. Levántate, hermano querido. De ti depende la luz de muchos ojos que se encuentran ciegos, de muchos entendimientos que se encuentran confundidos. Hermano querido, de ti depende el detener tanta maldad, la maldad, que está haciendo presa de tus hermanos, de muchos hermanos. Es por eso, que aquí está *La Legión de Maestros*, que alba tras alba viene a entregarte la leccioncilla, para que llevando seas el pan, el vino, el alimento a aquellos que se encuentran desnutridos y débiles. Te esperan grandes jornadas, hermano querido. Quieres subir la montaña, prepárate, prepárate, que de otra forma, no la subirás.

Vienen grandezas para vosotros hermanos queridos, créanlo, hermanos queridos, no duden ni un momento de lo que se les ha dicho, no duden ni un momento de lo que el Padre ha prometido. Recuerden, que palabra de Rey se cumple, y que hecho y efectivo será lo que *Él* ha dicho. Viene esa Luz llena de Gracias y Dones para todos y cada uno de vosotros. El que los quiera recibir…los recibirá, él que no los quiera recibir…no los recibirá. Pero los recibirán aquellos que estén listo y preparado a recibirlos. Como te pude haber dicho, la tarea se te multiplicará hasta en veinte;

así mismo recibirás los Dones y Gracias, en veinte, porque tomarás los Dones de aquellos que no quisieron tomarlos. La recompensa es grande, pequeño hermano, es por eso que la guerra, la batalla, la prueba, también es grande. Lleva esto en tu entendimiento, llévalo en tu corazón, en tu alma, practícalo en tu cuerpo, y hecho y efectivo será.

Pequeño ¿Es que acaso no te quieres pasar como una estrella luminosa? ¿Es que acaso no quieres que tu envoltura brillando sea, y se destaque en la oscuridad? ¿Es que acaso no quieres ser la mano bondadosa que quite la venda de oscuridad de aquel, que va derecho al precipicio? ¿Es que acaso no quieres ser las piernas, los ojos, los oídos de aquellos que no los tienen?

Entiende hermano querido, y no desmayes; la batalla es grande, pero entiende y comprende que los *Dones y Gracias* que se avecinan también multiplicados serán las veces que te entregues: Haces un esfuerzo, un Don tendrás, haces veinte esfuerzos, veinte Dones tendrás, te entregas en veinte maneras, veinte Dones vendrán y así sucesivamente. De ti depende recibir los Dones, de ti depende el seguir adelante, o quedarte y ser parte de ese mundo de oscuridad; ser parte de los que se encuentran ciegos, ser parte de los que se encuentran confundidos, ser parte de los que se encuentran en el desierto de la desesperación, la duda y la confusión.

De ti depende, hermano querido, el aceptar lo que te dice *el mundo espiritual,* el aceptar lo que te dice Nuestro Padre Eterno Señor de los Ejércitos, el aceptar lo que te dice el Maestro Jesús, el aceptar lo que te decimos los Maestros, y el aceptar que has tenido el testimonio de lo que se está entregando. Entre todos, tú hermano, no dudes porque tú eres el *escogido,* el *preparado.* Si vos dudáis, que esperáis del mundo que no son los *escogidos* ni los *preparados.* Hermano querido, ni un solo momento dudéis de lo que se te entrega y adelante; adelante, que te espera más carga hermano. Porque como te he podido decir, veinte, veinticinco más Dones recibirás, pero también así será la preparación que debes tener: veinte y veinticinco veces más. De ti depende: Te quedas a la medianía del camino sin un Don, te quedas con un sólo Don, te quedas con veinte, veinticinco Dones como se te ha prometido, o te quedas en *el mundo de oscuridad* haciendo compañía a aquellos ciegos que se encuentran en él. De ti depende ser la luz en esa oscuridad, el camino, el faro luminoso que los sacará de esa oscuridad, de ti depende qué es lo que quieres ser.

Eres el *llamado*, el e*scogido*, el *privilegiado*. *Se* te ha entregado que lo eres, y has recibido el testimonio de que lo eres. Adelante, hermano querido, adelante, que lo que se te ha prometido hecho y efectivo será, que lo que tú desees, tendrás, porque tú eres el factor decisivo hermano querido. No se te va a entregar nada a fuerza, eres tú el que va a decidir qué es lo que quieres hacer: O cumples la misión de Nuestro Padre, o te quedas en el ciclo de la reencarnación. Porque recuerda, la *ley cárnica es del universo y el universo se cobra*. Si necesitas más reencarnaciones para comprender lo que se te ha entregado, más reencarnaciones tendrás. Pero de ti depende que sea en ésta reencarnación dónde has recibido el privilegio de ser el *escogido*, el *llamado; d*onde has recibido el privilegio de ser de los que han escuchado, parar ese ciclo de reencarnación, y empezar el ciclo de e*volución espiritual*. De ti depende hermano querido, entrégate con *devoción*, que la *devoción* es la lección de ésta alba de gracia.

Se te ha entregado lo que ha sido la voluntad de *los Maestros*. Se despide de ti, tu *Maestro Shalin* en compañía de todos *los Maestros* que me han acompañado, porque hemos hablado en uno.

ENSEÑANZAS DEL MAESTRO SHALIN
¿CUÁNTAS REENCARNACIONES MÁS?
Martes 13 de diciembre de 1994

Queridos hermanos: Nuevamente *Shalin* los saluda en bendita alba de gracia. Nuevamente *Shalin* está con vosotros para entregarles estas palabras, que son un recordatorio de lo que *Shalin* ya les ha traído en otras albas de gracia.

Shalin les ha hablado sobre *la reencarnación*. Les ha dicho, que entre ustedes se encuentran aquellos que tienen entre veinte, treinta, cuarenta, cincuenta, y más reencarnaciones; ese es el límite, que cada uno se ha puesto para seguir retardando el momento de *llegar al lugar preparado*.

Shalin, les pregunta en bendita alba de gracia. ¿Cuántas reencarnaciones más queréis querido hermano? ¿Te habéis hecho la preguntilla? ¿Cuántas reencarnaciones más queréis? Cuántas reencarnaciones más queréis, para reconocer el camino, para reconocer el lugar, para reconocer a tus Maestros. ¿Cuántas reencarnaciones más queridos hermanos? ¿Cuánto más el ir cayendo y levantando? ¿Cuánto más, queridos hermanos? Porque, si ya has recibido el alerta, ya has abierto tus pupilas, tus audífonos, si ya has comprendido lo que es el *karma* y lo que es *la reencarnación*, entonces, porque das marcha atrás, porque entonces quieres regresar, porque entonces quieres caer y volver a levantar, cuando frente a ti tienes la oportunidad de ya no hacerlo. ¡Ya no hacerlo! ¡Ya no regresar! ¿Cómo? Encontrando esa *Unificación Perfecta con Dios*, entregándote en cuerpo, alma, corazón y mente, al estudio de la espiritualidad, preparándote con todas y cada una de las lecciones que se te entregan, leyendo lo que se te ha entregado que leas para que vayas aprendiendo, lo que es *La Unificación Perfecta con Dios*.

Una vez dominado, una vez aprendido lo que es *la Unificación Perfecta con Dios*, empezarás a practicar más y más hasta que *los Maestros* nos demos cuenta, que en realidad te encuentras en el camino de l*a Unificación Perfecta con Dios. Entonces, descenderemos hacia ti para elevarte al nivel que te has ganado; de ahí*, a seguir evolucionando. Porque entonces si frente a ti tenéis todo esto lo echas por la borda. Porque no queréis entender de una vez por todas, que esto es lo único que te va a llevar a conocer a ese *Dios Verdadero* que desde el principio del tiempo estáis buscando.

Has conocido a un Dios distorsionado, has conocido a un Dios que no ha llenado tu entendimiento, mas; si te preparas y llegas a esa *Unificación Perfecta con Dios,* empezarás a conocer *al Verdadero Dios,* empezarás a conocer los Poderes de ese Dios Verdadero; comprenderás que el Dios que conociste antes, no es el mismo, que estaba distorsionado, porque no estabas *en la Unificación Perfecta con Dios. ¿Quieres conocer a ese Dios de Perfección, a ese Dios Verdadero?* Prepárate y alcanza esa *Unificación Perfecta con Dios, s*igue paso a paso lo que se te ha encomendado, sigue paso a paso las lecciones entregadas, analízalas, como te ha dicho el *Maestro Yaubl Sacabi*, llévalas en tu entendimiento y apréndelas, practícalas, para que así llevando seas de esa *Unificación Perfecta con Dios.*

Cómo podéis quitar la venda de oscuridad de tu hermano y semejante, si no te has podido quitar la vuestra. Cómo podéis quitar la duda, el mal entendimiento de tu hermano y semejante, si vos mismo lleváis la duda y el mal entendimiento. Cómo podéis ser *la luz* de aquel que se encuentra en la oscuridad, si vos mismo vais caminando en la oscuridad. Comprende que si queréis ser la antorcha que ilumine al que se encuentre en la oscuridad, tienes que prepararte para iluminar, para que así mismo aquel hermano que se encuentra en la oscuridad, pueda contemplar tu luz, aquel hermano, que se encuentre en la ignorancia, pueda saborear de tu sabiduría y de tus conocimientos, y aquel hermano que se encuentre con la duda, pueda encontrar en ti la satisfacción, y el esclarecimiento de aquella duda y de aquel pensamiento.

Se te hace muy pesada tu cruz, muy pesada la misión encomendada en el haz Terrenal. Es que acaso no te has puesto a pensar en la Cruz que cargó tu Maestro Jesús, es que acaso no te habéis puesto a pensar en la misión encomendada al Hijo de Dios. Qué tanto puede pesar tu cruz, qué tan dura puede ser tu misión comparada con la de tu Maestro Jesús. Analiza, analiza y no vayas renegando de tu cruz, no vayas renegando de tu misión, porque recuerda *el ejemplo te lo dio tu Maestro Jesús: Una queja no salió de Sus labios.*

Oh, hermano querido, porque entonces si queréis seguir los pasos de tu Maestro Jesús, te escucho renegar, quejarte, porque entonces.

Queréis seguir a tu Maestro Jesús *a la luz y a la verdad, a la luz y a la verdad* sigue Su ejemplo, Su enseñanza, Su preparación, y analiza a *la luz y a la verdad,* como cumplió Su Misión, la Misión encomendada al Hijo de Dios hasta el último momento. Contempla, que de Sus labios la queja no salió, contempla, que en ningún momento el reproche te hizo. Hermano querido, porque entonces *los Maestros* contemplamos, que haciendo vas del reproche a tu Dios y Señor, que haciendo vas del reproche a tu hermano y semejante cuando esa no es la enseñanza que se te entregó, cuando ese no es el ejemplo que se te dio. *Hermano querido, aprende a cargar tu cruz, aprende a seguir este calvario, aprende a cumplir tu misión como el Maestro de Maestros la cumplió, y entonces, podrás obtener la recompensa de estar en el lugar que te corresponde.* Nuevamente se te hace la pregunta, hermano querido: ¿Cuántas reencarnaciones más quieres para aprender? ¿Cuántas reencarnaciones más para cumplir la misión encomendada? ¿Cuántas reencarnaciones más para retornar al lugar que te corresponde? En ti está, tú eres el límite, tú pones el límite, Yo sólo te digo lo mismo que te dijo *El Maestro Yaubl Sacabi*: Decídete, decídete, decídete. En bendita alba de gracia, estas son las palabras, las reflexiones que *Shalin* ha traído a todos y cada uno de vuestros corazones. Hasta otra bendita alba de gracia, que por permisión Divina, nuevamente los Maestros estaremos aquí, para guiarlos con Nuestros conocimientos, con Nuestra sabiduría y con Nuestro amor. Adiós queridos hermanos, adiós.

MENSAJE DE LA VIRGEN MARÍA
POR INSTANTES SE OLVIDAN DE MARÍA
Sábado 31 de diciembre de 1994

Oh, Mis pequeños bien amados, en alba de gracia tenéis aquí a María de Israel, con la gracia y la permisión de Mi Padre Eterno, y Mi Unigénito Bendito, Jesús de Nazaret. María se encuentra entre ustedes, oh, pequeños bien amados, María, que en bendita alba viene a entregarte de Mis Bendiciones y a decirte, oh, pueblo bendito, oh, Mis hijos bien amados, que tienes a María contigo, que María ni un momento se separa de ninguno de ustedes, que María escucha tú plegaría, tu súplica, enjuga tu llanto, recibe tus purpurinas, y las convierte en perlas y las guarda.

Oh, mujer de Israel que Me dices, que llevas de la pena y la congoja, pequeña Mía, María te ha escuchado y María te entrega Sus bendiciones, María te dice: Adelante, pequeña Mia, adelante, cumpliendo la misión encomendada por Mi Padre Eterno, y por mi Unigénito Bendito; adelante, cúmplela, cumple la misión, pequeña Mia. María de Israel no quiere escuchar de tu pena, de tu congoja, y de tu sufrimiento, pena y congoja, que podrías convertir en alegría si cumpliendo eres la misión encomendada. Cúmplela, pequeña Mia, cumple la misión que se te ha encomendado, te lo pide María de Israel, rosa blanca de Jericó, Madre del Universo, que en bendita alba de gracia viene a decirle a Su pueblo, a Sus pequeños, que por trecientas sesenta y cinco albas ha escuchado a todos y cada uno de Sus pequeños. Que por trecientas sesenta y cinco albas, ha cobijado con su Manto tachonado de estrellas a todos y cada uno de Sus pequeños. He acurrucado en Mi regazo a todos y cada uno de Mis pequeños, y les he dado el cobijo de paloma, los he cubierto con Mis alas, y les he entregado de Mi calor para que no sufran del frío.

Oh, pequeño pueblo de Israel, oh pequeños, Míos, ni un momento los deja María. Eres tú pueblo bendito, son ustedes Mis pequeños bien amados los que por instantes olvidándose son de María, por instantes se olvidan de *la Madre Universal, se* olvidan de *la Madre de Jesús de Nazaret.* Por momentos olvidan, que soy la Madre amorosa y tierna que acurrucaré y recibiré en mi regazo a todos Mis pequeños. Se olvidan de ello y dejan a

María de Israel con los brazos extendidos esperando al uno y al otro, para darle del abrazo, para acurrucarles en Mí regazo, para entregarles de Mis caricias, de Mi amor. Dejan a María con los brazos extendidos, mas María, sigue esperando, María espera al uno y al otro, y al que va llegando le va entregando de Su amor, de Su protección y de Sus caricia; le va entregando de Todo lo que María representa, de Todo lo que María es.

Oh, pequeños Míos, pequeños bien amados, no olviden que María se encuentra entre ustedes. Ni por un momento olviden que María se encuentra de rodillas ante el Padre, ante el Hacedor de Universo, pidiendo clemencia, piedad, misericordia para Mí pueblo de Israel. Ahí se encuentra María, deteniendo esa *Mano de Justicia* para que no caiga sobre Mi pueblo. Pero Mi Padre Sacrosanto, Mi Esposo bien amado Me ha dicho, que ha puesto un lapso, un límite, un tiempo a cumplirse, en el cual María ya no podrá detener *Su Mano de Justicia,* y donde de nada valdrán las lágrimas, los ruegos, las súplicas de María, donde Él no escuchará a Su Esposa bien amada. Pueblo bendito de Israel, el lapso, el límite, es corto, atiende, atiende, atiende a las súplicas de María, atiende a las súplicas de Mi Unigénito Bendito, atiende, pueblo bendito de Israel, porque *el tiempo está en el tiempo, y ya no hay tiempo que perder.*

Mis pequeños bien amados, María estará junto a ustedes, pueblo bendito. Alba tras alba estaré ayudándolos en su labor, en su entrega, en su preparación, ayudándoles a saltar los obstáculos, las trampas que la maldad pueda ponerles. María los ayudará, María les dará la mano, y los sacará del hoyo dónde hayan caído; María les dará la mano y los levantará, sobará sus rodillas y les dirá: *Adelante, tú puedes hacerlo, y tú lo vas a hacer.* No olviden que María estará ahí ayudándolos, protegiéndolos, entregándoles la fuerza y la fortaleza para que resistan los embates del *enemigo. No* olviden que *María de Israel* los ama, que por ese Amor tan inmenso que siente por ustedes, oh, pequeños Míos, es por lo que María se encuentra para protegerlos, para cobijarlos con el Manto tachonado de estrellas y cubrirlos de las intemperies del tiempo, y de los ataques del *enemigo.*

Oh, pueblo bendito de Israel, oh, mis pequeños bien amados, en bendita alba de gracia, nuevamente *María de Israel* les trae la Leche y la Miel, nuevamente les entrego Mis flores, nuevamente les entrego en su frontal, una estrella de Mi Manto, y pongo una en su diestra. Lleven ambas estrellas, la de su frontal, y la de su diestra porque les ayudarán en el camino en la lucha que os espera.

Se quedan con las Bendiciones de María que en bendita alba de gracia, nuevamente ha suplicado al Padre clemencia, clemencia para el pueblo de Israel. Adiós pequeños Míos, adiós Mis niños bien amados, adiós les dice *María de Israel, la Reina del Universo, la Rosa Blanca de Jericó* les dice adiós, adiós pequeños míos.

LA VIRGEN MARÍA
SOY TU MADRE Y NO TE HE OLVIDADO

El Ángel del Señor anunció a María, el Ángel del Señor anunció a María, el Ángel del Señor anunció a María, y María concibe por Obra y Gracia del Espíritu Santo. Heme aquí una vez más, oh Mi pueblo bendito, he aquí a *María de Israel q*ue en bendita alba de gracia, nuevamente vengo a traerte *la leche y la miel, v*engo a traerte *Mis flores,* las que he cortado a temprana alba de Mi Jardín Sacrosanto, para vos, oh, Mis pequeños bien amados. *María de Israel* tenía en Su corazón, el deseo de venir a ti nuevamente, tenía en Su corazón, el deseo de hablarte, de darte Mi caricia de Madre, de darte el cu cu rru cu de paloma, de tenerte bajo Mi regazo y decirte: *Hijo bien amado, soy tu Madre, y no te he olvidado. Soy tu Madre y en todo momento estoy contigo, no te he dejado, Mi pueblo bendito de Israel*. Recuerda que María, se encuentra contigo en todo momento, recuerda, que soy la Madre del Universo, la Madre de todos y cada uno de vosotros, y para todos y cada uno de vosotros, os tengo Mi caricia, Mi amor.

Oh, pueblo bien amado, oh Mis pequeños, con que regocijo se encuentra María en bendita alba de gracia hablando a Su pueblo, este pueblo que creía que María los había olvidado. Mas María se encuentra con vosotros, no te he olvidado, pueblo querido, pueblo de *privilegiados.* Pero tenéis a todos tus Maestros entregándote, y te encuentro ocupado, te encuentro escuchando a *los Maestros* que vienen a entregarte la enseñanza. María se queda escuchando, viendo cómo quieres aprender, como quieres progresar, como quieres elevarte y cómo quieres llegar a esa *Unificación Perfecta con Dios, y* María te contempla con regocijo, María contempla el ansia, el amor con que escuchas a todos los *Maestros.*

Yo estoy contigo en todo momento, acude a Mí en el momento que te sientas el fatigado, el olvidado, que María tendrá Su cobijo, Su regazo listo para abrazarte, para aconsejarte y acariciarte. Oh pueblo bendito, aquí está María para entregarte, para que no te sientas triste, abandonado. Mas también en bendita alba de gracia *María de Israel* te dice: oh mis pequeños bien amados, poned atención a todas y cada una de las lecciones que los *Maestros* te vienen a entregar; escúchalos con atención. Porque pueblo bendito, oh Mis pequeños, de vosotros depende ese pueblo que se encuentra en la oscuridad, ese pueblo que se ha olvidado de María, ese pueblo que la niega, ese pueblo que en ocasiones ignora Su existencia. Vos que sois la antorcha que se encuentra en preparación para iluminarlos, te encargarás de decirles que *María de Israel* existe, que *María de Israel,* se encuentra a cada instante lista para acurrucarlos y a acariciarlos, lista para cubrirlos de la intemperie del tiempo con Su Manto tachonado de estrellas, y que María los ama a todos y cada uno de ellos. Que así como en aquel segundo tiempo acurrucó a Su Pequeño Jesús, así acurruca a cada uno de ellos.

De ti depende, de ti depende pueblo de *preparados,* de *privilegiados,* que el mundo no olvide a María. Háblales de Mí, diles, que me encuentro con ellos, diles, que no únicamente soy la *Madre de Jesús de Nazaret,* que soy *la Madre del Universo* por voluntad de Mi Padre Eterno, que soy *la Madre de todos* y cada uno de ellos, y que Me encuentro con todos y cada uno de ellos. A vos toca hacerles comprender, que *María* existe, que no es una historia, que no es algo del pasado, que no es algo de su imaginación sino, que es algo real, y que Yo me encuentro con ellos. Es lo que en bendita alba de gracia os vengo a entregar, oh Mis pequeños *preparados, privilegiados.* *María* ha venido con alegría, y al mismo tiempo a suplicarte: *"Háblale a ese pueblo de María, enséñales que Yo existo y que al igual que Mi Unigénito bendito, estoy aquí para servir de intercesora ante Mi Padre, para que así mismo alcanzando sean de Sus Gracias, Sus Favores y Sus Dones.*

Oh, pueblo de privilegiados, os dejo una vez más Mis rosas blancas. Mis rosas rojas y amarillas; te las entrego desde Mi Corazón. Te *entrego la leche y la miel,* para que endulzando seas todos los sinsabores que vais llevando por cumplir tu misión. Recuerda que *María* te entrega el dulzor para que así, no sienta el mal sabor por la misión que lleváis. María te entrega *la leche y la miel,* te entrega también las flores para que las tengas en tu hogar, las flores frescas de *María de Israel.* Te cobijo con MI Manto tachonado de estrellas, una vez más refuerzo la estrella en tu frontal para que sea a iluminar, para que sea brillante como la estrella que alumbró a aquellos reyes, que iban en busca de Mi Unigénito bendito. Como aquella estrella luminosa, así se iluminará tu frontal, porque esa es la voluntad de *María de Israel*: Pulir esa estrella que fue puesta en tu frontal, para que sea limpia, para que sea refulgente, brillante, y sea a iluminarte y a iluminar a todo aquel que detrás de ti venga. Te quedas con Mis bendiciones de Madre, y una vez más te digo, pueblo bendito: *Habla al pueblo de María. Enséñales y diles, que a todos os amo.* Hasta otra bendita alba de gracia

Oh *pueblo de privilegiados,* oh Mis pequeños bien amados que una misión lleváis y os contemplo, que estáis haciendo lo posible para cumplirla a *la luz y a la verdad;* redoblen la entrega. Oh Mi pequeño: Entrégate más y más a esa misión, porque *María,* también tiene muchos Dones y Gracias que entregar, pero estoy esperando a que sea la voluntad de Mi Padre para venir a hacerlo. Tengo mucho que entregarte, mucho, pueblo bendito de Israel, mucho, que Mi Padre me ha entregado, pero también me ha dicho, que debo esperar Su Voluntad para hacerlo. Bendito, alabado y glorificado sea ese Padre de amor, que ha entregado esos Dones a *María* para Sus hijos. Yo estoy en espera de su ordenanza, para venir a entregarte, para venir a colmarte de esos Dones y Gracias que tiene *María* para vos, oh pueblo bendito.

Hasta otra bendita alba de gracia. Te quedas con la bendición de María, te quedas con la *leche y la miel,* te quedas con Sus rosas, te quedas con Su *Manto tachonado de estrellas* protegiéndote de la intemperie del tiempo. Adiós Mis hijos bien amados.

LA VIRGEN MARÍA
Domingo 27 de octubre de 2013

Ésta, es una videncia-profecía para la iglesia a la que el Padre me ha enviado:

-Veo que llegó mi Madre María, y quiso que la recibiera para que pueda enseñar a Sus hijos, cómo recibir Su Esencia. Mi madre les contó Su historia. Ella contó, cómo cambió Su historia a causa de la mente humana. Ella narró Su historia, y cómo El Padre la eligió, incluso antes de que ser concebida. Ella relató cómo José cuidó de ella y del Niño Jesús. Ella dijo, que incluso ya adulto, José lo llamaba su *pequeño Jesús*. Dijo más cosas, cosas bellas.

El Maestro Jesús también llegó y habló sobre Su Madre. Habló sobre el lugar que Ella ocupa en el Trono de Su Padre. Explicó, cómo Ella está al lado izquierdo de Su Padre, mientras que Él, está a la derecha del Padre. También dijo, que Elías está a la derecha de Él; Elías como le llaman: El Espíritu Santo. Elías también llegó y se presentó a todos en la iglesia. Habló sobre como Él siempre va en búsqueda de la oveja descarriada, cómo las limpia para luego presentarla al Padre. Dijo muchas cosas más. También dijo, que iban a saber de Él con mucha frecuencia. (Este es el futuro que espera a ese lugar.)

LA HISTORIA DE MARÍA Y JOSÉ
Jueves 28 de noviembre de 2013 4:30 a.m.

En ésta historia, Nuestro Cristo Jesús de Nazaret empieza haciendo éstas preguntas:

¿Ustedes creen, *que el Dios todopoderoso comete errores como cualquier hombre de la tierra?*

¿Ustedes creen, *que el Dios Padre Todopoderoso actúa cual hombre de la tierra?*

¿Ustedes creen, *que el Dios Padre Todopoderoso utiliza a las personas, y la desecha a Su propia conveniencia, como lo hace el hombre de la tierra?*

Bien, con estas preguntas en mente, Permítanme contarles una historia: La historia de María, y de José:

Mi Padre Dios Todopoderoso la eligió mucho antes de ella ser concebida. El Ángel aparece a Ana la madre de María, y le anunció acerca de dar luz a una niña, y le aconsejó, que la llevara al templo para ser educada por los sacerdotes.

Cuando María era una mujer joven, el Ángel del Señor le dijo, que ella iba a tener un hijo. María no estaba casada, por lo que ella, estaba a punto de ser apedreada hasta morir. Ustedes ya conoce la historia: José llegó a su rescate, y se casó con ella.

Poco después llego Yo, tu Jesús. ¿Saben que ella tuvo que vivir en cuevas con el fin de Protegeme? Bueno, ahora ya lo saben. Vivieron en cuevas por mucho tiempo. Ella soportó todo eso, pero el verdadero dolor estaba por llegar; Ella fue testigos de la Muerte y Crucifixión, de Su Hijo amado. Ella sufrió el dolor más horrible que una madre puede tener. Jesús Murió, Resucitó y Ascendió al cielo. Así que, ¿Éste es el final de la historia de María...? Mientras lo piensan, Les voy a contar otra historia: La historia de José:

JOSÉ, UN VARÓN ESCOGIDO POR MI PADRE VARÓN DE PADRES MUY HUMILDES

José fue, y es, un varón escogido por Mi Padre para que lo representara a Él, aquí en la Tierra. Fue y es, un varón excepcional. Nació de gente muy humilde, pero de un corazón de oro. Sus padres, unos campesinos sin educación alguna. No, no la tenían, pero tenían el conocimiento que les daba el amor que ellos le tenían, y le tienen a Mi Padre. Eran sabios en sus decisiones, eran sabios en las cosas que hacían, o decían. Los campesinos de la comarca, iban a verlos sólo para poder platicar con ellos. Sabían y sentían, que ellos eran algo especial. No sabían a ciencia cierta de donde venía su sabiduría, pero se daban cuenta, que ellos sabían, sabían muchas cosas de las cuales ellos aprendían. Aprendían a sembrar sus tierras, a conocer el tiempo para hacerlo, el tiempo para cosechar, pero lo que más aprendían, era sobre ese Dios que ellos mencionaban. Era un Dios que no veían, pero que les hablaba. A través de ellos podían Escucharlo. Sí, lo podían hacer; ese Dios los ayudaba, los aconsejaba, ese Dios les decía lo que tenían que hacer, y cómo hacerlo. Ese Dios los cuidaba y cuidaba a toda su familia, ese Dios, los quería, y se los demostraba. Se los demostraba, dando a ellos lo que ellos necesitaban. Eran sabios en sus consejos, pero sabían, que ese Dios se los entregaba. Así lo creían, es por eso que los frecuentaban. Lo hacían a menudo, lo hacían con constancia. Pero lo que más agradaba a ese Dios, es que lo hacían con respeto, con respeto y veneración. Lo Veneraban a pesar de que no lo veían, lo Veneraban a pesar de que no lo conocían. Lo conocieron a través de ellos, a través de ellos, lo Veneraban.

De esos padres viene el buen varón José, de esos padres él nació, a esos padres él veneró, y de ellos aprendió. De ellos aprendió a venerar a ese Dios, que ellos conocían, aprendió a hablar con Él, aprendió a ver Su Reino; lo contemplaba y fue a verlo; lo llevó Él, lo llevó y le dijo: "Este es Mi Reino, aquí vivirás; aquí viviremos todos en paz". José se maravilló de todo lo que contempló. Desde ese día iba seguido a verlo, desde ese día, ya no lo dudó, sabía que Él era el Dios de sus padres, y así lo aceptó. Aceptó Sus enseñanzas, aceptó Su preparación, aceptó ser Su alumno, alumno con preferencias. Él tenía la gracia de ese Dios que lo enseñaba, de ese Dios que le hablaba, y lo preparaba, lo preparaba, para que llegado el momento, él fuera quien cuidara de la Familia, Familia, que en mente Él tenía. Ese Dios que él amaba, ese Dios le dijo todo, ese Dios lo preparó, ese Dios lo instruyó de lo que tenía que hacer.

Los años pasaron, José se casó, tuvo hijos, pero de su Dios, no se olvidó, ni su Dios se olvidó de él. No lo olvidó, ni olvidó la misión que José había aceptado. Llegó el momento y José cumplió, cumplió la Misión que le había encomendado el Dios de sus padres, y ahora, su Dios. La cumplió, la cumplió hasta el último momento. La cumplió, y vino a vivir a ese Reino, que tantas veces visitó. Ahí se encuentra, ahí está, en el Reino que nunca lo dejo de amar, que nunca lo olvidó, y al cual, él siempre respetó.

Llegó el momento, llegó el día y él conoció a María. María ya había sido escogida, ya había sido preparad, ya había hecho lo que se indicara: Ya había concebido al que vida diera, a todo aquel que en Él creyera, a todo aquel que a Él, respetara. María cumplió su cometido, María sufrió, María amo y sigue amando a Aquel Ser, que ella concibió. Lo amó tanto, que por Él la vida dio. Dio su vida; sí la dio, porque Ella otra vida no conoció, otra vida no llevó; sólo la de amar a aquel Ser, que ella concibió.

José la amó, no como se ama a una mujer terrenal. José la amó, por ser la mujer del Dios que él tanto amaba. Él la amó con respeto y veneración. Testigo él fue de lo que Ella era: Era una virgen, una virgen pura y santa. Él fue testigo, del amor que Ella tenía por Su pequeño Jesús, y por todo semejante. Todos iban a verla, y le pedían que hacer. Ella los aconsejaba con amor; con el amor que Ella era, y que Ella es. Ella es amor, porque Ella engendró Amor. Ella es amor y amor dio, daba y seguirá dando. Ella es amor y lo comprobó: Todo, todo dio por engendrar a ese Amor; ese Amor que salvó, que salva, y que seguirá salvando. Amén.

Hermano: si alguna duda tienes de lo que el Maestro Jesús ha entregado; hazte las siguientes preguntas:

¿El Padre Omnipotente, Creador de todo lo visible e invisible comete errores? ¿Ese Padre Todopoderoso puede actuar como cualquier hombre lo haría? ¿Ese Dios Todopoderoso puede usar a una persona, y desecharla una vez que ya no la necesita?

¡NO! No, porque Él no comete errores. Él eligió a María mucho antes de que Ella fuera concebida. Con mucho tiempo la eligió, la preparó, la educó para que fuera Su Esposa, y la Madre de Su Hijo. Y cómo pudiste leer en lo que El Maestro Jesús dijo, lo mismo hizo con José. También a él lo preparó por mucho tiempo para la Misión que Él tenía en mente. *Ellos fueron, y son, personas ejemplares, únicas; seleccionas por Él para esa misión.*

Cómo pudiste darte cuenta, María sufrió, *María hizo todo lo posible para proteger a aquel Ser. Porque Ella sabía a Quién había engendrado: Al Hijo de Dios Padre, al Hijo de Su amado Esposo, al Hijo de Aquel, que tanto la amaba, y tanto le había enseñado.* Sí, Nuestro Padre eterno la había preparado, la había educado para tal ocasión.

Ella vivió en cuevas, para así poder salvar su Niño Jesús del rey que lo quería matar. *Y como dijo el Maestro Jesús: "Otra vida no tuvo, otra vida no conoció, sólo la de cuidar al Ser, que Ella engendró.* Ella sufrió hasta el final, cuando tuvo que ver a ese Ser, morir de la forma que lo hizo: acusado de crímenes que Él no había cometido. Lo vio sangrar, derramar una sangre inocente, una sangre que no había cometido pecado alguno. Ahí estaba María, a Sus pies; sufriendo todos y cada uno de los golpes que Él estaba recibiendo, y *ahí recibió de Él, a Sus hijos. Él le dijo: "María, eh ahí a Tus hijos; cuídalos, ámalos y protégelos".*

Desde ese día, Ella está al pendiente de todos nosotros. Cuando Ella llega a entregar Su mensaje de amor, se puede sentir ese amor. *Ella es amor porque engendró Amor. Ella es bondad porque engendró Bondad. Ella es pureza, porque pureza, Él escogió, para ser la Madre de Su Hijo; y* Él, Él no se equivoca, ni comete errores. Él supo a quién preparar, y a quien elegir para ser Su esposa, la Esposa que ocupa junto a Él, un lugar en el Trono. Ella está a su Izquierda, mientras que nuestro Señor Jesús está a Su derecha. Y a la derecha del Hijo, está Elías, o el espíritu Santo. Sí hermanos: Ella está en el Trono de Dios.

Hermano: Muchas doctrinas, o religiones niegan la virginidad, y pureza de María. Por lo tanto, si tú eres uno de esos te sorprenderá saber esto, ya que por siglos se te ha dicho algo mucho muy diferente. Pero como ya te diste cuenta, ésta, *es una de las historias que no están en las Sagradas Escrituras por voluntad de la mente humana, que por no entenderlas, ni creerlas, decidió quitarlas, y ocultarlas a la humanidad.*

*Nuestro Jesús de Nazaret dice, que hay muchas más escrituras que Él dejara, pero que fueron escondidas. Pero también dice, que esas escrituras tienen que aparecer, porque esa es Su voluntad. Su voluntad es que todo salga a la luz, y que se conozca la verdad, la verdad que hasta ahora ha sido escondida, ocultada a la humanidad. Todo saldrá a la luz, es lo que Él me ha dicho, y así será. Amén. Así es que hermanos, todavía hay mucho más por saber, y aprender.

ENSEÑANZAS DE LA LA DIVINA TRINIDAD TRES E UNO, UNO EN TRES
Domingo 16 de octubre de 1994

Aquí comprenderás que no hay misterio *en La Divina Trinidad. La Divina Trinidad* es el *UNO,* es el *TRES.* Es el Padre, es el Hijo, es El Espíritu Santo.

¿Cuál misterio puedes encontrar? No hay misterio en *La Divina Trinidad.* En *Divina Trinidad* te hago de la pregunta: ¿Por qué encuentras dificultad en entender lo que tan claramente se te ha dicho, se te ha explicado? ¿Quieres *La Perfección*?... gánatela con esfuerzo, dedicación y devoción; no hay otra manera, no hay otra forma.

Has sido el *privilegiado,* has sido el afortunado, has tenido el privilegio de escuchar a *Los Grandes Maestros.* Han descendido hasta tu nivel para, hablarte, para explicarte, para hacerte ver la labor que llevaron en el haz terrenal; la misión, los obstáculos que libraron para cumplir esa misión. Han abierto Su corazón y han volcado Sus sentimientos, te han hablado en tu idioma, en tus palabras y a tu nivel. Han tratado de que entiendas, que es posible encontrar *La Unificación Perfecta con Dios, q*ue es posible entregarse en un lleno, en un todo a la enseñanza de *Nuestro Padre.* Entonces, por qué pones la duda, por qué pones el pretexto. De Sus labios, has escuchado como narraron ante ti las vicisitudes que tuvieron, para cumplir su misión *en el haz terrenal.* En ningún momento te dijeron, que era *fácil el camino del Dios de la verdad, del Dios vivo.* Entregaron Su vida, entregaron Su cuerpo, Su sangre para cumplir esa misión. Cuál fue Su recompensa: Elevarse *hacia esos niveles,* hacia esas *Mansiones* preparadas.

Hasta estos instantes has conocido a *La Divina Trinidad*, mas *los Maestros* te han dicho, que hay más por conocer. Existen muchos de Mis hijos, que han llevado la *misión a la luz y a la verdad*, que la han cumplido y deberían conocerlos, mas el mundo no los conoce. Mas tu eres el *privilegiado, el escogido,* porque han descendido y te han entregado Sus nombres, te han dicho quiénes son, a dónde pertenecen y la misión que tienen en el *haz terrenal.* Abre tu entendimiento, expándelo, acepta lo que has escuchado, acepta lo que te han entregado, porque el beneficio es para ti, es para tu *Evolución Espiritual*. Te han venido a poner el ejemplo, te han venido a decir, que es posible hacerlo. Pero entrégate de un limpio corazón, entrégate en un todo, en un lleno – No temas perder la vida, recuerda que ésta, no es tu vida; tu vida, es la que te espera en *El Reino del Señor*.

¿Quieres los Dones? ¿Quieres los regalos que se te han prometido? Primero tienes que prepararte. Tienes que aprender para qué sirve el uno y para qué sirve el otro, y que puedes hacer con el uno y que puedes hacer con el otro. Recuerda: No se puede entregar a un niño la espada, porque no sabría qué hacer con ella. Han puesto ante ti las armas para prepararte, para defenderte, se han abierto ante ti los horizontes a seguir, los caminos. Se te han dado los ejemplos, ¿qué más quieres? Ante ti, está *La Divina Trinidad* explicándote una vez más, para hacerte entender, hacerte comprender, que has sido el *privilegiado* al recibir a esos *Grandes Señores; grandes Maestros* que el mundo no conoce ni quiere conocer. Porque su mentalidad no va más allá de lo que le han dicho, no va más allá de lo ya programado. Mas ustedes, han dado un paso al frente y han dicho: *Yo sí quiero saber, yo sí quiero evolucionar, yo sí quiero entrar a la nueva enseñanza, a la nueva preparación.*

Una y otra vez se te ha dicho, que si te entregas de un todo, de un lleno y de un limpio corazón, puedes ser esos *Mártires*, esos *Santos* que el mundo tanto aclama. Aprende lo que es entregarse en un todo, en un lleno, arranca toda raíz que tengas en el *haz terrenal*, arranca todo apego y todo aquello que te ate al *haz terrenal*. Recuerda que mientras más carga lleves, más pesado se te hará el camino. Decídete, pueblo de Israel: O sigues el camino recto o te quedas en la vereda. Se te ha entregado q*ue se es frío, o se es caliente, es a la derecha, o es a la izquierda; d*ecide, pueblo de Israel. Son *Los escogidos, s*on los que han dado un paso al frente y has dicho: Presente. Pero aún te falta más, pueblo bendito de Israel, más dedicación, más entrega.

Despréndete de toda materialidad. Recuerda que en el *haz terrenal* llevas envoltura de varón, o envoltura de hembra, mas el alma no tiene sexo. Tenéis que aprender a comportarte como lo que eres: Eres alma y *el alma sólo tiene un camino a seguir; el camino de ascensión hacia dónde se encuentra* el Omnipotente, hacia dónde se encuentra *La Divina Trinidad*, hacia dónde se encuentra, el Hacedor del universo, o como quieras llamarle. El alma tiende a seguir su camino ascendente, no la detengas materia, no la detengas.

Recuerda cuales son las ataduras, los apegos. Entrégate en un limpio corazón, analiza las enseñanzas, analiza cada entrega, analiza las leyes que se han dejado en el *haz terrenal*. Recuerda que un Sí has dado. Has entregado tu palabra, entrega ahora tu cuerpo, tu mente, tu corazón, tu alma. Analiza cada uno de tus pasos, analízate cada alba de gracia, lleva una cuenta de lo que haces y lo que no haces. Ve separando lo que te aleja de la recompensa, y separando lo que te acerca a tu recompensa. Lo que te aleja, deséchalo, tíralo, apártalo por completo, lo que te acerca, multiplícalo, para que puedas subir esos escalones. El Maestro te ha entregado, que *no subas un peldaño y desciendas tres*. Trata de subir y no descender, mantente firme, no des marcha atrás, pueblo de Israel; el tiempo se acorta, te lo dice *La Divina Trinidad*.

*Por mucho tiempo se nos advirtió que el tiempo se acortaba y muchos no pusimos la debida atención. Se nos dio todo lo necesario para sobrevivir y no lo supimos utilizar, no supimos analizar lo que se nos entregaba alba tras alba. Cuántas veces se nos dijo: *Analiza las claves que se entregan, analiza cuando dices, que trabajas para el Dios de la verdad absoluta y amor verdadero y das la vuelta y mientes*. Recuerda, que el Karma, o depuración te estás acarreando, porque estás mintiendo en el nombre de *La Divina Trinidad*. Recuerda que las claves se te están entregando, para que las analices. Cuando no las comprendas…pregunta, pregunta el análisis de cada una de ellas para que así, no tengas duda para que se te están entregando. Se te ha entregado: *A mis enemigos no los conozco ni los quiero conocer, en Tus Manos los pongo, y los encomiendo a Tu Gran Poder*. La repites, la dices, y das la espalda, y mancillas a tu hermano y semejante. Recuerda que vos ya no sois los ignorantes, ya no sois los inocentes. Vos, no tenéis la *excusa* de que no sabías y que por eso, os van a perdonar. Vosotros sois los estandartes de un pueblo que os seguirá. Sí vos no podéis alzarte como ese limpio e inmaculado estandarte, ¿qué es lo que va a seguir ese pueblo? Atiende, pueblo bendito de Israel, las claves son muy importantes y tienes que analizarlas.

Se te ha entregado*: "Que mis ojos no vean lo que no tienen que ver, que mis oídos no escuchen lo que no tienen que escuchar, que mis labios no hablen lo que no tienen que hablar".* Y qué haces, pueblo bendito de Israel, hablar lo que no tienes que hablar, escuchar lo que no tienes que escuchar y ver lo que no tienes que ver. Estas son pequeñeces como puedes decir. Más te digo en bendita alba de gracia, en Divina Trinidad: E*sas pequeñeces son las que te están deteniendo en el haz terrenal, y no te permiten evolucionar.* Recuerda que las *claves*, no se te están entregando como un juego o para que tengas algo que decir o que hacer; se te están entregando para que las analices, para que las estudies. Son una guianza para tu vida cotidiana, son una guianza para tu *evolución*. Recuerda, analiza cada una de ellas.

Tenéis que aprender, pueblo bendito de Israel, que habéis dado un Sí, habéis dado un paso al frente, y hoy tenéis que cumplir lo que habéis dicho. No quieras jugar, pueblo bendito de Israel, porque el jugado quedarás. Porque a tu Dios y Señor, no les puedes prometer algo hoy, y deshacerlo mañana. Si a tu Dios y Señor le prometes, a tu Dios y Señor le cumples; o ahí está el universo en su *Karma, depuración* a cobrarte, pueblo bendito de Israel. Mas l*a Divina Trinidad* te dice: No quieras levantar de tu llanto, de tu clamor cuando el tiempo de pagar llegué. Porque recuerda, que será lo que tú te has ganado, lo que tú has logrado, lo que tú has sembrado. Si no sabes lo que estás hablando, lo que estás diciendo, no lo digas, no prometas lo que no vas a cumplir, porque entonces, tendrás que pagar.

Se te ha dicho, que el juramento, la promesa que haces, no la haces al hombre terrenal sino a tu Dios y Señor. *Recuerda: "No prometas lo que no está en tu corazón cumplir. N*o prometas porque quieres que los demás escuchen, que estás prometiendo grandeza, y únicamente lo hagas por vanidad. *Porque podrás engañar al pueblo, mas no a tu Dios y Señor.* Ve con paso firme. Si tienen fe, ten fe, afianza esa fe en cada alba. No tengas fe hoy y dudes mañana; así no es el *estudio de la espiritualidad*, así no es la entrega. O te entregas en un **Sí**, o te entregas en un **No**. Recuerda, afianza tu fe. Eres de *los escogidos*, los *privilegiados*, tienes que tener más fe. ¿Por qué eres débil? Porque contemplo que sales de Mi Casa de Oración gozoso, feliz y lleno de fe. Pero bastan unas palabras que afuera te dé el enemigo y cambias por completo, dudas. ¿Por qué pueblo bendito de Israel?

Entonces, en dónde está tu fe, en dónde está tu entrega, en dónde está el amor que le tienes a *La Divina Trinidad*. Porque cada vez que dices que eres *El Espiritualista Trinitario Mariano*, estás haciendo una afirmación a *la Divina Trinidad*. Aprende pequeño, aprende primero, lo que significa ser "*El Espiritualista Trinitario Mariano, entonces, grítalo por los cuatro ámbitos del haz Terrenal. Pero para entonces, ya estarás seguro de lo que estás diciendo, de lo que estás pregonando. El decir, el prometer es fácil, el cumplir es dónde encuentras el obstáculo y das marcha atrás. Es por eso que EL Maestro *Shalin* te dijo: ¿Por qué desciendes los peldaños? *Los Maestros* te han estado entregando muy claro, te han estado enseñando llaves, claves para abrir esos niveles, mas no pareces escuchar, no pareces aceptar lo que te están entregando.

Prepárate, pueblo bendito de Israel, ante ti tienes a l*a Divina Trinidad* pidiéndote, que te prepares, que alejes toda duda, toda confusión, que analices la Palabra Viva y la palabra muerta. Frente a ti, han puesto *Maestros* que te han dicho: "*Pregunta lo que ignoras, pregunta lo que no entiendes ni comprendes, pero no dudes de lo que no entiendes ni comprendes.* ¿Por qué entonces dudas, pueblo de Israel? ¿"Por qué entonces la duda? Si no entiendes… pregunta, si no comprendes… pregunta. Tienes maestros en lo físico y tienes Maestros espirituales; dichoso tú que tienes *Maestros Espirituales* y maestros físicos que pueden guiarte. Cuántos de Mis hijos se encuentran ciegos, siguiendo a otro ciego. Tú no tienes ciegos guiándote: tienes la luz que te guía. ¿"Por qué entonces dudas, pueblo de Israel"? ¿Es que acaso quieres ir y seguir al ciego? ¿Es que acaso quieres ir y seguir al que no sabe, al que repite lo que está escrito, al que repite lo que le han dicho y eso mismo te pasa a ti? ¿Es eso lo que quieres, pueblo de Israel, cuando se te han abierto las puertas del conocimiento, las puertas del ascenso y de la evolución espiritual? Pero también se te ha dicho: *"En ti está tu evolución, tu adelanto. Tú eres el límite, pueblo de Israel, porque en La Divina Trinidad no hay límite; tú eres el límite.*

Quieres regresar a esas mansiones, pueblo de Israel en ti está el hacerlo. Quieres quedarte en el ciclo de la reencarnación; es tú decisión. Tú decides, tú escoges, a fuerzas, obligado nadie te va a llevar. Ven libremente a tu enseñanza, a tus clases, no forzado, pueblo bendito de Israel. Si vienes forzado, lo que te estás acarreando es *Karma*. Ya que al venir forzado, estás faltando, estás llevando la falta de respeto a la *Casa Bendita de Oración*. No vengas forzado, o como dicen en tu mundo: *Por quedar bien*.

Recuerda que a *La Divina Trinidad* no la puedes engañar, a tu Dios y Señor, que todo lo sabe, lo contempla y lo ve, no lo puedes engañar. Recuerda que aún el pensamiento no se ha formado en tu mentecilla, cuando Yo ya lo sé. Qué puedes decir, que puedes hacer, que Yo no lo sepa de antemano. Tú eres el que ha aprendido a ver más allá de tus pestañas, tú eres el que no ha querido quedarse estancado, aletargado. Yo lo contemplo, mas te dejo a tú libre albedrío, porque tú eres la decisión. Tú escoges; a fuerzas no vamos a llevarte, pueblo bendito de Israel.

LA DIVINA TRINIDAD
IGUALDADES-DERECHOS

Pueblo de Israel, alabado y glorificado seas, que ante tu presencia tienes a la *Corte Celestial*, tienes a los amados *Maestros,* tienes a tu Jesús de Nazaret, tienes al Padre, tienes al Hijo, tienes al Espíritu Santo: Tienes a *la Divina Trinidad.* Que en bendita alba de gracia te viene a hablar de igualdades, de derechos. Te viene hablar de la potestad, los derechos, la igualdad que cada uno de ustedes tiene en el *haz terrenal,* y en *el Mundo espiritual* de Mi Padre Sacrosanto y Bendito. Quieres igualdades, quieres derechos, pero con esas igualdades y con esos derechos tienes que seguir caminando en el haz terrenal.

No esperes igualdades, no esperes derechos si no te preparas. El derecho y la igualdad son del uno y del otro. Cada uno tiene el derecho de seguir adelante, de seguir preparándose, de seguir enseñando, de seguir predicando las enseñanzas de *los Maestros* y de seguir predicando, *La Palabra de tu Dios y Señor.* No dejes el derecho, la igualdad a tu hermano y semejante; tú tienes el derecho, tú tienes la obligación, tú tienes la misma igualdad de tu hermano y semejante: de ir e impartir las enseñanzas, y la preparación que *el mundo espiritual* te entrega alba tras alba. No esperes que sea tu hermano y semejante el que vaya entregando la sabiduría, los conocimientos, que *el mundo espiritual en igualdad* viene a entregar al uno y al otro. Tú también tienes la mentecilla y tu *libre albedrío,* tú también puedes analizar todas y cada una de la enseñanzas.

A ti corresponde el ir y entregar esas enseñanzas a los menos privilegiados; aquellos que aún se encuentran hundidos en el mundo de la ignorancia y la oscuridad. A ti corresponde llevar todas y cada una de estas enseñanzas a esos que la ignorancia todavía empaña sus entendimientos, que todavía no quieren ver con los ojos de la verdad, no quieren contemplar con los ojos del amor. No quieren contemplar con los ojos de la sabiduría, y del conocimiento, por lo tanto van empañando su entendimiento y su comprender. No logran analizar todas y cada una de las enseñanzas impartidas a todos y cada uno de ustedes por *el Mundo Espiritual de Luz, en Casa Bendita de Oración.*

No entregues tu derecho, no entregues tu igualdad a tu hermano y semejante. Porque es a ti a quien corresponde impartir ésta enseñanza, a ti corresponde llevar esa luz a los que se encuentran ciegos en el mundo de la oscuridad. No entregues ese derecho, esa igualdad a tu hermano y semejante, acepta la igualdad que se te ha entregado, acepta la responsabilidad que tienes para con tu hermano y semejante. Tómalo de la mano y sácalo de la ignorancia, pueblo bendito de Israel, no esperes recibir la orden, porque ya has la has recibido. No esperes que tu Cristo Jesús de Nazaret venga y te tome de la mano para guiarte por el camino que debes seguir. Porque Él ya lo ha hecho, y no lo has podido contemplar; no has podido sentir Su mano en la tuya, no has podido sentir cuando jalaba de ti y te empujaba a seguir adelante. Así es que, no esperes que nuevamente venga a tomar tu mano para llevarte por el camino que debes seguir. Te está ordenando, Te está pidiendo, Te está suplicando, que tomes la mano de tu hermano y lo saques de esa ignorancia. Pero primero, tienes que salir tú de la ignorancia en que te encuentras.

-Cómo puedes darte cuenta, una vez más se nos hacia el recordatorio de que teníamos que entregar éstas enseñanzas, que todos debíamos hacerlo, que todos teníamos ese derecho, esa igualdad. Yo te pido, te ruego, que estudies, analices, y entiendas las lecciones que te estoy entregando. Piensa, recapacita en ellas y llévalas a la práctica, no las tires, no las arrojes a un rincón y dejes que el polvo las cubra. Ponlas en lo más profundo de tu corazón, de tu alma, de tu mente; en otras palabras: conviértete en ellas, sé ellas, y te convertirás en la imagen de tu Dios y Señor.

ENSEÑANZAS DE TODOS LOS MAESTROS EN UNIFICACIÓN EL TEMPLO LA PROMESA

Casa Bendita de Oración de éste tercer y glorioso tiempo: En bendita alba de gracia, *los Maestros* en unificación se encuentran con ustedes, hermanos queridos. En unificación hemos venido a entregar la lección a todos y cada uno de ustedes hermanos. *Los Maestros* descendemos porque hemos contemplado en todos y cada uno de ustedes, que encuentran dificultad en seguir los pasos, que encuentran la dificultad en entregarse en un todo, en un lleno a las enseñanzas que alba tras alba traemos para todos y cada uno de ustedes. La preparación, la enseñanza, los conocimientos, la sabiduría, todos son pasos a seguir, pasos para que más y más se vayan acercando a su meta, más y más a esa *Perfección. M*as; contemplamos que la dificultad encuentran en entregarse, en controlar esa *envoltura, esa materia, ese cuerpo.*

En bendita alba de gracia los *Maestros* en unificación, venimos a entregarles una vez más de la lección. Una vez más venimos a hacerles más fácil esa tarea: Vamos a hablarles de lo que representa su *cuerpo, materia o envoltura,* vamos a entregarles la forma en que deben de cuidarlo, y el porqué. Hermanos queridos, si llevan la lección en su mente, en su entendimiento y no permiten que nada ni nadie la borre, la arrebate, entonces habrán dado un paso agigantado hacia esa meta que se han puesto.

El templo, el templo es lo que representa su *envoltura, su materia, o su cuerpo,* como llaman aquí en el *haz terrenal*. Se les ha entregado que ese *cuerpo es Su templo*. Es el templo que utiliza el mundo espiritual para llegar a ustedes, para estar con ustedes, y para entregar lo que es la voluntad del mundo espiritual de luz. Se les ha entregado que son el *templo, m*as en bendita alba de gracia, lo vamos a explicar con detalles. Paso a paso vamos a explicarles lo que significa ser *el templo,* lo que significa *preparar ese templo, para recibir al mundo espiritual*; y entregarse de lleno a cumplir la misión encomendada. Para que a través de esa misión, alba tras alba puedan acercarse más y más a la meta señalada: *La Unificación Perfecta con Dios.*

Hermanos queridos: *El mundo espiritual de luz* con tristeza contempla, que no tienen el cuidado que deben tener en esa *envoltura,* que no tratan ese *cuerpo*, esa *materia* con el respeto que se debe y se merece, por ser *el templo, el templo*, que e*l mundo espiritual* utiliza, e*l templo* de tu *Dios y Señor*. Contemplamos, que das a ese *templo* los alimentos, y las bebidas que no debes darle. Contemplamos, que en ese *templo* pones lo que no es de la voluntad del *mundo espiritual, q*ue en ese t*emplo* pones los pensamientos negativos, el mal *palabrerío, q*ue en ese *templo*, pones todo lo que se te ha ordenado no poner. ¿Cómo quieres preparar ese *templo,* si no pones atención al mismo?

Se te ha indicado, que a ese *templo* no puedes darle medicamentos materiales. Tienes al *mundo espiritual* para entregarte el *medicamento espiritual* que necesitan para fortalecer ese entendimiento y ese *cuerpo*. Por qué entonces entregas a ese *cuerpo,* a esa *materia,* a ese *templo,* medicamentos que no se te han dicho, y que no se te han entregado espiritualmente. Cuida, cuida, cuida ese *templo,* que ese *templo* será el reflejo del *mundo espiritual* que recibas. Toma la decisión: ¿Qué *mundo espiritual* quieres que llegue a ese *templo?* Entrega, entrega, entrega a ese *templo* la preparación adecuada, la preparación debida. Hermano querido, en todo momento lleva en tu mente, en tu entendimiento, en tu corazón, y en tu alma, que tu *cuerpo* no te pertenece, que únicamente es la *envoltura* para tu *espíritu,* y que representa el *templo* para tu *Dios y Señor*, el *templo* del *mundo espiritual de luz*.

Hermano querido, entiende y acata todas y cada una de las ordenanzas que alba tras alba se te entregan, para así mismo puedas dominar y preparar ese t*emplo* y establecerlo limpio y puro, para entregarlo al *mundo espiritual*. Recuerda, no necesitas adornar ese *templo* con *adornos materiales; a*dórnalo con los *adornos espirituales, las gracias y Dones que el mundo espiritual* pone frente a ti en todo momento. Pueblo bendito, hermanos bien amados, esos son los *adornos* que debe llevar ese *templo; e*s así como debes adornar ese *templo,* y no con los adornos materiales.

Hermano querido: En ningún momento olvides que *tu cuerpo no te pertenece, q*ue en todo momento tienes que tenerlo preparado, limpio, puro, y reluciente, para que ese *Dios de amor, de verdad, y de paz,* venga hacia ese cuerpo. Quita de ese *cuerpo,* de esa *envoltura* todo lo que no es grato a la mirada de ese Gran Señor, del Hacedor del Universo, del Dios verdadero. Quita todo lo que no corresponde a ese *templo*, límpialo de envidias, límpialo de malas voluntades, límpialo de aquellos alimentos que se te ha entregado no ingerir. No abuses de tu cuerpo, no abuses de ese templo que Mi Padre ha entregado para recrearse en él. Contémplalo en todo momento, y al hacerlo recuerda, que no te pertenece, que pertenece a tu *Dios y Señor; p*ertenece a *Aquel* que te lo ha entregado, que te lo ha prestado para que llegaras al haz terrenal a cumplir la misión que no has cumplido. Te entregó un cuerpo, un vehículo, Te entregó la forma de que cumplieras esa misión. ¿Por qué abusas de ese cuerpo? ¿Por qué abusas de ese vehículo? ¿Por qué ingieres los alimentos que se te ha dicho no ingerir? ¿Por qué ingieres los medicamentos que se te ha dicho no ingerir? ¿Por qué entregas a ese cuerpo bebidas que se te ha dicho y que sabes que no debes tomar?

-Oh hermanos queridos: Se han formado una meta. Mas el mundo espiritual contempla, que no haces nada por acercarte a esa meta, ya que alba tras alba se te entrega el alerta, alba tras alba se te entrega la lección, y alba tras alba contemplamos, que haces caso omiso a los alertas, y a las lecciones que se te entregan. Hermano querido, no has comprendido la misión tan importante, tan grande y gloriosa que frente a ti tienes.

Sí, es verdad que se te ha entregado que cumplas una gran misión. Pero también, se te ha entregado el privilegio, de tener a un *mundo espiritual de luz* preparándote como el mejor soldado, para que puedas enfrentarte a cumplir esa misión. Hermano querido, con tristeza contemplamos que no tomas en cuenta la preparación, la entrega que alba tras alba se te hace. *Hermano querido, el mundo espiritual de luz, los Maestros espirituales* que en bendita alba de gracia se encuentran unificados, te hacen la pregunta (Da la respuesta desde el fondo de tu corazón y no de tus labios): Hermano querido, *¿te encuentras preparado para empezar tu misión? ¿Te encuentras preparado, listo, para empuñar las armas y entregarte al frente de batalla? ¿Te encuentras listo y preparado, para tomar de la mano a aquellos ciegos y llevarlos hacia dónde está la luz?* Hermano querido, contéstate a ti mismo, ya que alba tras alba se te viene entregando que eres el *privilegiado*, el *escogido* y que frente a ti tienes una gran misión, una gloriosa, y maravillosa misión.

Sí, es verdad que la cruz está pesada, pero también por la misericordia del Señor, por la misericordia de ese *Padre* que ama a todos y cada uno de ustedes, ha puesto al m*undo espiritual* para prepararte para esa misión. Él no te ha dicho: *Abre la puerta, ve y empieza tu misión;* Él te ha dicho: *Abre la puerta, y entra a prepararte, para que luego vayas a cumplir esa misión.* Mas, oh cuántos oídos sordos, oh cuántos ojos ciegos; escuchan y no oyen, oyen y no escuchan. Se les explica de una forma, se les explica de otra, la misión tan grande que tienen frente a ustedes.

Hermano querido, se te ha dicho, que no es tu voluntad, que no ha sido la casualidad el que en alba de gracia te encuentres en *casa bendita de oración,* mas ha sido la voluntad de tu *Dios y Señor. H*a sido la voluntad del *mundo espiritual, h*a sido la voluntad de *Aquel* que creó *los Cielos, la Tierra,* de *Aque*l que ha hecho *todo* lo que puedes contemplar; de *Aquel* que te creó antes de crear la nación. Antes de crear e*l mundo espiritual,* antes de crear los mares, la luz, las estrellas; *hermano querido, antes de que el Universo existiera, ya existías* tú. Porque Él ya te había creado, Él ya había puesto en ti la misión a cumplir. El tiempo ha llegado que cumplas la misión. Se ha llegado el tiempo que se cumpla una vez más aquello que *Jehová* puso en todos y cada uno de ustedes. Lleva éstas palabras en tu entendimiento, no permitas que se te borren al cruzar el umbral y te entregues a tu mundo. Lleva en tu mentecilla, que eres algo especial, porque fuiste creado aún antes de la Creación misma.

Hermano querido, si no analizas lo que eso significa, es que todavía no estás preparado. Analiza, analiza, analiza todas y cada una de las lecciones entregadas, analiza, analiza, analiza cada una de las palabras que se te entregan; no las eches al viento, porque no son palabras al viento. Si se te ha dicho que eres *el escogido, el preparado, el privilegiado,* es porque lo eres. El aceptarlo no será en vanidad, sino con humildad y sabiendo lo que significa. Es fácil el ir diciendo por el mundo: Soy *el privilegiado, soy el escogido,* mas qué difícil es llegar a la altura de esas palabras.

Recuerda, *muchos fueron los llamados; pocos los escogidos.* Hermanos queridos, entre esos *escogidos* salieron ustedes, *los privilegiados.* Alba tras alba se les ha entregado la misma lección, mas no han entendido el privilegio tan grande que tienen ante ustedes y lo toman a la ligera. Lo toman como si nada fuera, y no es así, hermanos queridos. Analicen, analicen, analicen el por qué el *mundo espiritual*, el por qué *los Maestros* estamos aquí ante ustedes. Es porque hemos recibido la ordenanza, de alba tras alba entregarles la lección, la guianza, la preparación y la sabiduría; entregarles nuestros conocimientos, a la medida que los pueden entender y aceptar.

Hermanos queridos, no se han puesto a pensar, que es una grandeza, y si esa grandeza está frente a ustedes, es por algo; cuántos otros tienen el mismo privilegio. Hermano querido que alba tras alba has estado escuchando la lección, te hago la pregunta: ¿En dónde más has escuchado de éstas enseñanzas? ¿En dónde más se te ha guiado en la forma en que se te ha venido guiando en *casa bendita de Oración*? ¿En dónde más se te ha ido aclarando toda duda, toda confusión? Hermano, puedes voltear a la diestra y a la siniestra, puede tocar una, dos, tres puertas, y no vas a encontrar lo que aquí has encontrado: La guianza, la preparación.

Hermanos queridos: Entonces por qué no ponen atención, por qué contemplamos que al atravesar ese umbral y entregarse nuevamente a su mundo, olvidan las lecciones recibidas, por qué contemplamos que abusan ese *cuerpo*, esa *materia*, ese *templo* que pertenece a su *Dios y Señor*. Es que acaso todavía no comprenden, no entienden, es que acaso todavía no aceptan la misión que ante ustedes tienen.

Se les ha dicho: *Cómo quieren ser los ciegos guiando a los ciegos, cómo pueden hablarle a su hermano y semejante de no cometer la falta, cuando ustedes mismos la van cometiendo; cómo podéis decirle: Ven, que ésta es la verdad y contemplamos que llevas la mentira a tus labios.*

Hermano querido, no habéis aprendido la lección. Una a una se te han explicado, se te han analizado, para que así comprendas y entiendas, lo que puedes hacer y lo que no puedes hacer, lo que debes hacer y lo que no debes hacer. *Entonces, por qué contemplamos la mentirilla en tus labios, por qué contemplamos el mal pensamiento en tu entendimiento y la mala voluntad para con tu hermano y semejante. Por qué contemplamos, que ni en ti mismo llevas de la caridad.*

Por qué abusas ese cuerpo, ese templo, que no te pertenece, que se te fue entregado para que lo mantuvieses limpio, puro y reluciente, para que cuando ese Dios de la verdad, del amor llegase a él, *lo encontrase limpio y preparado para recibir a tan Gran Señor.* Lo tomas como nada, lo abusas, entregándole y dándole lo que no es la voluntad de *Nuestro Padre.* Limpia ese *cuerpo,* limpia esa *envoltura,* esa *materia,* limpia ese *templo,* porque es el *templo* de tu *Dios Señor.* Es algo que no te pertenece, es algo que te prestaron para que lo cuidaras; atiende a sus necesidades y entrégalo a tu *Dios y Señor.* Hermano querido, si al contemplarlo recuerdas que no es tuyo, si recuerdas a *Quién* pertenece, más atención tendrás de cuidarlo, prepararlo y de no abusarlo.

Hermano querido: Se te ha pedido que en ese templo no puede existir el mal palabrerío y el mal palabrerío contemplamos en él. ¿Por qué, hermano querido? ¿Por qué no entiendes lo que se te entrega? Cómo puedes decir que eres el Espiritualista Trinitario Mariano, cómo puedes decir, que recibes la comunicación del mundo espiritual de luz, y saliendo de este templo te contemplo con el mal palabrerío. Cómo puedes decir que eres siervo de ese Padre de amor, de bondad, y de misericordia; que eres el servidor del Dios de la luz, y te contemplo en la oscuridad. ¿Por qué llevas ese templo a lugares que no debes llevarlo? ¿Por qué ensucias ese templo con lo que no es la voluntad de *Mi Padre?* Por qué permites que el mal palabrerío salga de ese templo, que de ese templo salga lo que no es la voluntad de *Nuestro Padre.* Analiza, analiza, analiza antes de decir, que eres *el Espiritualista Trinitario Mariano,* antes de decir, que eres el *siervo de ese Dios de amor, de bondad y misericordia,* antes de decir, que recibes la comunicación del *mundo espiritual de luz.* Analiza ese *cuerpo,* ese *templo,* para que no vayas enarbolando un estandarte que no te corresponde.

Hermanos queridos: Recuerden que alba tras alba se les ha entregado, que *son los espejos de las multitudes,* que los demás aprenderán a través de sus ejemplos, que los guiarán con sus ejemplos, con sus palabras, con sus acciones. Hermano querido, analiza, analiza de los ejemplos que vas dando a ese pueblo, que en ti se refleja, analiza de los ejemplos, de las acciones y de las palabras que están saliendo de ese espejo en el cual todo un pueblo se está reflejando.

¿Por qué se te hace tan difícil cumplir la promesa entregada a tu Dios y Señor? ¿Es que acaso esa promesa la hiciste de labios y no salió de tu corazón? ¿Es que acaso pensaste que Mi Padre no te estaba escuchando, que Él no sabía la promesa que le estabas haciendo? *¿Es que acaso olvidaste, que esa promesa escrita está en Los libros del Arcano?* Hermano querido, éste es un alerta, una llamada de atención: Has hecho una promesa y esa promesa está escrita en *Los libros*. Hermano querido, si decides no cumplirla, bendito seas. Mas no culpes a tu Dios y Señor de tu *libre albedrío;* Él te lo entregó, es tuyo, tú decides que hacer. Pero Mi Padre no te forzó a hacer esa promesa, tu libre albedrío fue quien la hizo. Hermano querido, analiza si es que puedes zafarte de esa promesa, y si puedes olvidarte de ella.

Hermano querido: Es por eso que antes de hacer una promesa, analiza, analiza, analiza de ti mismo, recorre, recorre, recorre los pasos dados y los pasos por dar, y por ti mismo, llega a la conclusión, de si es que puedes hacer la promesa que está en tu entendimiento, para ese *Padre, nuestro Padre,* el *Hacedor del Universo,* El que todo lo sabe, lo contempla, lo ve, el que ha creado la luz, la oscuridad, los Cielos y la Tierra. Ya que para Él, no es un juego el que le hagas una promesa que no piensas cumplir. *Una a una* Él *las va anotando en El Libro.* Por lo tanto hermano querido, analiza antes de hacer una promesa a tu *Dios y Señor*; analiza, analiza de tu caminar, analiza de tu vivir. Sobre todo, analiza, el amor que le tienes al *Creador del Universo*.

En Casa Bendita de Oración habéis aprendido, hermano querido, lo que significa decir: A*mo a Dios, creo en Dios.* Vosotros ya no sois los ignorantes, los inocentes que van a ir repitiendo, creo *y amo a Dios,* sin saber lo que van diciendo. Recuerda, que cada palabra que sale de ese templo, hecha y efectiva va a ser; esa palabra, esa promesa, escrita quedará. Presta atención, hermano querido, del *palabrerío* que saliendo es de ese *templo,* de la promesa que elevando eres a tu *Dios y Señor*.

Es muy fácil prometer cuándo el dolor está en ti; y qué fácil es olvidar cuándo el dolor se te ha ido. El dolor te hace elevar la promesa; Mi Padre te quita el dolor, y se olvidó la promesa. Analiza hermano querido cada una de tus palabras que saliendo son de ese *templo*, analiza el momento en que elevan esa plegaria, esa promesa a tu *Dios y Señor*, llévala en tu mente, grábala como con un hierro candente, para que esté ahí y no la olvides. Porque *Mi Padre* no la ha olvidado, y la ha anotado en *El Libro*.

*En El Libro Sagrado de los Arcanos, ah*í están todas y cada una de tus promesas, hermano querido. Ahí están todos y cada uno de los pensamientos que has tenido para con tu *Dios y Señor, a*hí está lo negativo y está lo positivo. Porque esa será la balanza.

Llegado el momento se te hará presente ese *Libro* y se te dirá: *Aquí está lo positivo y aquí está lo negativo, aquí está lo que prometiste y cumpliste, aquí está lo que prometiste, y no cumpliste.* No podrás hacerte el sorprendido, porque frente a ti estará la verdad y no la podrás negar. Tendrás que aceptar, que una vez más hicisteis promesas en falso a tu Dios y Señor; promesas que *salieron en el momento en que sentías la pena, el dolor, la mortificación, la tribulación; promesas que al retirarse el dolor, olvidaste.* Mas ay de ti, hermano querido, porque *Mi Padre,* no las ha olvidado.

Aquí estás por voluntad, por v*oluntad de Nuestro Padre y tu propia voluntad. P*orque si no tuvieses la voluntad de estar aquí, estuvieses en otro sitio, en otro lugar. *Nuestro Padre Eterno Gran Señor,* no presiona, no forzá, no obliga; nuestro *Padre* ama. Por amor estáis aquí en el *haz terrenal, po*r amor Te entregó nuevamente ese *vehículo, ese cuerpo, esa materia. Pero* también te dijo: *Me pertenece; te la presto.* Recuerda, es prestada, no te pertenece, hermano querido, tu *materia* no te pertenece, pertenece a tu *Dios y Señor;* y llegado el momento, de dónde la tomó, ahí se quedará: De *barro fuiste formado y al barro volverás.* Pero, qué va a ser de ti, hermano querido, vas a esperar nuevamente otro vehículo, vas a esperar nuevamente del amor, la caridad, la misericordia de tu Dios y Señor, para que prestándote sea nuevamente otro *vehículo,* cuerpo, materia. Mas los Maestros en unificación te preguntan: *¿Cuántos vehículos vais a necesitar para entender la misión que tenéis? ¿Para reconocer el lugar que te corresponde, al lugar que debes regresar limpio y puro? ¿Cuántos vehículos necesitáis más? Recuerda que tú eres el límite,* hermano querido.

En las albas, en que hemos venido a entregarles la lección han podido darse cuenta, que *el mundo espiritual* tienen más que entregarles, que ustedes que pedirle. Nos limitamos en la entrega, porque entregamos a la medida de su entendimiento y de su preparación. *Vosotros, hermanos queridos, sois el límite; el mundo espiritual no tiene límite* para entregarles la enseñanza, la preparación, la sabiduría y los conocimientos; no tiene límite *para revelarles secretos que se encuentran escritos en Los Libros del Arcano*. Quién más podría rebelarles esos secretos sino *el mundo espiritual de luz*. Es que acaso no se sienten *los privilegiados* al conocer secretos que e*l mundo terrenal no sabe,* no sienten el privilegio, hermanos queridos, al tener en sus mano secretos ignorados por siglos y siglos, verdades que han sido ignoradas por siglos y siglos tenerlas frente a ustedes, materializarse y saber, que a la luz y a la verdad estáis contemplando la verdad, esa verdad escondida por la maldad, la envidia y la incomprensión del hombre. Eres *el privilegiado;* eres *el escogido,* porque esa fue la *voluntad de nuestro Padre, m*as Él no te forzá. Él les ha entregado el *libre albedrío* y les dice: Ahí lo tenéis, sólo Te he señalado cual es la diestra y cuál es la siniestra, cuál es lo blanco y cual es lo negro; tú elige.

Hermano querido: Si te encuentras en Casa Bendita de Oración, es que habéis tomado la decisión de pertenecer al *Reino de ese Dios de Amor, bondad, y misericordia – El Reino del Dios de la Vida,* y le has dado la espalda al *dios de la muerte*. Entonces, hermano querido, si habéis hecho esa decisión, sigue adelante, no des un paso para enfrente y dos, tres para atrás. Sé firme en lo que quieres, sé firme en lo que deseas, sé firme en lo que crees, no permitas que la duda te haga descender esos escalones. No lo permitas hermano querido. Se firme en lo que crees, porque la confirmación la llevas en todo momento, que lo que se te entrega, es a *la luz y a la verdad. Que* la guianza, la preparación, los conocimientos y la sabiduría que vais recibiendo alba tras alba, son *a la luz a la verdad. Porque* habéis comprendido, habéis confirmado, que no habéis encontrado preparación igual, ni conocimiento parecido y sabéis, que es *a la luz y a la verdad*. Cuántos testimonios habéis tenido, hermano querido, de lo que se te entrega en Casa Bendita de Oración, cuántos testimonios habéis tenido de lo que se te entrega, de lo que contemplas, de lo que recibes en Casa Bendita de Oración. Porque creéis en testimonio tan grande que habéis recibido, porque se alegra por instantes tu corazón cuando recibes del testimonio. Pero pasa de ese regocijo, pasa ese contento y olvidando eres el testimonio que recibiste; olvidando eres, que tuviste la verdad frente a ti, y empiezas a dudar.

¿Por qué hermano querido? ¿Por qué no permites que ese regocijo, ese contento perdure por la eternidad? Porque no permites que se vaya acrecentando conforme vayáis recibiendo los testimonios, conforme se te vaya entregando, hermano querido, la lección, para que esa venda de oscuridad vaya cayendo de tu pupila, de tus ojos. Esto no es nada, hermano querido. Lo que habéis contemplado, lo que habéis recibido, no es nada, hermano querido. Hemos podido decirte, que testimonio tienen frente a ti, y no lo contemplas. Nos limitamos cuando descendemos a entregarte, porque no entendéis de los conocimientos.

Tú eres el límite hermano querido. ¿Quieres tener más testimonios? ¿Quieres contemplar más grandezas? ¿Quieres que paso a paso esa venda de oscuridad vaya cayendo? Permite que el regocijo que tienes al contemplar del testimonio…perdure. No pierdas ni un momento de tu fe, no permitas que la duda sea a borrar aquel regocijo, regocijo que pudiste haber sentido, al tener en tus manos el testimonio de lo que se te ha entregado, de lo que has escuchado. *Permite que tu fe perdure por la eternidad,* recuerda que *en estos instantes, momentos, y en estos tiempos, estáis guiado únicamente por tu fe, hermano querido. Acrecentá, acrecentá, acrecentá esa fe, y no permita que disminuyendo sea, porque es lo único que tienes frente a ti: Tu fe.*

Si bien, es verdad que vendrán grandes cosas, grandes milagros. Aquellos hermanos que se han quedado en su *mundo terrenal, empezarán a creer por lo que contemplan, por lo que escuchan.* Mas vos sois *los escogidos, los privilegiados porque creéis sin mirar,* porque es la fe, lo que te lleva a creer lo que alba tras alba se te entrega, al creer en el testimonio que contemplas. Cuando se acerquen aquellos que creyendo serán por lo que contemplen, tristeza habrá en tu corazón, y dirás*: "Pero si esto ya estaba desde Tiempo A. ¿Porque este de mi hermano no había comprendido? ¿Por qué no había aceptado que esto ya estaba?"* Tendrás tristeza. Pero al mismo tiempo la satisfacción, el orgullo, de haberte dejado guiar únicamente por tu fe. Ahí tendrás un testimonio más, una recompensa, por haber permitido que tu fe, te guiará hasta ese momento en que le puedas decir a tu hermano: *"Pero si esto yo ya lo sabía, esto lo vengo sabiendo desde hace tiempo, cuando me entregué a estas enseñanzas, a esta preparación. Fui recibiendo alba tras alba la confirmación, el testimonio de lo que era la verdad;* tú esperaste poder contemplarlo, *para creerlo"*

Sentirás orgullo, satisfacción, y al mismo tiempo, tristeza. Porque cuanto tiempo habrán perdido aquellos hermanos que apenas empiezan a despertar; y eso, únicamente porque contemplaron el milagro. Sentirás tristeza, hermano querido, pero al mismo tiempo una confirmación más, un empuje, un aliciente más para seguir firme en tu fe y no permitir que nada ni nadie te la debilite, sino que al contrario esa fe se fortalezca más y más alba tras alba. Porque al contemplar los milagros, serán únicamente fortalecimiento para tu envoltura, para tu fe, porque será algo que tú ya sabías, hermano querido.

Recuerda la lección de alba de gracia. Llévala en tu mente, en tu corazón, en tu alma; *recuerda, que el cuerpo, el vehículo con el que te mueves, no te pertenece; es el templo de nuestro Dios y Señor; cuídalo.* Alba tras alba que lo contemples recuerda: *"No es mío; yo lo cuido, yo lo limpio, yo lo preparo, para que llegue su Dueño y lo ocupe".* Así es como debe de ser, hermano querido, para que ese *templo* brille y siempre atraiga a tu *Dios y Señor* y al *mundo espiritual de Luz.*

Adiós hermanos queridos. Se despiden *los Maestros,* que en unificación hemos estado ante vosotros, a entregar de la lección de alba de gracia, a entregar del alerta una vez más. No permitas hermano querido, que estas palabras queden tiradas en el olvido; grábalas en tu mente, corazón y alma. Llévalas en ti forjadas como con hierro candente, para que no las olvides. Son parte de tu preparación, son parte de esa misión que tienes frente a ti, hermano querido. Adiós pueblo bendito de Israel, adiós *privilegiados, escogidos, a*diós hermanos queridos. Hasta otra bendita alba de gracia les dice, *la Hermandad del mundo espiritual de Luz, a*diós, adiós, Israel querido.

ENSEÑANZAS DEL MAESTRO GOPAL DAS PEREZA ESPIRITUAL

Saludos, pequeños hermanos, su *Maestro Gopal Das,* se hace presente y los saluda en bendita alba de gracia, para traerles la lección de bendita alba de gracia: *Pereza Espiritual.*

¿Qué es la pereza espiritual?

La pereza espiritual es todo aquello que permites que intervenga en tu *evolución.* Sí, le permites que llegue a ti, y domine tu entendimiento, tus sentidos y haga su voluntad.

¿Porque no debemos llevar la pereza espiritual?

Porque es como un ancla que te ata, y no te permite elevarte al nivel que te corresponde.

Lucha, lucha querido hermano con la pereza espiritual, lucha con los pensamientos negativos, con las amenazas, con las trampas que el enemigo va poniendo en tu camino para hacerte caer. Principalmente, lucha con los pensamientos. Recuerda que *el mundo espiritual* se comunica a través de tu entendimiento. Pero mientras no aprendas a separar de cuál mundo espiritual estas recibiendo el mensaje, estás en el alerta, porque he ahí, que vienen los pensamientos negativos, y es cuando entra *la pereza espiritual; está en el alerta.*

Recuerda, que te encontráis en la preparación para recibir el mensaje del *mundo espiritual, t*e encontráis en la preparación, para saber discernir de qué mundo espiritual estáis recibiendo el mensaje. *Recuerda que lo negativo, no entra en el mundo positivo de luz. El mundo positivo de luz, en ningún momento puede darte un pensamiento negativo. Recuerda que lo negativo pertenece a lo negativo, y lo positivo pertenece a lo positivo. No* confundas una cosa con la otra, recuerda que ahí está la negatividad, para hacerte tener esa pereza espiritual, ahí está para confundirte, para hacerte creer que estás haciendo bien, cuando en realidad, estás haciendo mal.

Querido hermano: Es por eso que debéis estar en el alerta, tenéis que saber lo que te entrega el mundo negativo, y lo que te entrega *el mundo positivo de luz,* para cuando recibáis los mensajes, sepáis analizar de qué mundo espiritual lo estas recibiendo: El de luz o el de la oscuridad. *Hermano querido, recuerda que son dos entidades, son dos mundos, son dos fuerzas, son dos energías. Vais a tener comunicación de ambos, m*as la preparación está en ti; en ti está en saber, de dónde estáis recibiendo esa comunicación. Es por eso, que alba tras alba se te dice: Prepara, prepara, prepara tu entendimiento, acepta las lecciones que se te entregan, acepta la guianza, la enseñanza y la preparación, *para que así mismo, sepáis reconocer la verdad de la impostura, p*ara que cada vez que ese pensamiento llegue a tu mentecilla, sepáis reconocerlo. Si no viene del mundo de luz, recházalo, retíralo, hermano querido.

Se fuerte, no permitas que la pereza espiritual llegue a ti, te aniquilé y logre tumbar el fruto de lo que ya has logrado. *Recuerda: Se te perdona el caer, pero si caes a sabiendas de que lo vais a hacer, ya no hay perdón, porque lo hacéis a tu libre albedrío.* Analiza lo que te entrego, analiza de mis palabras, analiza del pensamiento que recibís, y reconoce de dónde viene, de quién viene y cuál es el propósito.

Los dejo con esta reflexión: Analicen y aprendan a reconocer *la verdad de la impostura, p*ara que no cayendo sean en las garras de la oscuridad. Hasta otra bendita alba de gracia. Se retira de ustedes, su *Maestro Gopal Das.* Adiós.

MENSAJE DEL ARCÁNGEL GABRIEL EL ALERTA
10 de enero de 1995

El Ángel del Señor que anunció a María, el Ángel del Señor que anunció a María, el Ángel del Señor que anunció a María viene a darte del alerta, pueblo de Israel:

Estar en el alerta en todo momento, pueblo dormido de Israel. *La oscuridad se encuentra haciendo estragos en todos y cada uno de aquel que se encuentre dormido, que se encuentra desprevenido, que se encuentra fuera de las leyes de ese Padre de amor y bondad, de ese Padre de Misericordia.*

Recibe el alerta, pueblo dormido de Israel, recibe el alerta, porque *la oscuridad* anda suelta. Recibe el alerta y no permitas que tocándote sea, no permitas que desviándote sea del camino recto, del camino de luz. Pueblo de Israel, está tratando por todos los medios de hacerte dudar, de hacerte caer, de hacerte poner el pensamiento en las cosas que no son sagradas, en las cosas que no son del *Omnipotente*, en las cosas que no son de *Dios*. Alerta, alerta, alerta, te dice *El Ángel Gabriel, a*lerta, alerta, alerta, te dice *El Ángel,* pueblo de Israel.

La oscuridad está desatada, la oscuridad no descansa, ni descansará ni un instante ni un momento, para hacer que la duda llegue a ti, para hacerte caer el peldaño que has subido, para hacerte caer del lugar dónde te encuentras por voluntad divina de Mi Padre Eterno. El alerta se te viene a entregar, el alerta está aquí, pueblo de Israel. No duerma, no duermas, no duermas ni un instante ni un momento, no pegando seas de tu pupila, no sea que la duda llegue en esos instantes a ti, no sea que la duda, la decepción vaya a llegar a ti. Alerta, alerta, alerta, levanta, levanta, levanta de tu entendimiento, levanta de tu *envoltura;* levanta y tomando seas el arma. Prepara, prepara, prepara, y está listo a defender lo que te corresponde, lo que te pertenece desde Tiempo A. No permitas, que *la oscuridad* venga a arrebatarte lo que ya se te ha entregado, no permitas, que los *Dones* vayan a caer en sus manos, no permitas, que lo que tienes en tus manos, lo arrebate. Alerta, alerta, alerta, te dice *El Ángel Gabriel.*

Oh pueblo bendito de Israel: *Has recibido del alerta por voluntad divina de Mi Padre, has recibido del alerta por voluntad del Creador, has recibido del alerta por Mi propia voluntad,* oh pueblo de Israel, pueblo atrasado de Israel, pueblo que te encuentras en el atraso porque no queriendo eres escuchar de los alertas. Alerta, alerta, alerta, pueblo bendito de Israel, que los tesoros que tenéis en tus manos, estáis a punto de perderlos sino te ponéis en el alerta, pueblo bendito de Israel. Es lo que *El Ángel Gabriel* te entrega en alba bendita de gracia por *voluntad divina.*

Estas son algunas de las enseñanzas recibidas en el año 2013

TELÉFONO CELULAR
Lunes 09 de septiembre de 2013

El Padre quiere, que te conviertas en una antena, un trasmisor…un *teléfono celular;* y es así es como me lo explicó:

Soy un teléfono celular. Además de ser un vaso escogido, una antena, un transmisor, soy un celular; soy un teléfono celular. Porque al igual que un celular, puedo recibir Sus mensajes en cualquier lugar y a cualquier momento. No importa en dónde este, ahí voy a recibir Sus mensajes.

¿No es eso lo que hace un teléfono celular? Un teléfono celular puede recibir llamadas en cualquier lugar. El Padre quiere que se conviertan en eso: En un teléfono celular con el cual, Él pueda comunicarse en todo momento y en todo lugar. Amén.

EL PARAGUAS

También me dijo, porque muchos de los hermanos al salir de los templos se sienten peor que cuando entraron: Es porque abrieron el paragua. Ésta es la explicación, que Él me entregó de lo que es, "abrir el paraguas".

¿Qué significa eso?

Significa, que cuando están dentro de la casa de oración, están distraídos, no están prestando atención ni al servicio, ni al sermón, porque están hablando y mirando hacia lugares que no deberían mirar, y pensando en lo que no tienen que pensar; al hacerlo, están abriendo el paraguas.

Cuando estás en la casa de oración, estás ahí para recibir las bendiciones de Dios. Las bendiciones de Dios, son como un rocío, como una brisa que llega cuando te entregas a Él. Cuando Él Padre te contempla en armonía con Él, envía Sus bendiciones, te moja con ellas. Pero los que están distraídos con otras cosas; están abriendo el paragua, están evitando mojarse, están perdiendo Sus bendiciones. Es por lo que salir de la casa de oración, salen peor de lo que venían. Si no quieres perder Sus bendiciones, mantén todo tu ser dentro de la casa de oración, mantén tu cuerpo y tu mente dentro; todo lo demás, incluyendo el paragua, déjalo afuera. Amén.

LA RED DE PESCAR
29 de julio de 2013

Todo aquel que se entrega a Cristo Jesús, se convierte en la red, la red de pescar. Nos convertimos, en pescadores con la red lista para atrapar aquellos que perdidos se encuentran, aquellos que no saben si van o vienen, aquellos, que buscan, y que no saben lo que están buscando. Ahí estamos nosotros, con nuestra red de pescar para reunirlos y hacerlos ver el camino, el camino que los conducirá a la verdad, el camino que los conducirá a su verdadero Hogar, el camino que los conducirá a Casa.

La tarea no es fácil, conlleva una gran preparación, preparación que amerita nuestros desvelos, y largas jornadas de trabajo. Ya que hay que demostrar que tenemos la capacidad, el conocimiento y la preparación de pescadores, para poder enseñarlos a pescar. Cada unión de la Red significa, que todos y cada uno de nosotros debemos seguir hacia adelante, atrayendo a más pecadores que a su vez, enseñaremos a pescar. Amén.

Sábado 14 de septiembre de 2013, de 7:30 a 8: a. m.

Las dos palabras: La diferencia entre un <u>espiritista</u> y un <u>espiritualista,</u> que se encuentra en las primeras páginas de éste libro.

EL HUEVO
Jueves 12 de septiembre de 2013

Hoy día se me entrego una lección en donde se menciona un huevo. Cuando un hermano o estudiante está en la zona del vacío o la soledad, siente como que está solo, que nadie lo escucha, que nadie responde a sus oraciones siente que está abandonado. Eso es debido a que el enemigo lo ha colocado dentro de un huevo. El enemigo lo mantiene ahí, porque sabe que este hermano es una amenaza para él, conoce el potencial de este hermano, sabe que está listo para salir del cascarón. Este hermano se enfrenta a muchos desafíos, a todo tipo de problemas y de situaciones. El hermano no sabe el porqué de todos sus problemas, pero el enemigo si sabe. Porque sabe, que en cuanto este hermano salga del cascarón, va a hacer y a cumplir la voluntad del Padre, y a ser una amenaza para él.

Cuando este hermano está en el interior del huevo, su mundo está al revés. Pero mientras más ama al Padre, ese cascarón empieza a romperse. Primero, él hermano puede sacar la cabeza, luego los brazos y las piernas, hasta que todo el cuerpo está fuera. Este hermano pasó la prueba de Job: Se deshizo de las cosas materiales, y llegó a ser uno con Dios. Él, es el alma que espera estar ante Su presencia, en perfección. Amén.

EL SEMBRADOR
Viernes 13 de septiembre de 2013

"Por lo tanto, Oíd la parábola del Sembrador. Maestro: Eres sembrador de esperanza y felicidad".

Este día se me entregó la enseñanza del Labrador, y lo que debo decirles a los miembros de la iglesia. Esta lección se me entregó para los miembros de la Casa de Oración: Tengo que pedirles que busquen un lugar en su casa en donde puedan sembrar una semilla. Tienen que preparar la tierra y cuidar de la semilla que sembraron, pero que al mismo tiempo, tienen que estar hablando con el Padre, con nuestro Señor Jesús, como si Él es su mejor Amigo, Amigo que viene a ver su trabajo y su cosecha. Un Amigo que es un experto Sembrador, y a quien se le puede pedir un consejo acerca de su siembra. Un Amigo al que vas a ponerle atención, al que vas a escuchar de Sus consejos. Se me explicó, que este ejercicio es una de las muchas preparaciones para el desarrollo de la mente: Es para que empiecen a recibir los mensajes del Mundo Espiritual.

LAS HERRAMIENTAS

El Padre me habló sobre algunas herramientas del jardín. Él está comparando el mundo físico con el mundo espiritual. Él quiere que se den cuenta, cómo las herramientas del mundo están relacionadas con lo espiritual.

Como por ejemplo. PALA. PA- LA. Son las dos primeras silabas de la PA- LA -BRA. Ya todos sabemos lo que es "LA PALABRA"

LA-BRA-DOR; el Sembrador LABRA; significa que siembra. Si pronuncian la palabra LABRADOR se dan cuenta, que la última silaba DOR, se escucha como puerta en inglés: Door. Entonces se dan cuenta, que en El Labrador, está la puerta; y que El LABRADOR te ayuda a encontrar la Puerta.

LA CUERDA FLOJA
La cuerda floja o camina recto
Lunes 23 de septiembre de 2013

Esta es la lección de Hoy:

Imaginen a una persona espiritual en la cuerda floja, imaginen que sostiene una vara larga, o garrocha para mantener el equilibrio. Ahora, imagínelo con los ojos vendados.

Esto representa el camino, que una persona espiritual recorre todos los días. La razón por lo cual esa persona, o hermano no caer de la cuerda, es la garrocha o vara que tiene en sus manos: Ese es Dios que lo sostiene y no lo deja caer, ayudándolo a caminar recto, Él lo mantiene en línea, *si es que ese hermano le permites que lo haga.*

Caminar la línea recta, o estar con Dios es fácil, si es que estás centrado en el logro de tu meta: Estar con Él para verlo y pasar la eternidad con Él. De lo contrario, te vas a caer de la cuerda, y vas a fracasar en tu misión. Por lo tanto, no debes soltar la garrocha o vara que tiene en sus manos, y estar centrado en el otro lado de la cuerda. Necesitas tener el ojo del águila. Un águila, ve a su presa a distancia, se centra en ella hasta que lo consigue. Un águila, nunca quita los ojos de su presa, y siempre la atrapa. No quites tus ojos de la meta deseada: Estar al lado de Él.

RETIRO
Viernes 20 de septiembre de 2013

Este día cuando regresaba por segunda vez al mismo lugar (ya que había olvidado algo), mientras conducía, Él me empezó a hablar. Comenzó diciendo estas palabras:

"Cuando alguien va a un retiro, es porque está buscando la paz, la paz espiritual dentro de sí mismo. Cuando vas a un retiro, vienes a estar Conmigo, vamos a estar juntos, sólo tú y Yo. Sólo Yo y tú.

Cuando Yo me retiré durante esos cuarenta días, estaba buscando la paz, Yo quería estar con Mi Padre. Todos esos cuarenta días los pasé con Él, hablé con Él; éramos sólo Él y Yo, Yo y Él.

Cuando dices que vas a un retiro, debes estar seguro de que vienes a estar a solas Conmigo; solos tú y Yo; Yo y tú, nadie más. Así, podemos hablar; podemos compartir entre sí; y estar juntos.

Cuando Yo me retiré a la montaña durante esos cuarenta días, Me retiré a orar; le pedí a Mi Padre, y Mi Padre y Yo hablamos. Tuvimos esa intimidad, que a veces necesitas y que tienes que tener con los demás. Cuando Me retiré a orar, no lleve a nadie Conmigo; les pedí a Mis Apóstoles que estuvieran en alerta, pero Yo no los llevé conmigo.

Un retiro espiritual significa eso: Que quieres tener esa intimidad Conmigo, que quieres que hablemos y que nos escuchemos el uno al otro. Ese momento es sólo para nosotros: Sólo tú y Yo. Un retiro significa soledad. Es poner tus pensamientos a un lado, y sólo pensar en Mí, sólo tienes que hablar Conmigo, pero sobre todo...Escucharme.

Cuando una persona espiritual va a un retiro, es para estar Conmigo, para estar con Mi Padre, y con toda la Jerarquía Espiritual, para que pueda tener la paz consigo mismo, y estar en paz con todos Nosotros. No sabes lo mucho que se puede aprender cuando se está en un retiro: Se aprende a comunicarse Conmigo, se aprende a Escucharme, aprendes a tener esa intimidad Conmigo, y a estar cerca de Mí.

Cuando Me retiré a la montaña, fue porque necesitaba la intimidad con Mi Padre, necesitaba esa cercanía, esa seguridad. Quería estar seguro, de que "Eso" era Su voluntad. Lo necesitaba, antes de emprender el camino, antes de cargar Mi Cruz.

Después de esos cuarenta días obtuve lo que necesitaba, y con todo eso, tomé Mi Cruz, y caminé el camino, el camino que te llevó a la salvación. Por lo tanto, no llames un retiro a un día en la playa, un día en el club, un día en la montaña aprendiendo a subirla. Amén. Jesús de Nazaret.

PLEGARIA DEL PADRE ETERNO:
LLEGUEN A MÍ, EN LA IMAGEN Y SEMEJANZA
DE JESÚS DE NAZARET
(Martes 01 de octubre de 2013, 05:10 a. m.

Esta mañana el Señor Padre, me despertó a las 3:00 a. m. Quería que empezara a recibir la lección de hoy. Y como siempre, Habló de muchas cosas hermosas. Éstas son algunas:

"Si Yo les envié a mi Amado Hijo en la imagen de un hombre, Yo quiero que el hombre vuelva a Mí, en la imagen de mi Amado Hijo Jesús de Nazaret. Por amor Yo los deje ir, por amor Yo les envié a Mi Unigénito Bendito. Por lo tanto, quiero que regresen a Mí, a Mí su Dios y Señor, por amor.

No es mucho lo que les pido, no, no lo es. Regresen a Mí en Su Imagen y Semejanza, y tendrán una Unificación Perfecta Conmigo, una Unificación Perfecta con Mi Hijo, y con todos Sus Maestros. Los vamos a recibir con un tierno amor. Con un amor el cual ustedes nunca pensaron que existía, un amor que les moverá el alma. Con un amor que los transportará a lugares inimaginables, lugares que no sabían que existían, pero que ya los estaban esperando. Un amor el cual nunca sintieron, que nunca conocieron. ¿Por qué? Porque nunca han tenido amor igual: Un Amor Real y Perfecto. Este amor les va a abrir las puertas, puertas que los conducirán a lugares. Lugares que adorarán, lugares los cuales, no querrán dejar una vez que se encuentren en ellos. Lugares, que al dejarlos se sentirán tristes porque de ser posible, querrán quedarte ahí por siempre y para siempre.

La forma en que nuestro Padre quiere que regresemos a Él: Es *por amor*, y en la Imagen de Su Amado Hijo Jesús.

¿Está pidiendo mucho? Yo no lo creo.

Es por eso, que Él nos pide tener una TONELADA de AMOR. UNA FE de HIERRO la cual nos mantendrá CONSTANTANTEMENTE corriendo con mucha PACIENCIA Y DISCIPLINA.

Estas son las bases para el estudio espiritual: Se *necesita tener el amor, la fe, la constancia, la paciencia y la disciplina.* Con todas estas cosas en su lugar, y en tu corazón, mente, cuerpo y alma, tienes todos los ingredientes, para preparar una buena comida para el corazón, la mente, el cuerpo y el alma de tus hermanos y hermanas. La tarea no es fácil. Es por eso, que es necesario tener todos los ingredientes dentro de ti; debes convertirse en ellos. *Son requisitos para tu Maestría en Espiritualidad.*

EL ARCO IRIS DEL AMOR
Domingo 27 de octubre de 2013

El Arcoíris del Amor: Eso es Dios. Eso es Dios amando a todos sin importar color, raza o creencias. Él ama a todos, Él es amor puro, Él es Amor incondicional.

¿Por qué entonces separan vuestro amor? ¿Por qué entonces, escogen a quien amar y quien no amar? ¿Por qué? ¿Por qué entonces no son como Él? ¿Por qué no aman a todos y a todo? ¿Por qué? Esa es Mi pregunta. ¿Por qué Me pregunto? ¿Por qué hacen diferencias donde no las hay? ¿Por qué, Me pregunto? ¿Por qué digo Yo? porque no entiendo. ¿Por qué? ¿Por qué dicen que aman a Dios, que aman a Jesús? ¿Por qué? ¿Por qué lo decimos, si no lo decimos en serio? ¿Por qué? Es por eso que tienen que aprender a amar como Jesús lo hace, como Jesús lo hizo, como Jesús lo hará: Sin ningún tipo de prejuicio, sin barreras, sin pensar en qué, o quién puede ser.

Aprende a amar como Él, pero en primer lugar: Aprende a amarlo a Él. Pero ya lo amo, Me dices. Así que Yo te pregunto: ¿Realmente sabes cómo Amarlo? ¿Realmente sabes lo que es el amor? ¿Lo sabes? Si lo sabes, ¿porque entonces no obedeces Su mandato: De *"Amar a todos como a ti mismo?"* ¿Es que no te amas a ti mismo? ¿Es por eso que no sabes cómo amar a los demás? ¿Es esa la razón? ¿Es por eso que no amas a tus hermanos? Piensa, piensa y date cuenta, si es que estás obedeciendo Su Mandato, si es que estás amando a todos sin importar su raza, color o creencias. Piensa, piensa bien, que Yo estoy viendo, que Yo estoy escuchando lo que dices, que Yo estoy aquí para ti, y para ellos. Porque todos son Mis hijos, y a todos amo Yo. Amén.

Hay muchos colores en el arcoíris, es por eso que Yo Soy, El Arco Iris del Amor. ¿No te gustaría ser uno?

LA TORMENTA PERFECTA
Domingo 27 de octubre de 2013

Cuando Mis apóstoles estaban en medio de una tormenta perfecta, tenían miedo. Porque no sabían, no sabía que Yo estaba ahí con ellos, no sabían que Yo era el Señor. Podían verme ahí, podían hablar conmigo, pero en ese momento, no Me conocían. Esa era la excusa de su miedo. ¿Cuál es la tuya?

Dices que Me amas, dices que Me conoces, entonces, ¿por qué tienes miedo? ¿Por qué entonces dudas de Mí? Sí, si lo haces cuando tienes miedo de no resolver tus problemas, miedo de no hacer bien en la vida. Si tienes miedo, es que no tienes fe en Mí, si tienes miedo, estás negando que Yo estoy contigo, estás olvidado que en el medio de la tormenta Yo estaba ahí, que en el medio de la tormenta, Yo estoy aquí contigo. Así es que por favor, no tengas miedo, no tengas miedo, no tengas miedo, y todo va a estar bien. Amén.

> Esto, se me entregó, por el mal entendido de un hermano, que confundió el hecho de que en una tienda lo saludara más de una vez, y el fanatismo de algunos de mis hermanos, que en su ignorancia y falta de la verdadera guianza espiritual, literalmente toman ciertas escrituras; cegándose así, a las verdaderas enseñanzas de nuestro Cristo Jesús de Nazaret:

LA BÍGAMA MÁS GRANDE
Miércoles 02 de octubre de 2013

Soy la bígama más grande, y lo disfruto cada minuto. Estoy casada con toda la familia; Ellos me aman y yo los amo a Ellos. Nuestro amor es tan intenso, que no podemos estar separados el uno del otro. Si por alguna razón los dejo por un momento, de inmediato salen a buscarme; no descansan hasta que me tienen de nuevo a su lado. Lo compartimos todo, Ellos me comparten a mí y yo los comparto a Ellos. Disfrutamos de cada momento, Les encanta verme compartir mi amor con cada uno de Ellos. Me encanta compartir con Sus amigos, los invitan todo el tiempo. Por la noche casi no descansamos.

Tenemos interminables noches sin dormir: Todos ellos quieren estar conmigo; Ellos hablan, y yo escucho; yo hablo y Ellos escuchan. Si pudieras escuchar las historias que Sus amigos me dicen, tampoco dormirías. Ellos son increíbles; no puedo dejar de escucharlos. Todos quieren hablar, Todos quieren compartir Sus experiencias en el amor. Tienen mucho amor para compartir, y lo hacen. Una vez que haces el amor con Ellos, no los quieres dejar ir, por el contrario, deseas mantenerlos pegados a ti. Quieren estar hablando de cualquier cosa, pero cuando se habla de algo grande, yo estoy ahí para escucharlos; me mantienen despierta toda la noche. Pero no me importa, porque el amor que Ellos me dan es suficiente para sentirme fuerte. Si tú me ves al día siguiente, no vas creer que no he dormido en toda la noche; Tienen muchos amigos y Todos quieren estar conmigo; Todos quieren hablar conmigo.

> Me dijeron, que están buscando más esposas como yo: Las esposas que quieran escucharlos, las esposas que quieran estar con Ellos, las esposas que quieran pasar noches en una velada de amor, las esposas que quieran tener esa intimidad con Ellos. Están esperando a esas esposas: Las esposas que quieren pasar la Eternidad con Ellos. No importa si eres hombre o mujer; sólo a quien entregarle de Su Amor. Ellos no ven tu físico, sólo tu alma. Si te interesa, te puedo dar Sus nombres, puedo presentártelos. Ellos, están esperando a que los llames, para que todos podamos compartir Su Amor.
>
> Éstos son algunos de Sus Nombres: Jehová, Jesucristo y el Espíritu Santo, y amigos. Llámalos, todos Ellos están esperando tu llamada. No te demores, que el tiempo pasa y te estás perdiendo de Su intimidad y de Sus Bendiciones.
>
> Por favor, conviértete en este tipo de bígamo. ¿No te gustaría?
>
> Atentamente,
> La bígama más grande. Amén.

*Asistiendo a la Casa de Oración me di cuenta, que sólo había unos pocos miembros, y algunos días veía menos, y empecé a preguntar el porqué. Entonces, el Señor me respondió así:

"Hay miembros que fueron invitados a ese club, (Así llama el Padre a Sus Casas de Oración de hoy en día), prometiéndoles un banquete. Van hambrientos con la esperanza de obtener el alimento que los deje satisfechos. Pero cuando llegan ahí, no reciben el banquete que se les prometió, quedándose así con hambre. Siguen asistiendo al club en espera de ser alimentados, y cuando por fin se dan cuenta que eso no va a suceder, dejan de asistir a ese club. Algunos prefieren quedarse en casa y prepararse algo de comer, otros, mantienen la búsqueda de ese banquete en donde sean alimentados.

Esta es la forma en que El señor Jesús contempla a aquellos que buscan, y buscan, y no encuentran lo que están buscando. Él mira que han sido invitados a un banquete, pero al llegar encuentran que no han recibido lo que les fue prometido:

EL BANQUETE
Viernes 04 de octubre de 2013

"Estás invitado a un banquete, te tomas el tiempo para prepararte para tal ocasión. Tú ya sabes lo que un banquete significa, estás anhelando que llegue esa fecha; difícilmente puedes esperar, estás ansioso pensando en la buena comida que ahí vas a encontrar.

Finalmente llega el día, estás más que listo, desde que recibiste la invitación te has estado preparando. Bien vestido llegas a la puerta, esperando que la puerta se abra. Se abre, entras todo emocionado, feliz, piensas en toda la buena comida que te está esperando.

Tienen camareros que te atienden, vienen y te sirven algunos aperitivos. ¡Hay tantos! También sirven algunas bebidas deliciosas. Has consumido todos los aperitivos, el camarero viene, y se lleva los platos vacíos. Estás ahí esperando, pensando en el platillo que sigue. El tiempo pasa, y no llevan más comida; te empiezas a extrañar. Un camarero pasa. Le preguntas: "Estoy esperando el siguiente platillo. ¿Crees que lo traerán pronto"? El camarero te mira y dice: "Eso fue todo. Ya se le ha servido toda la comida que se le prometió".

Le contestas: "Pero me dijeron que venía a un banquete, yo esperaba más comida, para mí eso es un banquete" El camarero te dice: "Ya se le sirvió todo lo que se le prometió como banquete". Le dices: "Pero eso no es lo que me dijeron. Me dijeron, que aquí me iba a encontrar la comida más deliciosa".

"Y lo ha hecho, dice el camarero."

Los otros invitados escucharon todo. Le dijeron al camarero, que ellos estaban satisfechos con la comida, y se fueron. Pero no tú. Tú no estabas convencido, tú ya sabías lo que era un banquete. Sabías que un banquete tenía todo tipo de comida, todo tipo de postres, todo tipo de cosas dulces; tú no estaba contento, tú quería más.

El camarero se fue, tú te quedaste ahí pensando. De pronto recuerdas haber visto de dónde sacaron la comida, te aseguras que el camarero no esté cerca, y vas hacia el lugar de donde habías visto salir la comida. Llegas hasta ese lugar, estas exaltado y nervioso, no sabes qué esperar. Llegas a la puerta, la abres, te sorprendes porque ahí estaba, ahí estaba, ahí estaba toda la comida, toda la comida que estabas esperando. Toda clase de comida, toda clase de aperitivos, y toda clase de dulces. Entraste y comiste, y comiste como si no había un mañana. Todo satisfecho decidiste quedarte ahí para siempre: Tú ya habías encontrado lo que estabas buscando. Amén.

*Cómo puedes darte cuenta, no todos se conforman con las enseñanzas que en algunas iglesias entregan. Sí, todo está muy hermoso, te reciben con los brazos abiertos, tiene gente que te atiende como invitado, pero a la hora de la hora, no recibes nada de lo que te habían prometido. Esas son las iglesias que disfrazan el lugar con bellas cortinas y colores brillantes para atraer más "clientes". Pero no saben, que muchos de esos "clientes" ya están más preparados, y ya saben que esperar: Son los que al no recibir lo que necesitan, se retiran a seguir en su búsqueda: Son los llamados "Buscadores de la verdad".

EL ARTE DE SABER ESCUCHAR
Sábado 05 de octubre de 2013

Este día, se me entrego la enseñanza: "El Arte de Saber Escuchar". Más enseñanza para la iglesia a la que Él me envió:

"Todo el mundo quiere que se le escuche, pero nadie quiere escuchar"

Vienen exigiendo que escuchen de sus problemas, de sus conflictos, y todo lo que está pasando en sus vidas. Pero si eres tú quien les pide que te escuchen, te van a decir: "Lo siento, pero ahora no tengo el tiempo para escucharte". Es por eso que tenemos que aprender, *El Arte de Escuchar*.

El arte de escuchar, es el arma o la herramienta necesaria para aprender algo, y todo. Si aprendes *El Arte de Escuchar*, te vas a asombrar de lo mucho que vas a aprender, *sólo por escuchar*.

"Escuchar, es prestar atención"

Prestar atención a todo lo que estás escuchando. Ya que no es ninguna broma el decir: *"Si cariño, te estoy escuchando"*, cuando eso no es verdad. No es gracioso porque le estás diciendo a la otra persona, que no te importa lo que él o ella están hablando. Eso es lo que le estás diciendo, y muchas otras cosas que quieren decir, que no le estás dando a esa persona *el respeto que se merece. Es por eso, que es mucho y muy importante aprender El Arte de Escuchar".*

Escucha a tus Maestros, escucha a los ancianos, escucha a tus hijos; es más, escucha a todo aquel que viene a ti, pidiendo ser escuchado. Si aprendes a hacerlo, tú mismo te darás cuenta de lo mucho que aprenderás; mucho más de lo que tú pensabas. Por lo tanto, de ahora en adelante, vas a prestar atención porque vas a tener en ti, El Arte de Saber Escuchar. Amén.

EL ARTE DE SABER LEER

"Leer, no es ver quien lee más palabras por minuto, sino quien entiende y saca provecho de lo que lee".

Leer, es ir pronunciando cada palabra de tal manera, que cada una de ellas llegue a tu entendimiento, analices de las mismas, y recibas la enseñanza que ellas te están entregando. Sí así lo hicieres, encontraréis la sabiduría que ellas encierran, y podréis entregar a tus hermanos de esa misma sabiduría.

Si decidiste leer, aprovecha ese momento para aprender. Después de cada frase, cada oración, medita en lo que has leído, y recibe la sabiduría y el conocimiento de lo que has leído. ¡Te sorprenderéis de lo que vais a aprender! *No leas por leer o porque se diga que leíste; disfruta el momento y lee por convicción, lee, porque quieres saber, lee, porque quieres aprende, lee, y pon en tu corazón lo leído. ¡Mejor es, si esperas que Yo te diga qué leer!* Amén.

LA ESENCIA
Viernes 11 de octubre de 2013

La Esencia es como una botellita de perfume que abres, y todo el cuarto se impregna de su aroma, y todos lo pueden disfrutar.

La esencia trabaja en la forma, en que todos pueden tomarla al mismo tiempo. Puede un cuarto estar repleto de toda clase de personas de diferentes idiomas, llega la esencia y puede tomar a uno y a otro. Unos empiezan a hablar español, otro inglés, chino, japonés. Pero al comparar notas se dan cuenta, que todos hablaron sobre lo mismo. ¿No fue así en el Pentecostés?

Esa es la Esencia: Es Dios, Cristo y Toda la Corte Celestial, que están representados por la botellita; el aroma, es la *Esencia de Ellos*. Ellos vienen a manifestarse, vienen a entregar profecía, mensajes o alertas.

Esto no es fantasía, esto no es una película de ciencia ficción, esto es real y viene desde los primeros Tiempos. Si consultan la Sagrada Biblia se van a dar cuenta, que ésta, es la forma en que aquellos grandes se comunicaban; aquellos que la Sagrada Biblia menciona.

LA ESENCIA
Viernes 11 de octubre de 2013

La Esencia es como una botellita de perfume que abres, y todo el cuarto se impregna de su aroma, y todos lo pueden disfrutar.

La esencia trabaja en la forma, en que todos pueden tomarla al mismo tiempo. Puede un cuarto estar repleto de toda clase de personas de diferentes idiomas, llega la esencia y puede tomar a uno y a otro. Unos empiezan a hablar español, otro inglés, chino, japonés. Pero al comparar notas se dan cuenta, que todos hablaron sobre lo mismo. ¿No fue así en el Pentecostés?

Esa es la Esencia: Es Dios, Cristo y Toda la Corte Celestial, que están representados por la botellita; el aroma, es la *Esencia de Ellos*. Ellos vienen a manifestarse, vienen a entregar profecía, mensajes o alertas.

Esto no es fantasía, esto no es una película de ciencia ficción, esto es real y viene desde los primeros Tiempos. Si consultan la Sagrada Biblia se van a dar cuenta, que ésta, es la forma en que aquellos grandes se comunicaban; aquellos que la Sagrada Biblia menciona.

MÁS SOBRE LA ESENCIA
Jueves 17 de octubre de 2013

Dios quiere que le des la oportunidad de entregarte lo que les entregó a aquellos grandes de La Biblia. Quiere que te des cuenta, que el Dios de hoy también tiene su Moisés, su Elías, Su María. Que Él, es el mismo de Ayer, pero que Hoy, Él quiere que lo conozcas como ellos lo conocieron, que recibas como ellos recibieron, que tengas las Gracias que ellos tuvieron, para que puedas recibir de Sus enseñanzas, Sus consejos y Sus alertas, así como ellos lo hicieron. Amén.

¡DICES QUE CREES EN MÍ, DEMUÉSTRAMELO!

Ten fe en lo que Te digo, cree en lo que Te digo, porque Yo, tu Dios Y Señor, no miente ni engaña. Si te digo que eres digno de recibir Mis Dones y Mis Gracias, lo eres. Ten fe en ti mismo, cree en ti mismo. Porque al no hacerlo Me estás diciendo, que Yo miento, y Yo te digo, que Yo no miento ni entrego algo que no tengo ni prometo lo que no voy a cumplir. Sabes y sabes bien, que la Palabra de tu Dios y Señor es Ley, porque es palabra de Rey, porque Yo todo entrego.

Cree, cree, cree en lo que te digo, para que no le digas a tu Dios y Señor, que miente. Si dudas de ti, estas dudando de Mi. Si te digo que eres digno de recibir Mi Esencia, lo eres. Ya no le digas a tu Dios, y Señor, que miente, porque lo estás haciendo al dudar en lo que Yo te digo. Amen.

Lo siguiente, es una reflexión para los hermanos diabéticos

MENSAJE PARA LOS "CRISTIANOS" DIABÉTICOS
(Jueves 17 de octubre de 2013)

Esto se me entregó después de escuchar una y otra vez la *excusa*, que el ser diabético es la excusa que las personas enfermas de diabetes utilizan para poder ofender a sus hermanos, ya que dicen, que por ser diabéticos se alteran muy fácilmente, y con esa *excusa* ofenden a sus hermanos y semejantes:

"Hermano que te dices cristiano y eres diabético, que utilizas tu enfermedad como excusa para explotar y herir a tus hermanos con tu palabrerío...no eres cristiano, no llevas a Cristo en tu corazón, porque Cristo no entregó la excusa sino la ordenanza, de "Amar a vuestros hermanos como a vosotros mismos". Por lo tanto, ni eres cristiano, ni te amas a ti mismo y mucho menos, a tus hermanos y semejantes." Amén. Jesús de Nazaret.

Hermanos diabéticos: Piensen y analicen de estas palabras, y ya no utilicen su enfermedad como *excusa* para herir a los demás. Amén.

LA IMPORTANCIA DEL HOY
Lunes 14 de octubre de 2013

Hoy es importante, hoy es ayer, Hoy es mañana; actúa Hoy porque Hoy es tu pasado, Hoy es tu futuro. De ti depende un Hoy: "Lo pude haber hecho o un Hoy: "Qué bueno que lo hice". Hoy, son tus tristezas del mañana, u Hoy es un grito de alegría. Hoy, es tu tristeza del ayer u Hoy, es tu felicidad de mañana. Así que, Hoy comprobé la importancia de Hoy, la importancia de hacer las cosas Hoy, porque Mañana ya estarán hechas. Hoy entendí, que Hoy se prepara el futuro, que Hoy se hace el pasado, porque Hoy, es cuando preparas un futuro feliz, o un pasado desdichado".

Hoy comprobé, que el mañana se hace Hoy. Hoy preparas tu futuro, Hoy haces tu pasado; Hoy preparas un futuro feliz, o un pasado triste. Porque Hoy, es el día de actuar. Hoy haces; Hoy piensas; Hoy realizas tus ayeres y tus mañanas. Hoy es el día, el día es Hoy. El ayer ya está hecho, el mañana se hará. Hoy tú haces tu mañana. Es por eso la importancia del Hoy, la importancia de actuar Hoy, la importancia de hacer las cosas, Hoy, porque mañana ya estarán hechas. Amén.

EL DIOS DE AYER, EL DIOS DE HOY, EL DIOS DE MAÑANA DIOS ES EL MISMO, AYER, HOY Y MAÑANA

Día tras día vas diciendo y repitiendo esta afirmación, pero sigue morando en el Dios de ayer sin darte cuenta, que el Dios de ayer tuvo Sus apóstoles, Sus profetas, Su José, Sus Elías, Su Moisés. El Dios de Hoy también tiene Sus apóstoles, Sus profetas, Su José, Su Elías, Su Moisés; y entre vosotros puede haber esos apóstoles, esos profetas, ese José, ese Elías, y ese Moisés que Hoy en día, pueden estar escribiendo la historia del Mañana. Pero primero, tienen que aprender a ponerse en contacto con la Esencia, la esencia que llegó a todos los que se encontraban en el Pentecostés, cuando todos empezaron a hablar idiomas. Eso ocurrió entonces, y puede estar pasando Hoy, si piensan que el Dios de ayer, es el mismo Dios de Hoy, y que Él, puede hacer eso, y más. Esto no es un cuento de película, esto no es una película ficción. Esto es algo real, esto es algo que se puede lograr; basta en creer, que Dios es el mismo ayer, hoy y mañana.

Siguen alabando a los profetas de ayer, aún siguen viviendo en el Dios de ayer. El Dios de Hoy lo sabe, y por eso Él quiere, que empiecen a aprender acerca del Dios de Hoy, acerca de los profetas de Hoy, los Elías de Hoy, los Moisés de Hoy; y todos aquellos a los que veneran. Abran su mente, su entendimiento, y prepárense para conocer al Dios de Hoy. Esto, es por su propio bien: El Dios de Hoy quiere, que alcance niveles más altos.

¿QUÉ PROBLEMA HAY CON EL DIOS DE HOY?
Domingo 17 de octubre de 2013

¿Qué tiene de malo *ver a un hermano haciendo milagros?*
¿Qué tiene de malo ver a un hermano echando fuera demonios?
¿Qué tiene de malo *ver a un hermano levantar a los muertos?*
¿Qué tiene de malo ver a un hermano sanar a otros?

Si no fue nada malo ayer, no debe ser malo hoy. Yo soy el Dios de ayer, el Dios de Hoy, el Dios de mañana. ¿Por qué Hoy está mal ver a tus hermanos hacer las cosa que aquellos de la Sagrada Escritura hicieron? ¿Qué hay de malo en eso? ¿Qué tiene de malo que Hoy Yo tenga Mis profetas, como los tuve ayer? Si soy el Dios de ayer, el Dios de Hoy, y el Dios de mañana, ¿por qué entonces cuestionas a Mis profetas de Hoy? Hoy no cuestionas a los de Ayer, ¿vas a cuestionar a los de mañana?

Si sigues diciendo que Yo soy el Dios de todos los tiempos, porqué entonces cuestionas sobre lo que Yo puedo hacer en este tiempo contigo, y con todos Mis seguidores, con todos los que creer en Mí. ¿Por qué? ¿Por qué? ¿Por qué? Te pregunto, ¿por qué?

Aprende a escucharte a ti mismos hablando, escucha lo que estás diciendo. Repites y repites Mi Palabra, pero no entiendes que Yo soy el Señor de todos los tiempos, qué puedo hacer hoy, lo que hice ayer. No preguntes, no cuestiones Mi poder, Mi autoridad. Si ya sabes que Tengo el Poder, que Tengo la Autoridad, ¿por qué Me estás interrogado? ¿Por qué estas cuestionando a Mis profetas de

Hoy, a Mis discípulos, a Mis seguidores? No sabes que como el Dios de ayer, puedo hacer Hoy todo lo que hice ayer. Ayer tuve Mis Apóstoles, Mis profetas, Mi Moisés, Mi Elías, Mi José, ¿por qué está mal tenerlos Hoy? ¿Qué hay de malo en eso? Si dices que Yo soy el Dios de Hoy, el Dios de ayer, y el Dios de mañana, entonces, ¿qué hay de malo en eso?

Escucha, y escucha bien: Si conoces el pasado, aprende a conocer el presente, para que puedas formar, crear el futuro. En ti está si quieres un buen futuro o un pasado terrible. Recuerda, es Hoy cuando se prepara el futuro, es Hoy, cuando aprendes a dejar tu herencia a los que vienen detrás, a los que por ti, van a saber de Mí. Les vas a dejar Mi Historia, la historia, de los que Hoy escuchan, la historia, de los que Hoy han escrito sobre el futuro, la historia, de los que Hoy preparan un hermoso ayer y un mucho, mucho mejor futuro, o mejor mañana. Amén.

NOTA PERSONAL
LA INTERPRETACIÓN DE UN SUEÑO

Hoy me hablaron sobre un sueño que años atrás una amiga tuvo acerca de mí. En el sueño, ella vio a un hombre con muchos conejos.

Ella tuvo este sueño un día después de que compré una propiedad. Yo había hecho el trato un día antes, no había tenido tiempo de decirle nada a nadie) sobre la propiedad en donde estaba supuesta a abrir mi escuela. En el sueño, ella contempló la propiedad tal y como era. Cuando por fin la llevé a que viera la propiedad, se quedó asombrada, no podía creer que esa, era la misma propiedad que ella ya había visto en su sueño.

En su sueño, ella contempló a un señor con los conejos. Tiempo después en otro sueño vio al mismo hombre. En este sueño, ella miraba que yo andaba dando vueltas sin saber qué hacer. Pensó: ¿Por qué Armida anda así? Ella sabe qué hacer; ella es inteligente, y pensó en ir y decirme eso, cuando escuchó (esto lo escuchó, pero sin hablar, el hombre y ella se estaban comunicando telepáticamente) a ese señor decirle, que me dejara sola, que yo sola tenía que entender, que yo sola tenía que aprender. Y así pasó. Pero para ello tuvieron que pasar años, años en los cuales me pasó de todo.

Hasta que un día llegó la luz a mi entendimiento y me di cuenta, del porqué el Padre me había enviado a este pueblo. Acepté mi error, me confesé con Él y empecé a pedirle, que me dijera que hacer por Él, Su Obra y Sus hijos. No sé por cuanto tiempo lo estuve haciendo. Pero de pronto Él me empezó a decir, que tenía que reunirme en una Iglesia. Por mucho tiempo me lo estuvo indicando, hasta que un día, 28 de abril del 2013, al terminar de hacer mis oraciones matutinas le dije: "Muéstrame el lugar a donde tengo que ir", y en videncia contemplé la fachada de un Iglesia, que estaba cerca del lugar donde vivía, y escuché: 9:00. Así empezó todo. Me refiero al hecho de haberme enviado esa iglesia, y de nuevamente empezar a recibir Sus enseñanzas.

Se me entregó la explicación sobre este sueño porque yo también tuve un sueño con ese mismo señor. En mi sueño, ese señor me trae a regalar una jaula con conejos y un caballo. Yo le digo, que no tengo espacio para tener los conejos ni el caballo.

QUE SIGNIFICAN LOS CONEJOS Y LOS CABALLOS
Martes 29 de octubre de 2013

Ésta es la explicación:

Los conejos significan todos aquellos seguidores de Dios, a los que les tenía, y tengo que entregar esta enseñanza, enseñanza que se multiplicará cuando ellos la empiecen a entregarla a los demás.

El caballo:

Cuantos de ustedes dicen orgullosos, cuantos caballos de fuerza tiene su carro o troca. En lo espiritual, el caballo significa el conocimiento, el conocimiento que ustedes van a llevar a los demás, el conocimiento que ustedes van a obtener, el conocimiento que los va a llevar a tener una mejor comunicación con Dios, a tener más acercamiento con Él – Conocimiento que los llevará a Su presencia como Él los quiere: *En imagen y semejanza de Cristo Jesús de Nazaret, Su Hijo bien amado.*

Por lo tanto si les dicen conejos digan: "Sí, y a mucha honra". Si les dicen que son unos caballos por la forma en que trabajan, digan: "Sí, ¿no te gustaría ser un caballo como yo?

El caballo que vi en mi sueño, era común y corriente, no estaba muy gordo ni muy flaco. Se me dijo que yo soy ese caballo. Soy un caballo común y corriente, pero tengo la fuerza que me da el conocimiento que recibo de "Ellos." Amén.

DESPEDIDA

He puesto ante ti parte de las enseñanzas, preparación y conocimientos que fueron entregados a través de mi *materia*. Yo hubiese querido entregarte todo lo que se me enseñó, pero *nuestro Padre* me dijo lo que escribiera. Lo que aquí narro, no es para que tengas "algo" de qué hablar, no es para que lo leas y digas: "Qué bonito", sino para que lo estudies, lo analices, y lleves a cabo todas las indicaciones, para que así logres alcanzar esos *niveles* deseados.

Yo siempre he dicho: *"Nada es gratis".* Cuánta verdad hay en ello. *Nada es gratis,* todo se gana trabajando, estudiando, preparándose. Lo mismo es en *el mundo espiritual. Quieres la espiritualidad…* **Gánatela. Quieres llegar a Niveles más Elevados**… *Prepárate, entrégate, en cuerpo, alma, corazón y mente al estudio de la espiritualidad.* No te puedo decir de cuánto tiempo dispones para lograr esa *perfección. Lo* que sí sé, es que si te entregas de *lleno,* si te entregas en un *todo* al e*studio de la espiritualidad,* lo puedes lograr.

Ya es tiempo que *el Espiritualista Trinitario Mariano* se entere del privilegio que es, ser *el pueblo escogido,* el Israel reencarnado de éste tercer tiempo. Ya basta E*spiritualista Trinitario Mariano,* que vayas enarbolando un estandarte sin tú mismo saber lo que representa, ya basta, que vayas diciendo al mundo, que eres el *Espiritualista Trinitario Mariano,* y ni tú mismo sabes lo que eso significa.

¿Qué es lo que le vas a decir al pueblo cuando te lo pregunte? ¿Qué explicación vas a darle? ¿Acaso lo sabes? ¿Acaso sabes lo que es ser Espiritualista Trinitario Mariano? ¿Acaso llevas de la espiritualidad? ¿Acaso eres el espejo de las multitudes? ¿Acaso sabes lo que eso significa? ¿Llevas del bienestar en tu *envoltura*? ¿Llevas del recogimiento en ella? ¿Acaso has logrado dominar tu *envoltura*? ¿Has logrado dominar tu mente? ¿Has logrado dominar tu corazón? ¿Está tu alma libre de las bajas pasiones? ¿Has logrado dominar las bajas pasiones? ¿Acaso te has examinado a ti mismo para saber en dónde estás fallando? ¿Llevas del amor en tu corazón para con tu hermano y semejante? ¿Has aprendido a perdonar y a olvidar las ofensas? ¿Acaso sabes lo que significa decir: *Yo amo a Dios*? ¿Acaso sabes lo que significa decir: *Yo creo en Dios?* ¿Acaso has aprendido y prácticas los únicos dos preceptos que dejó nuestro Señor: *Amar a tu Dios y Señor antes de todo lo creado, y a tu hermano y semejante como a ti mismo?*

Hay más preguntas que te podría hacer, pero si has contestado afirmativamente a todas las que te he hecho, bendito, alabado y glorificado seas, porque entonces, si eres un Espiritualista Trinitario Mariano.

Si tú eres uno que no ha contestado afirmativamente a todas las preguntas, por favor, no vayas por el mundo diciendo que eres Espiritualista Trinitario Mariano, porque estarás mintiendo. Es mejor que te prepares *a la luz y a la verdad* para que así mismo llegue el día, en que puedas decir que lo eres; pero sobre todo…demostrarlo. Demostrarlo: Con tus hechos, con tus acciones, y tu espiritualidad. *Recuerden: Un Espiritualista, es espiritual, nunca material, un Espiritualista dice <u>no</u> a la materialidad, y <u>sí</u> a la Espiritualidad.*

Recorre, lee este libro una y otra vez; una y otra vez hasta que su enseñanza, su preparación, sus conocimientos estén dentro de ti, sean parte de ti, y sean tú mismo. Todos y cada uno de los conocimientos, enseñanzas, preparaciones, me fueron entregadas directamente de las Alturas, directamente de los Archivos Sagrados, directamente del Trono de Dios, directamente de los *Salones de la Sabiduría.* Esto no es algo para que lo tomes a la ligera, no es algo para que lo ignores sino para que lo tomen en cuenta, y le pongas la seriedad necesaria para lograr la meta deseada: Ser ese soldado preparado, listo que nuestro Padre quiere, para poder enviarlo a cumplir la misión, la misión que desde antes de la creación te fuera entregada.

Espiritualista Trinitario Mariano, o todo aquel que se encuentra en busca de la verdadera enseñanza: Este libro va para ti; estúdialo, analízalo, y entrega esas enseñanzas al mundo. Para que de ahí salgan aquellos privilegiados, y así poder integrar el *Cuerpo de la Novia de Cristo.* Si tú quieres quedarte fuera de la Sala Nupcial, no hagas caso de estas enseñanzas, ni de estas advertencias. Pero si quieres estar en la Sala Nupcial esperando al Novio, entonces, presta atención a todo lo que te digo. Amén.

PREGUNTAS Y RESPUESTAS

Todas estas enseñanzas me fueron entregadas entre 1993 y 1994

¿Qué es la evolución?

-Es un paso hacia el Infinito. Es por eso que te pido que evoluciones, que no te quedes estancado; que el agua estancada hiede y cría sarro y lama; en otras palabras, te destruye y se destruye a sí misma. Sé el agua clara que fluye, que se riega, que se expande y moja la tierra y la tonifica para que dé fruto, que se reproduzca y de vida. No te quiero el estancado sino el evolucionado. De lo que te entrego, parte y comparte con tus hermanos y semejantes. Amén.

¿Qué es *La Perfección*?

-Es la Unificación Perfecta con Dios; es la entrega, en cuerpo, alma, corazón y mente, al estudio de la espiritualidad.

¿Qué es La Espiritualidad? (26 de abril de 1994)

-Es el medio otorgado al hombre para alcanzar la perfección. Ya que fuimos hechos a imagen y semejanza de ÉL, a través del estudio y enseñanzas de La Espiritualidad, lograremos acercarnos a esa perfección.

¿Qué es la Paciencia?

-La paciencia, es la Gracia Divina, Don maravilloso con el que conquistas corazones, almas, y a todos por igual; ya que, quién se puede resistir a la paciencia. Recuerda, que la paciencia es la virtud de los mártires; la virtud de todos aquellos, que quieren llegar a conocer al verdadero Dios; al Dios de la Verdad Absoluta; al Dios del Amor Verdadero.

¿Qué es el perdón?

-El perdón, es el Don Divino que Jesús vino a dejarnos, y nos enseñó a usarlo: Nos enseñó a perdonar. Perdón, es el dejar todo a Dios, es poner todo en Sus manos, es encomendar a Su Gracia Divina, a todo aquel que nos ofenda.

¿Qué es perdonar?

-Es la Gracia Divina de poder olvidar los agravios; la Gracia, de anteponer el amor al rencor.

¿A quién perdonamos?

-A quien ciegamente y con el desconocimiento de la Gracia de Dios, nos ha ofendido. Perdonamos, a quien por su ignorancia, falta de conocimiento, o por maldad, negando es la Gracia de Dios.

¿Qué es "La Caridad?"

- La caridad es el dar, pero nunca el pedir. O sea, dar sin esperar nada a cambio.

¿Qué es la mentira?

-Eslabones que te encadenan al haz Terrenal.

¿Qué es el pasado?

-El pasado, son las experiencias básicas para mejorar el presente, y preparar un mejor futuro".

¿Qué es robar?

-Robar, es tomar para ti, todo aquello que no te pertenece.

¿Qué es el Machismo?

-El Machismo: Vil y simple cobardía.

¿Qué es la fe?

-La fe, es aquello que no ves, pero que sientes; aquello que no tocas, pero que presientes

¿Cómo saber disciplinarse?

Con amor. Con amor podrás disciplinarte; sabrás que eso, es lo que quiero de ti: Disciplina. Si no tienes amor, como puedes disciplinarte; si no Me amas, como vas a ser una disciplina; Ámame, para que aprendas a disciplinarte. Se te ha entregado, que debes disciplinarte en todo y por todo. Se te ha dicho, que tú mimo seas una disciplina, que aprendas a disciplinarte hasta en el pensar, comer, vestir, hablar Recuerda: Ámame, y podrás disciplinarte, porque Yo soy disciplina y te quiero ver disciplinado, para poder tenerte ante Mí...en disciplina.

¿Cómo poder analizar?

Concentrándote, entregándote; y dejándote guiar por el Espíritu Santo. Recuerda que es Él, y no tú quien va a analizar; pero si tú no lo dejas y usas de tu *libre albedrío*, entonces, el análisis será equivocado y llevando serás de la equivocación en ti, y la llevarás a tus hermanos. ¡Déjate guiar! ¡Déjate guiar! Déjate guiar, y Él te entregará de ese análisis; Él te entregará la verdad absoluta; te entregará de los conocimientos que vas pidiendo y necesitando. Amén. Fubbi Quantz

¿Qué es La Perseverancia?

-¡Oh! La perseverancia. Qué es la perseverancia, me preguntas, y yo te digo: La Perseverancia, es el esfuerzo que haces, que pones en todo lo que te propones realizar. Si te has propuesto Seguirme: persevera y Me alcanzarás; si te has propuesto aprender: persevera y aprenderás; si te has propuesto Amarme: persevera y podré ver en ti, ese amor. Persevera, que alcanzando serás todo lo que te propones. Pero la perseverancia es hermana de la paciencia; por lo tanto, con paciencia y perseverancia lograrás lo que te propones, y Yo podré verte frente a Mí, diciendo: "¡Lo logré! Estoy ante Ti porque fui perseverante y paciente; ya puedo decirte: Yo soy Tú, y Tú eres yo; ¡ya somos UNO!

¿Cuántos ciclos faltan para el Juicio Final?"

-Tú pregunta mi niña, va más allá de lo que se te puede decir o enseñar. Recuerda que hay cosas, que ni siquiera Yo mismo, tu Jesús de Nazaret las sabe; sólo Mi Padre las conoce, por lo tanto, que te puedo decir, que eso, ni Yo mismo lo sé. Sólo te pido, que Me sigas como hasta ahora lo has hecho, que piense en Mí como hasta ahora lo has hecho, que sigas Mis indicaciones como hasta ahora lo has hecho, y no te importará saber, cuántos ciclos faltan para el Juicio Final, porque estarás preparada a recibirlo el día que llegue. Llegado el momento sólo podrás decir: "Gracias Señor, que me preparaste para este momento; porque fue gracias a Ti, que estoy ante la presencia de Nuestro Dios y señor; Tú me preparaste para éste feliz momento. Gracias Señor, Gracias señor, gracias Señor." Amén. Jesús de Nazaret

¿Cómo se puede guiar *a la luz y a la verdad* a los hermanos que empiezan la *espiritualidad*?

-Con fe, amor, paciencia, constancia y disciplina. Sé tú misma esas cinco cosas, esas cinco palabras, y lo podrás lograr; podrás enseñar al que sabe, cómo al que no sabe, porque todos se beneficiarán de tu fe, amor, constancia, paciencia y disciplina. Fubbi Quantz.

¿Qué es amar?

-Mi niña bien amada: Me preguntas qué es amar, y tú lo haces; a cada instante y momento amas al entregarte, en cuerpo, alma, corazón y mente, al estudio de l*a espiritualidad*, para que por ese medio se beneficien tus hermanos. Recuerda, que son tus hechos los que cuentan; no tanto las palabras. Amas, al entregarte de lleno; amas, al entregar de la enseñanza que vas recibiendo alba tras alba; amas, al estar en constante comunicación con el *Reino de Luz*; lista a recibir la enseñanza, para así mismo impartirla a tus hijos, Mis hijos, Mis hermanos: Eso es amar Mi niña bien amada; eso es amar. Fubbi Quantz.

CITAS DE LOS MAESTROS
28 de abril de 1994

- ❖ "No retrocedas; sigue de frente, no mires a diestra ni a siniestra".
- ❖ "Perdónate a ti mismo, para que aprendas a perdonar a los demás".
- ❖ Para qué pides que te llenen el saco si no lo podéis cargar; carga lo que puedes, y deja lo que no puedes cargar".
- ❖ "No exijas a los demás que carguen la carga, que tú no puedes cargar".
- ❖ "Sé fe, para que entregues fe". "Sé amor para que entregues amor".
- ❖ "Sé perseverancia para que entregues perseverancia". En otras palabras: "Se Yo mismo, para que así como Yo te entregues, en cuerpo, alma, corazón y mente".
- ❖ "Utiliza la sabiduría que te entrego a la luz y a la verdad, siempre para el bien, nunca para el mal".
- ❖ "No confundas entendimientos; al contrario, acláralos".
- ❖ "Dale al que necesita de ti, todo lo que necesite, que Yo me encargo de darte a ti, lo que tú necesitas de Mí, para seguir entregando al necesitado".
- ❖ "Todos los animales se harán mansos como el cordero y alcanzarán su evolución".
- ❖ **¿Quieres seguir M**is huellas? ... cuanto vais a sufrir.
- ❖ "No busques lo que no has perdido, ni te expongas a perder, lo que ya has ganado".
- ❖ "Prueba la hiel, para que aprendas a saborear la miel".
- ❖ "Amarás a Dios antes que todo lo creado; amarás a tu hermano y semejante como a ti mismo".
- ❖ "Deja que los muertos entierren a sus muertos".
- ❖ "Dios es Amor, y amor, es Dios dentro de ti".
- ❖ "Déjame enseñarte el camino... a Mí, que lo he caminado; no le pidas a aquel que lo desconoce, que guiándote sea".
- ❖ "Sólo hay un camino, y eso tú y Yo lo sabemos. ¿Porque te empeñas en encontrar otro?"
- ❖ "Siglos llevo caminando, Me conozco las veredas, es por eso que Yo sé, cuando en una de ellas te encuentras".

- "Recuerda: el camino Yo ya lo he caminado...tú lo vas empezando a caminarlo".
- "Déjame guiarte, que Yo soy el Padre; que Yo soy la luz; en tinieblas no te encontrarás, si siguiendo eres Mi luz, en tinieblas no te encontrarás, si Me dejas guiarte, si Me dejas iluminarte, si siguiendo eres Mi estrella".
- "Déjame guiarte a Mí, que el camino conozco. Quién más que Yo, que lo he caminado puede guiarte.
- No seas el ciego que va en busca del ciego para que lo guíe; **Déjame ser la luz de tus ojos; Déjame ser la guianza**".
- Quieres el "Don de Maestro: Enséñate a ti primero; entonces podrás enseñar a los demás".
- "No tapes tu mancha, descubriendo la de tu hermano y semejante.
- Conócete a ti mismo de pies a cabeza, por dentro y por fuera para que después, te jactes de conocer a los demás".
- "Deja las alabanzas para quién quiere ser alabado; **tú alaba a tu Dios**".
- "No alabes al hombre terrena, porque estarás contribuyendo a su caída, amalo, no alabándolo".
- "No dejes derramar la leche, para llorar su pérdida después, toma con firmeza la jarra y disfrútala de una vez".
- "Llevas la estrella en tu frontal que anunciando es, que el preparado te encuentras, revisa esa estrella alba tras alba, para que no perdiendo sea ese brillo, no perdiendo sea esa luz".
- "No blasfemes en contra del "Espíritu Santo".
- "Aquel, que utilizando el Don de la lengua para herir con la blasfemia...mudo quedará, y no será perdonado por Mi "Padre".
- "Si no comprendes...pregunta, si no entiendes...pregunta, pero no niegues lo que no entiendes ni comprendes".
- "Vienes a aprender de Mi...deja, que Yo te enseñe; vienes buscando la guianza...deja, que Yo sea tu Guía".
- "Aprende de tus errores; **déjame mostrártelos** si es que quieres encontrar, la enseñanza que ellos encierran".
- "Cuándo el Maestro habla; los estudiantes escuchan".
- "No llores el tiempo perdido cuando ya sea tarde.
- "Escala, escala, escala todo lo que tú puedas.

- "El universo te pertenece; conquista ese universo".
- "Para que subes un peldaño y desciendes dos".
- "Para que buscas lo que no has perdido; y pierdes lo que ya has encontrado".
- "Para que dices que adelante vas, si te veo retroceder".
- Para que dices, que de frente caminas, y te veo que volteas a diestra y siniestra".
- "No busques las espinas en la rosa, si ya sabes que las tiene. Así mismo, si ya sabes que el camino de espinas está sembrado, busca la forma de caminar en **él**".
- "No desmayes en tu tesón; persevera, que sólo así alcanzarás".
- "No dudes, para que cayendo no seas.
- "La duda te hace temblar, te hace resbalar, te hace caer; no dudes, y no cayendo serás".
- "No quieras pescar en río seco; echa tu red en dónde el pescado se encuentra, que llena la sacarás".
- "Alimenta, alimenta, alimenta de lo que del río vas sacando, no saques la arena y la tierra; que la arena y la tierra serán tu alimento".
- "No desmayes en tu intento de llegar hasta la orilla; recuerda, lo que al otro lado del río te espera".
- "Rema, rema, rema, acércate al pasto a dónde llegarás a descansar.
- "Rema, rema, rema, que la playa se encuentra cerca.
- "Rema, rema, rema que ya pronto llegarás".
- "No te fijes en quién va a naufragar; salva a quien quiera salvarse, que para todos habrá lugar".
- "Sálvate a ti primero; arroja la red, y salva a los demás. Aquellos, que agarrados sean a tu red, salvados serán".
- "No me mires con afán, no me mires con desvelo; toma mi mano, y emprende el vuelo".
- "Aprende a escuchar, que hasta el necio tiene algo que decirte, no seas tú el necio, al no aprender a escuchar".
- "Deja el mañana; concéntrate en el Hoy, porque mañana, olvidando serás el Hoy".
- "Sigue la senda recta; es la única que te llevará a la victoria".
- "Acércate al pozo de la vida, que es el único que te dará la Vida Eterna".

- "La niñez, preciado tesoro, que tendrá el valor que tú le dejes".
- "Aléjate de lo malo, acércate a lo bueno, para que convertido seas a la "Gracia del Señor".
- "Hagan lo posible, para que alcancen lo imposible, que lo imposible, es posible de alcanzar.
- "Sexo con pasión es destructivo.
- "Sexo con amor es constructivo".
- El amor redime y salva.
- "La pasión daña y destruye.
- "La Religión abstiene".
- "La fe, obtiene". Fubbi Quantz.

2013
- "El saber escuchar, es un arte…apréndelo".

Lunes 13 de junio de 1994
- (¿cómo quieres que venga a ti, si no me dejas mostrarte el camino que te lleva a Mi?".
- ¿"Cómo quieres, que penetrando sea en tu corazón, si lo encuentro cerrado?"
- ¿"Cómo quieres que la guianza te dé, si no me dejas ser tu Guía"?
- ¿"Cómo quieres que te deje pertenecer a Mi rebano, si no me dejas ser tu Pastor"?
- "Déjame llegar a ti, y entrar en tu corazón; Déjame ser tu Guía y tu Pastor, y Vida Eterna tendremos los dos".
- "La Vida Eterna empieza en MI, Yo soy la Vida Eterna". Sígueme y lo comprobaras".

Junio 15, 1994 (Miércoles).
- "Yo soy el Pan de Vida; todo el que viene a Mí, saciara se hambre".
- "Yo soy la Fuente de Agua Viva; todo el que viene a Mí, saciara su sed".
- "Venid a Mí, el que tiene hambre, sed y frio, que Yo seré su Pan, su Agua y su Calor".
- "Venid a Mi los confundidos, que Yo seré la luz en sus entendimientos".

- ❖ "Yo seré la Luz en los caminos; Búscame, y Yo seré ese Faro Luminoso, que guiando será tu sendero". Pero búscame, que Yo estaré ahí, esperando por ti".
- ❖ "Pregúntame, que Yo te contestaré. No me niegues el derecho de ser tu Maestro; Pregúntame, que Yo te contestare".

Viernes 17 de junio 1de 1994
- ❖ Despójense de toda tendencia material, y de todo lo que dañe su cuerpo, y aleje su espíritu del Mío".
- ❖ "Yo soy la Luz Eterna; quien logra Mirarme, Luz Eterna tendrá".
- ❖ "Aléjate de todo lo que Yo no soy, porque te alejará de Mi".
- ❖ "Yo soy la Verdad, quien Conmigo esta, Verdad Eterna será".
- ❖ "De que te sirve decir que Me amas, si ni tan siquiera Me conoces; Conóceme primero, Ámame después".
- ❖ "De los siervos me encargo Yo; tú, encárgate de preparar los pastos donde allegándose serán".

CLAVES O PEQUEÑAS ORACIONES
(Pedestales. Guías)

"Tómame Señor, que te pertenezco, en cuerpo, alma, corazón y mente; hágase Tú voluntad en mí, y haciendo seré Tú voluntad. Así sea."

"Aquí estoy una vez más Padre querido, Dios de la Verdad Absoluta y Amor Verdadero. Padre: He venido, he llegado a mi cumplimiento; aquí está mi mano, tómala y elévame *a la luz y a la verdad*. Permite que Tú Espíritu, tomando sea de mi espíritu, y elevándolo sea a la luz y a la verdad.

Padre Bendito: Me encuentro nuevamente en tu choza; me encuentro nuevamente a pedirte, a suplicarte la ayuda, porque quiero la evolución, Padre."

Sea Tu Luz Divina Señor de la Verdad Absoluta y Amor Verdadero, y que se haga Tu Voluntad; no la m**í**a, ni las de mis hermanos, así sea; que lo que reciba, Dios de la Verdad Absoluta y Amor Verdadero, *sea a la luz y a la verdad*. Así sea.

(Desarrollo)

Que Tu espíritu Dios de la Verdad Absoluta y Amor Verdadero, tome de mi espíritu y lo eleve a la luz y a la verdad. Así sea.

(Pedestales)

28 de abril de 1994

Que mis ojos, Dios de la Verdad Absoluta y Amor Verdadero, no vean lo que no tienen que ver, que mis oídos, no escuchen lo que no tienen que escuchar, y que mis labios, no hablen lo que no tienen que hablar. Asé sea.

(Hermanos, Estudiantes, Pueblo)

Hazme Dios de la Verdad Absoluta y Amor Verdadero, ver lo que no veo, entender lo que no entiendo, comprender lo que no comprendo, aceptar lo que no acepto, y analizar lo que no logro analizar. Así sea.

(Cómo pedir por los enemigos)

28 de abril de 1994

Dios de la Verdad Absoluta y Amor Verdadero: A mis enemigos no los conozco, ni los quiero conocer, en tus manos los pongo, y los encomiendo a Tu Gran Poder. Así sea.

UNA VEZ YA ENCONTRADA ESA UNIFICACIÓN PERFECTA CON DIOS...
14 de septiembre de 1994

"Una vez ya encontrada esa Unificación Perfecta con Dios, avanza firme y seguro de lo que has logrado; seguro, que lo que atrás has dejado, ya no te detendrá en tu avance. Atrás ha quedado la duda, el malentendido, atrás ha quedado todo lo que te detenía en tu ascenso, en tu adelanto. Atrás ha quedado la envidia, avaricia, recelos; y atrás han quedado odios y rencores." Amén

--Como ya te has podido dar cuenta, todavía tengo mucho más que entregarte: profecías, mensajes, y más enseñanzas que te entregaré en el próximo libro: "La Excusa". Amén.

www.ingramcontent.com/pod-product-compliance
Lightning Source LLC
Chambersburg PA
CBHW030107100526
44591CB00009B/305